THE EARLY
金雀花王朝
从亨利二世到爱德华二世

〔英〕威廉·斯塔布斯 —— 著　程莹 —— 译

中国出版集团公司
华文出版社

图书在版编目（CIP）数据

金雀花王朝：从亨利二世到爱德华二世/（英）威廉·斯塔布斯著；程莹译. —— 北京：华文出版社，2020.9

（华文全球史）

ISBN 978-7-5075-5336-9

Ⅰ.①金… Ⅱ.①威…②程… Ⅲ.①安茹王朝(12世纪-15世纪)—历史 Ⅳ.①K503

中国版本图书馆CIP数据核字(2020)第137992号

金雀花王朝：从亨利二世到爱德华二世

作　　者：[英]威廉·斯塔布斯
译　　者：程莹
选题策划：盛世华章
插图供应：18629596618
责任编辑：杨荣刚　魏丹丹
出版发行：华文出版社
社　　址：北京市西城区广外大街305号8区2号楼
邮政编码：100055
网　　址：http://www.hwcbs.com.cn
电　　话：总编室010—58336239
　　　　　发行部010—58336212
经　　销：新华书店
印　　刷：三河市国英印务有限公司
开　　本：710×1000　1/16
印　　张：26.5
字　　数：345千字
版　　次：2020年9月第1版
印　　次：2020年9月第1次印刷
标准书号：ISBN 978-7-5075-5336-9
定　　价：105.00元

版权所有　侵权必究

出版前言

随着中国开放的大门越开越大,关注世界各国尤其是西方国家文明的源流、发展和未来已经成为当下世界史研究的一个热点。为了成系统地推出一套强调"史源性"且在现有世界史出版物中具有拾遗补阙价值的作品,我们经过认真论证,推出了"华文全球史"系列,首次出版约一百个品种。

"华文全球史"系列从书目选择到译者的确定,从书稿中图片的采用到人名地名的规范,都有比较严格的遴选规定、编审要求和成稿检查,目的就是要奉献给读者一套具有学术性、权威性和高质量的世界史系列图书。

书目的选择。本系列图书重视世界史学科建设,视角宽阔,层级明晰,数量均衡,有所突出。计划出版的"华文全球史"中,既有通史,也有专题史,还有回忆录,基本上是世界历史著作中的上乘之作,填补了国内同类作品出版的空白。

人名地名规范。本系列图书中人名地名,翻译规范,重视专业性。在人名翻译方面,我们坚持"姓名皆全"的原则,加大考据力度,从而实现了有姓必有名,有名必有姓,方便了读者的使用。在注释方面,书中既有原书注,完整地保留了原著中的注释;也有译者注,体现了译者的研究性成果。

书中的插图。本系列图书的一个重要特点是书中都有功能性插图，这些插图全方位、多层次、宽视角反映当时重大历史事件，或与事件的场景密切相关，涉及政治、军事、经济、社会、外交、人物、地理、民俗、生活等方面的绘画作品与摄影作品。功能性插图与文字结合，赋予文字视觉的艺术，丰富了文字的内涵。

译者的确定。本系列图书的翻译主要凭借的是一个以大学教师为主的翻译团队，团队中不乏知名教授和相关领域的资深人士。他们治学严谨，译笔优美，为确保质量奉献良多。

"华文全球史"系列作为一套具有较高学术价值的优秀的世界历史丛书，对增加读者的知识，开阔读者的视野，具有积极的意义。同时要看到，一方面很多西方历史学家的观点符合事实，另一方面不少西方历史学家的观点是错误的，对于这些，我们希望读者不要不加分析地全盘接受或全盘否定，而是要批判地吸收外国文化中有益的东西。

华文出版社

2019年8月

目 录

001 **第 1 章**
金雀花王朝存在的历史意义

027 **第 2 章**
斯蒂芬与玛蒂尔达

061 **第 3 章**
亨利二世统治早期

091 **第 4 章**
亨利二世与坎特伯雷大主教托马斯·贝克特

123 **第 5 章**
亨利二世统治晚期

157 **第 6 章**
理查一世

197 **第 7 章**
约翰一世

| 233 | **第 8 章**
亨利三世 |

| 267 | **第 9 章**
第六代莱斯特伯爵西蒙·德·蒙福尔 |

| 297 | **第 10 章**
爱德华一世 |

| 321 | **第 11 章**
确认宪章条款 |

| 355 | **第 12 章**
爱德华二世 |

| 397 | **译名对照表** |

第 1 章

金雀花王朝存在的历史意义

精彩看点

金雀花王朝前期的重要性——在法兰西和德意志民族史上扮演的角色——在英格兰民族史上扮演的角色——地理位置——意大利——德意志——法兰西——西班牙

金雀花王朝前期的政权中心曾经多次变更。人类社会早期的发源地是亚洲。希腊和意大利先后成为世界历史舞台的中心。近代社会发展的中心在西方基督教世界，物质发展史也如此。实际上，某一时期文学方面取得长足发展，某一时期战争推动世界进程，某一时期世界进步体现在制度的演变。有时一切历史围绕某一重要人物展开，有时复杂的政治理念，如权力均衡、民族认同的实现成为历史发展的中心事件。较发达国家连续增长的阶段一般不同步，也可能不会以同一顺序发展。第一个民族可能通过发达的商业和殖民运动加快发展，第二个民族可能通过内部结构调整加速发展，第三个民族的活力可能表现在武器的进步，第四个民族的发展可能表现在其文学和艺术的繁荣。在某些情况下，某些地区的文学发展可能先于政治发展，在另一些情况下，文学发展紧随政治发展。在某些时候，国家之间的争斗迫使文学和艺术先于时代发展，而另一些时候又促使文学和艺术力量增强。在政治自由且鼓励人们发挥天赋的地方，艺术蓬勃发展。在政治压迫深重的地区，艺术同样蓬勃发展着，因为当地民众不敢以别的方式发挥聪明才智，只能投身于艺术——这种对统治者而言相对不那么危险的表达方式。尽管如此，在近代史上，欧洲国家的兴衰总的来说起源于大致相同的环境，遵循某种类似的原则，走出了某种相似的发展路径。但最终,欧洲国家发展出天差地别的民族意识。因此,我们希望,通过对金雀花王朝前期——这段特定时期或已经确知历史的说明,获得丰富的引人入胜的细节,得到大量的比较和分类,从中获取线索,使本文不致成为枯燥事实的分析或一般的规律性陈述。

呈现在我们面前的金雀花王朝前期是这样一个历史时期,即从斯蒂芬即位到爱德华二世驾崩,或者说,从英格兰民族形成之初,到在爱德华三世领导下与法兰西长期争斗的开始。对这一时期,法兰西和德意志的民族史没有清晰的界定。

爱德华二世

爱德华三世

金雀花王朝前期见证了法兰西王国建立的过程。当时,法兰西王国只是名义上承认中央王朝统治的几个省的集合。这几个省在法兰西国王的直接掌控之下,已经形成国家管理制度。

在德意志民族历史上,金雀花王朝前期经历了一系列更多样化的重大事件。亨利四世统治时期开始的南北大分裂导致神圣罗马帝国内部分崩离析,从未真正统一。这也成为历任神圣罗马帝国皇帝和教皇争斗不休的一个主要原因。12世纪上半叶,在萨克森人和士瓦本人的争斗中,南北大分裂起到深远但并非广泛的作用。腓特烈·巴巴罗萨[①]统治时期,神圣罗马帝国内部分歧的根源是中央皇权同地方封建分离主义势力的斗争。腓特烈二世统治时期,内部分歧直接导致神圣罗马帝国瓦解。瓦解了的神圣罗马帝国直到哈布斯堡王朝的鲁道夫一世统治时期才重新统一。此

---

① 腓特烈一世在本文中称腓特烈·巴巴罗萨。——译者注

神圣罗马帝国皇帝亨利四世

神圣罗马帝国皇帝腓特烈·巴巴罗萨

神圣罗马帝国皇帝腓特烈二世

哈布斯堡王朝的鲁道夫一世

时，神圣罗马帝国以完全不同的形式、目标和任务重建。这段多事之秋以公众情感的各种发展和变化，以新的事例和结果丰富了自古以来存在的民族兴亡史。

同时期神圣罗马帝国和罗马教廷对抗激烈。腓特烈·巴巴罗萨与教皇亚历山大三世的对抗呈现出一种新的形式。神圣罗马帝国皇帝与教皇的对抗一直延续到神圣罗马帝国皇帝路易四世与教皇约翰二十二世的对

神圣罗马帝国皇帝路易四世

抗时期。神圣罗马帝国与罗马教廷的争斗包含霍亨施陶芬王朝的出出好戏，打破了亨利七世建立伟大世界的希望，最终导致卢森堡和哈布斯堡王朝的君主们构建了"开明君主专制"这种新型理论关系。

这些政治舞台上的演员们互相斗争，形成了后期欧洲政治史。与此同时，西班牙和意大利正经历一段不同的历史。在西班牙和意大利，教会和十字军运动为我们解读这段时期的历史提供了主线。

神圣罗马帝国皇帝亨利七世

金雀花王朝前期并不仅仅在政治变革方面引人注目。金雀花王朝前期特征明显，其中一个特征是伟人辈出。在历史学家眼中，伟人不仅拥有重要地位，而且应该起最重要的作用。这一时期的历史与其说是国家史、家族史、民族史，不如说是伟人史。此时，对历史进步做出贡献的是伟人而不是民众。这是一段英勇的中世纪时期——在伟大程度上和伟大的舞台上，唯一体现出真正骑士美德的时期，虽然后来，骑士美德或被理想化或被败坏了。中世纪伟人辈出，推动政治制度进步的有布列讷的约翰①和第六代莱斯特伯爵西蒙·德·蒙福尔。君主中有腓特烈·巴巴罗萨和腓特

布列讷的约翰

---

① 布列讷的约翰（1148—1237），1210年到1229年是耶路撒冷国王，1231年到1237年成为拜占庭皇帝。——译者注

第六代莱斯特伯爵西蒙·德·蒙福尔

烈二世,教会中的圣贤有克莱尔沃的圣伯纳德和教皇英诺森三世[①],涌现出圣路易[②]和爱德华一世两位伟大的国王。在很大程度上,金雀花王朝前期不受令人厌恶的前代影响,也没有后世鲜明的残酷报复和政治不道德行为。

金雀花王朝前期,人们的举止比上一个时代更优雅,比下一个时代更单纯和真诚。宗教更明显地是因善而存在,而不是以罪恶为特征。宗教方面的罪恶似乎与宗教卷入世界政治的行动密不可分。就连13世纪也不是基督教发展的黄金时代,更不用说12世纪和14世纪。12世纪到14世纪也

---

① 英诺森三世(1161—1216),罗马天主教教皇,在位时间为1198年到1216年。——译者注
② "圣路易"是对路易九世(1214—1270)的尊称。圣路易是法兰西卡佩王朝第九位国王,被奉为中世纪法兰西乃至全欧洲君主的楷模。——译者注

克莱尔沃的圣伯纳德

教皇英诺森三世

圣路易

爱德华一世

不是繁荣的时代。这一时代虽然是进步的时代，但进步是以极大的代价获得的。如果圣路易和爱德华一世教导世人国王可能是好人，也可能是强大的君主，那么亨利三世和路易七世让世人明白宗教习惯，甚至坚定信念往往不足以使弱者远离谬误和错误。腓特烈二世时期的历史表明最终的胜利者并不总是行动迅速的一方，战争获胜者也并非总是实力强大的一方。康拉德和康拉丁①时期的历史验证了正义并不总能获胜，就算正义最终获胜，但在某些情况下，胜利步履缓慢，对已经遭受痛苦的人无药可解。

亨利三世

① 康拉丁（1252—1268），1254年到1268年为士瓦本公爵，霍亨施陶芬王朝最后一位君主。——译者注

路易七世

  在本卷中,我们打算简述金雀花王朝前期这段充满伟人和伟业的历史。虽然这段历史是历史长河中很小的一段,但这段历史至少包含了英格兰为世界进步做出的一项最伟大的贡献。在金雀花王朝早期,历任国王统治下的英格兰历史展现了宪政发展的历程。金雀花王朝前期的宪政比世界上任何存在过的宪政都更能保持自由政府的形式和精神,这些形式和精神构成自由共和的思想。可以毫不夸张地说,金雀花王朝前期的英格兰历史是真正的政治自由诞生的历史。尽管意大利地区各共和国或者中世纪神圣罗马帝国的诸侯已经存在,但我们不能不看到,16世纪的伟大君主政体产生前,自由在这些共和国或者联邦实际上已经如同古代雅典的自由一样消亡了。即使在瑞士,自由精神虽然存在,但实际上,任何伟大的民族都无法实现瑞士民族的自由精神。只有在英格兰,国家自治问题实质上已经解决。虽然在都铎王朝和斯图亚特王朝时期，英格兰民众忘记曾经如何被君主压迫过，再次受到国王和官吏的剥削，但最终，英格兰民众恢复了自己的政治意识，重新夺回属于自己的权利。民众的胜利是因为他们拿起宪政这个来自中世纪英格兰历史武器库中的武器，以及采取从早期流传下来维护和实现自由精神的宪政形式体制。作者尝试勾勒整个金雀花王朝前期，而非单纯着眼于宪政发展的历史。在欧洲历史上，金雀花王朝前期是宪政正在酝酿、民族性格正在成型的时期。在我们开始论述之前，我们可以先看一下这一时期的欧洲地理环境。

从亚得里亚海沿岸到波斯，除了君士坦丁堡及其周围地区，都是信奉伊斯兰教的君主统治的地区。除了与十字军运动的偶然联系，这里可能不

金雀花王朝的盾形徽章

属于我们现在考虑的范围。东欧北部被半开化的基督教民族控制,这在拜占庭帝国和西方基督教世界之间形成一道危险但有效的屏障。匈牙利王国皈依基督教及西方基督教世界占领亚得里亚海以东的威尼斯,使中世纪的欧洲免遭伊斯兰教的侵袭。

意大利分成两部分,普利亚和西西里在诺曼人的统治下,风雨飘摇的神圣罗马帝国在洛塔尔二世的统治下。金雀花王朝开始时,洛塔尔二世只是阿尔卑斯山脉以南名义上的皇帝。神圣罗马帝国的统治者们既无法维

洛塔尔二世

持行政统治又无法形成有效结盟,导致从阿尔卑斯山脉到罗马,城市和邦国纷纷独立。

金雀花王朝前期的英格兰国王们和欧洲北部的共和国与诺曼人统治的欧洲南部维持紧密的关系。金雀花王朝前期历任英格兰国王与罗马教廷的关系保持得更紧密、持久。从金雀花王朝前期开始,英格兰人不但在意大利各所大学,如萨莱诺大学、博洛尼亚大学和帕维亚大学学习,而且还在高级教士和政治家的帮助下偿还前后两任坎特伯雷大主教兰弗朗克和安瑟尔姆欠下的债。一位英格兰人很快将成为教皇①。金雀花王朝前

坎特伯雷大主教兰弗朗克

① 指教皇阿德里安四世。——译者注

坎特伯雷大主教安瑟尔姆

期,历任英格兰国王委派的大臣和高级教士中有大量英格兰人。在亨利一世和索尔兹伯里主教罗杰时期服务于金雀花王朝的诺曼贵族同样也在西西里为西西里国王罗杰二世及其后代服务。

我们可以看到,12世纪中叶,德意志地区仍然存在着四个民族,即萨克森、法兰克尼亚、士瓦本和巴伐利亚,四个不同民族拒绝永久合并。古老的政治制度已经不合时宜,甚至即将土崩瓦解,行政管理已经困难重重。神圣罗马帝国的统一被基督教教会封邑分割,通过神圣罗马帝国皇帝的虔诚信仰及相关政策,基督教教会规则得以在世俗各邦推行,以影响战争发展,加强政治影响力,直接控制教会无法通过教士传承继续掌控的土地。破坏神圣罗马帝国完整的并非只有教会。大公国之间横亘着一些充满争议的地区,伯爵、总督或者大法官都在行使公爵的权力。公爵们认为自己的权力受到限制,领土遭到分割。因此,巴伐利亚很快就分裂出去,成为奥地利公国。在科隆大主教和勃兰登堡总督的争斗下，萨克森分崩离析。神圣罗马帝国皇帝和大法官在法兰克尼亚明争暗斗。士瓦本是当时占统治地位的皇家领土的一部分。因此，神圣罗马帝国皇帝不得不从士瓦本分出领土奖赏给自己的忠仆。在萨克森、巴伐利亚和伦巴第的韦尔夫家族和在法兰克尼亚和士瓦本的霍亨施陶芬家族之间存在着一场迟早会触及神圣罗马帝国核心利益的竞争。最终，这会导致神圣罗马帝国完全瓦解。

神圣罗马帝国西部是路易七世统治下的法兰西王国，洛塔林各省形成的狭长地带将神圣罗马帝国和法兰西王国隔开。在洛塔林各省，法兰西

神圣罗马帝国的双头鹰徽章

国王的统治有名无实。这些省形成一条有争议的边界线,而这条边界线的一项主要功能就是在卡佩王朝与神圣罗马帝国之间维持和平。这项维持和平的工作完成得不错,因为在法兰西王国和霍亨施陶芬王朝之间存在着联盟。不过,我们必须看到,现在法兰西的许多省都是金雀花王朝前期神圣罗马帝国的疆土。在罗讷河和默兹河以外,法兰西国王没有封臣,只有不太靠谱的盟友。在法兰西王国的领地内,北部的佛兰德斯伯国,南部的阿基坦公国,对曼恩和布列塔尼宣称拥有领主权的诺曼底公国,将巴黎之王与大海隔绝,甚至在佛兰德斯和诺曼底之间的一小片海岸也被身兼英格兰国王的布洛涅伯爵占领。但法兰西王国绝没有处在最严重的衰退之中。路易六世维持了中央集权,为其子留下阿基坦的继承权。

路易六世

法兰西国王实施了一系列集权措施，通过这些措施，法兰西国王逐渐夺回对各个省份的控制权。法兰西历任国王使用计谋和政策慢慢分裂各个公国，逐步加强中央集权。通过这些措施，五十多年后，长期分裂的诺曼底地区也被收复了。法兰西王国建立了真正意义上的中央政府，通过鲜明的法兰西民族特性完成了表面上的国家统一。

　　在法兰西北部，下洛林地区各省，洛林和萨克森之间有争议的土地，与属于中间地带南部的土地一样拥有不确定性。洛林地区的贵族很少参与法兰西王国的事务，虽然下洛林地区名义上是法兰西王国的一部分，比较强势的法兰西国王会行使领主权力。一般来说，洛林地区的贵族离政治中心太远，不害怕受到太多干涉，享有尽可能多的自由。当需要法兰西国王帮助时，洛林地区的贵族才很高兴认识到法兰西国王的影响力。我们会看到，在理查一世与约翰一世统治时期的英格兰与神圣罗马帝国沟通

理查一世

约翰一世

时,洛林的贵族们发挥了不小作用。洛林贵族们在法兰西、佛兰德斯和神圣罗马帝国玩各种阴谋诡计,在整个欧洲的政治斗争中发挥着不算明显但实实在在的作用。洛林雇佣军闻名遐迩,频繁参加欧洲各国的内战。几乎一夜之间,佛兰德斯地区的城市演变成商业和政治中心。

法兰西以南是西班牙和葡萄牙。此时,伊比利亚半岛被划分成几个小王国。这些王国由紧密联盟和有血缘关系的国王组成。西班牙人和葡萄牙人都参加了长达七个世纪的对摩尔人的远征。在金雀花王朝前期,十字军运动看起来有获胜的可能性。尽管1085年,莱昂和卡斯蒂尔国王阿方索六世收复托莱多,1118年,阿拉贡国王阿方索一世从摩尔人手中收复萨拉戈萨,但西班牙中部靠近塔古斯的地区仍然存在争议。1147年,十字军占领里斯本。在西班牙的每一个基督教国家,自由政府、国民议会和地方

十字军

摩尔人

莱昂和卡斯蒂尔国王阿方索六世　　　　　　　　　　　　阿拉贡国王阿方索一世

自治机构都保留着条顿和哥特王朝的独特印迹。在英格兰议会制度完善前,卡斯蒂尔和阿拉贡的议会已经在理论上发展出代表贵族、教士、平民阶层的完整形态。金雀花王朝前期,西班牙的进步很独特,但至少西班牙还在发展。到目前为止,西班牙与整个欧洲只有一到两个发展的关联点。

第 2 章

斯蒂芬与玛蒂尔达

精彩看点

诺曼统治的后果——继承权问题——亨利一世采取预防措施——王位竞争者——选举斯蒂芬为王并加冕——斯蒂芬的第一份宪章——苏格兰首先入侵——第二份宪章——1136年叛乱——麻烦开始——斯蒂芬鲁莽政策——斯蒂芬与神职人员的分歧——索尔兹伯里主教罗杰——1139年斯蒂芬拘禁索尔兹伯里主教罗杰——无政府状态——1141年斯蒂芬被俘——玛蒂尔达当选英格兰夫人——玛蒂尔达鲁莽行事——无政府状态——第二次十字军运动——罗马教廷谋划——斯蒂芬与坎特伯雷大主教斗争——斯蒂芬继承人问题——安茹的亨利步步逼近王位

在"征服者"威廉及其子孙统治时期，英格兰人虽然处境艰难，但上了宝贵的一课，因为他们意识到，统一的英格兰民族已经形成了。诺曼贵族瓜分了英格兰，希望在每个郡和庄园都建立自己的小王国。英格兰人劫难重重，受到没收财产、残害、流放、死亡等沉重的打击。诺曼贵族也上了宝贵的一课。他们学会要摆脱个人私利，并且意识到要想巩固自己民族产生的国王建立的强大国家，必须使自己成为法律的仆人。诺曼贵族还明确认识到自己的弱小，从而满足于国王赐予的权利。诺曼贵族还没有意识到国王应该是法律的制定者和执行者。诺曼贵族不服从英格兰国王的大臣们，英格兰国王的大臣们也已经受到教训，不得不提防诺曼贵族篡权的野心。因此，在"征服者"威廉及其子孙统治期间，诺曼国王与英格兰民众被命运捆绑在一起。很快，君主与民众就认识到他们有共同的目标，即不断与诺曼贵族斗争。因此，英格兰民众对最后的胜利充满信心。诺曼贵族败落时，英格兰民众就强大起来。诺曼贵族的后裔发现更聪明的办法是称自己为英格兰人。从人数和势力方面看，没有英格兰化的诺曼贵族的力量逐年削弱。

"征服者"威廉已经意识到必须英格兰化。在某种程度上，亨利一世更清楚地意识到英格兰化的重要性，并且预见到英格兰化的结果。"征服者"威廉和亨利一世不仅小心翼翼地自称英格兰国王,还至少在名义上遵守英格兰习俗,用英格兰的法律治国。在"征服者"威廉和亨利一世面前,一个接一个的反对派大家族溃败。统治末期,亨利一世已经强大到可以轻易扮演暴君的角色。不过,亨利一世已经养成习惯,自觉抵制成为暴君。但亨利一世及其父"征服者"威廉坚决镇压的势力并没有完全消失。与此同时,维护英格兰和维持英格兰国王权力的行政体系没有强大到能保证在没有背后力量支持时拥有稳固的执政基础。

"征服者"威廉

亨利一世

亨利一世似乎清楚地看到行政体系不稳定这一点。驾崩前许多年，亨利一世一直忙于用一切可能的办法确保自己孩子获得继承权。导致亨利一世忙于稳固子女继承权的情感原因并不能完全、简单地分析出来。对于女儿玛蒂尔达，亨利一世没有给予多少父爱。亨利一世将全部父爱都给了儿子威廉。因此，毫无疑问，威廉早逝是亨利一世心底最深的痛。我们不能认为亨利一世很关心英格兰民众，尽管民众屡次救亨利一世于水火之中。但只要能达到自己的目的，亨利一世就毫不犹豫地将民众当作奴隶。亨利一世似乎觉得，除非能顺利将手中的权力传递给女儿玛蒂尔达和她的后代，否则自己的统治期将是不完整的，诺曼底公国的光荣会在自己手中凋零。

第 2 章 斯蒂芬与玛蒂尔达 | 031

亨利一世三次召集民众做出最庄严的宣誓，试图使全国民众忠于玛蒂尔达和她的儿子安茹的亨利。诺曼人和英格兰人都参与了宣誓。斯蒂芬和格洛斯特伯爵罗伯特曾就谁应该率先宣誓效忠展开了竞争，甚至教会都答应了亨利一世的请求。教会承诺只要玛蒂尔达能对教会表示感激、关心，并且宣称自己对教会的责任，就一定会与亨利一世达成一致，不阻碍玛蒂尔达登基。然而，这不足以打消亨利一世的疑虑。驾崩时，亨利一世已经在诺曼底度过了四年时光。他努力使玛蒂尔达及其丈夫安茹伯爵

玛蒂尔达

安茹伯爵杰弗里四世

杰弗里四世保持和睦的关系。另外,亨利一世还将这四年时光花在调解诺曼人与安茹人的关系,以及巩固诺曼底公国的领地上。由于侄子威廉·克利托和哥哥罗贝尔二世离世,最终,诺曼底公国没有争议地落到亨利一世手上。当种种计划正在进行时,亨利一世突然驾崩。亨利一世的管家诺福克伯爵休·比戈做证,驾崩之前,亨利一世被玛蒂尔达的乖戾激怒,于是剥夺了玛蒂尔达的继承权。诺福克伯爵休·比戈后来的作为没有增加他作为证人的权威性。或许剥夺玛蒂尔达继承权这件事是真的,但剥夺继承权很可能是亨利一世对玛蒂尔达的一种威胁。然而,意外的驾崩使亨利一世没有时间改口。此时，诺福克伯爵休·比戈的证词就有足够力度了。1135年12月1日，亨利一世驾崩。从那一刻起，英格兰王位继承权就成了问题。就王位继承问题而言，诺曼人和英格兰人有时聚在一起讨论，有时各自分开讨论。

我们如果推测一下影响亨利一世决定的动机，那么应该先看看王位的潜在继承人。毫无疑问，纯粹的诺曼贵族会很乐意将哈洛塔的后裔统统排除掉，所有诺曼人都会拒绝安茹伯爵杰弗里四世的统治。如果诺曼人必须有一个公爵，那么这位新公爵可以从香槟家族，"征服者"威廉最伟大和最著名的女儿诺曼底的阿德拉的后代中选出。香槟伯爵西奥博尔德

香槟家族的盾形纹章

诺曼底的阿德拉

二世①虽然继承了布卢瓦伯爵之位,但他不是诺曼底的阿德拉的长子,随时有可能被废黜。

斯蒂芬是诺曼底的阿德拉第三子,莫尔坦伯爵和布洛涅伯爵,诺曼底第一男爵。目前,他已经站稳了脚跟。斯蒂芬的妻子布洛涅的玛蒂尔达也有英格兰血统,她的母亲布洛涅伯爵夫人苏格兰的玛丽是亨利一世王后苏格兰的玛蒂尔达的妹妹。无论老国王亨利一世希望从英格兰国王与英格兰臣民的血缘关系中得到什么,斯蒂芬此时都可能从他的妻子布洛涅的玛蒂尔达处得到。斯蒂芬是个勇敢的人,至今还没有树敌。

---

① 斯蒂芬的哥哥。——译者注

尽管有上述种种条件，但斯蒂芬的最终成功是由于他果断的行动。作为布洛涅伯爵，斯蒂芬掌握从法兰西前往英格兰的最短航线。当诺曼人谈论斯蒂芬的哥哥香槟伯爵西奥博尔德二世的优点时，斯蒂芬自封为信使。斯蒂芬还记得舅舅亨利一世是如何赢得威廉·鲁弗斯①的王冠和财宝的。斯蒂芬留下诺曼贵族料理亨利一世的葬礼，自己坐船前往肯特郡。在多佛和坎特伯雷，斯蒂芬都受到冷冰冰的对待。肯特郡民众并不欢迎斯蒂芬，认为斯蒂芬像他的前任布洛涅伯爵尤斯塔斯二世②那样，是个喜

斯蒂芬

---

① 威廉·鲁弗斯（1056—1100），"征服者"威廉第三子，1087年到1100年为英格兰国王。——译者注
② 指曾在黑斯廷斯战役中担任"征服者"威廉的军队中的侧翼指挥官的布洛涅伯爵尤斯塔斯二世。——译者注

威廉·鲁弗斯

欢骚扰自己家乡的陌生人。斯蒂芬继续向伦敦进发,在伦敦,他了解到诺曼人对安茹人的偏见已经很强烈了。伦敦人说:"我们不愿意让一位陌生人统治我们。"尽管对伦敦人来说,很难确定来自香槟的斯蒂芬与安茹伯爵杰弗里四世究竟有多大不同。但无论如何,只有成功登基才能确保王位继承不受质疑,没有什么比戴上王冠更能确保国王的名号。于是,斯蒂芬前往温切斯特,得到了英格兰的王冠和财产。不到三个星期,斯蒂芬又回到伦敦,宣布自己已经是民选之王。

1135年见证了斯蒂芬的加冕礼,并且在圣斯蒂芬节[①]成立效忠斯蒂芬的委员会。实际上,这个委员会不过是"征服者"威廉和亨利一世召集的大委员会的可怜替代品。作为委员会讨论的对象,斯蒂芬在委员会中发

---

① 12月26日是圣斯蒂芬节。圣斯蒂芬是天主教教会首位殉道者。——译者注

温切斯特主教亨利

挥了主导作用。出席委员会的有斯蒂芬的弟弟,温切斯特主教亨利。作为老练又有政治头脑的教士,温切斯特主教亨利情愿做英格兰国王斯蒂芬的弟弟。实际上,只要成为国王斯蒂芬的弟弟,温切斯特主教亨利就可以让他所在的教区拥有至高无上的地位。出席委员会的还有坎特伯雷大主教科尔贝伊的威廉。坎特伯雷大主教科尔贝伊的威廉本来已经庄严宣布效忠玛蒂尔达,并且深知出席斯蒂芬的加冕礼意味着对斯蒂芬投上信任票。实际上,坎特伯雷大主教科尔贝伊的威廉投给斯蒂芬的这一票能决定玛蒂尔达与斯蒂芬争夺王位的结果,尽管这样做不能恢复和平。出席者还有索尔兹伯里主教罗杰,已故国王亨利一世的首相,宪法框架的缔造者。索尔兹伯里主教罗杰依然在责任和保留权力之间犹豫不决。诺福克伯爵休·比戈带着见证玛蒂尔达已经被剥夺继承权的誓言出席了委员会。出席者中还有其他几人已经与斯蒂芬串通一气。他们已经将斯蒂芬看作唯一的救命稻草。除了上述出席者,出席委员会的其他贵族很少,大部分是伦敦市民、诺曼贵族、外国商人,以及少数富有的英格兰人。所有出席者都熟悉公共事务,了解亨利一世的为人,充满对武力和金钱的渴望。委员会首先鼓励斯蒂芬不要怕安茹伯爵杰弗里四世。斯蒂芬在世时,其加冕委员会的成员们多多少少对他保持忠诚。委员会组成了贤人会议,选举斯蒂芬为英格兰国王,打消了反复无常的坎特伯雷大主教科尔贝伊的威廉的顾虑。贤人会议成员认为贤人会议代表英格兰,英格兰应该用掌声欢迎斯蒂芬当选为新任国王。

亨利一世还没下葬,但所有人都忘记了对亨利一世做过的承诺。具有讽刺意味的是,斯蒂芬在他的《加冕宪章》中承诺遵守并强制执行亨利一世留下的所有好法律和好风俗。

斯蒂芬加冕的消息传得很快。香槟伯爵西奥博尔德二世虽然既烦恼又失望,但拒绝和亲弟弟斯蒂芬争夺斯蒂芬已经戴上的王冠。在安茹,

贤人会议

安茹伯爵杰弗里四世和玛蒂尔达长期感情不和，争吵不断。亨利一世的私生子格洛斯特伯爵罗伯特虽然恨斯蒂芬甚于爱玛蒂尔达，但明白自己必须等待时机。他相信很快就会发生某种危机：斯蒂芬会花光钱财，并且背弃诺言。前任国王亨利一世必须以国王的礼节庄严下葬。大领主们运送着亨利一世的遗体到亨利一世最后的安息地——雷丁。1135年12月13日，离圣诞节还有十二天，斯蒂芬与大领主们在雷丁会晤。亨利一世的葬礼结束后，在牛津或牛津附近某个地方，斯蒂芬与大领主们定下协议。斯蒂芬竭力让《加冕宪章》迎合每一个阶层的需要：他向神职人员承诺免除前朝统治的苛捐杂税，实现神职人员选举自由；他向贵族许诺放松执行森林治理法案，因为亨利一世已经过于严格地管理森林，从而引起尖锐矛盾。斯蒂芬向民众承诺废除达涅戈尔德①。亨廷登的亨利说："斯蒂芬向上帝这样发誓那样承诺，但他没有实现一个承诺。"当时，斯蒂芬的承诺也许并不虚伪。不管怎样，承诺取得了预期的效果，暂时团结了全国。

通过在雷丁与各方会晤并做出承诺，斯蒂芬赢得了时间。会晤结束后，斯蒂芬急忙赶到北方。在北方，玛蒂尔达的舅舅、苏格兰国王大卫一世以玛蒂尔达的名义入侵英格兰。斯蒂芬和大卫一世两位国王在达勒姆会面。最终，苏格兰国王大卫一世占领了纽卡斯尔和卡莱尔。纽卡斯尔是因为英格兰战败投降送给苏格兰的，卡莱尔是英格兰国王斯蒂芬作为苏格兰国王大卫一世保持中立的贿赂送给大卫一世的。苏格兰国王大卫一世虽然是位好君主，但是位苏格兰人。对苏格兰国王大卫一世来说，这份礼太重了。苏格兰国王大卫一世虽然同意讲和，但因为已经宣誓效忠外甥女玛蒂尔达，所以不能支持斯蒂芬。当然，大卫一世的儿子亨利可能会承担接受贿赂保持中立这一

---

① 达涅戈尔德又称丹麦金，835年开始征收。当时，英格兰受到了维京人——主要是丹麦人和挪威人——的持续侵扰。为换取和平，公元991年，"决策无方者"埃塞雷德二世以向丹麦人交付赎金而避免侵略。——译者注

苏格兰国王大卫一世

重任。至少,亨廷登本来就是苏格兰的亨利的母亲亨廷登女伯爵莫德——最后一位英格兰裔诺森伯利亚伯爵瓦尔塞奥夫女儿的一部分遗产。于是,苏格兰的亨利发誓保持中立,斯蒂芬用亨廷登作为礼物,达成这笔交易。然后,斯蒂芬回到伦敦,又前往牛津。在牛津,斯蒂芬发表了新的宪章,承诺建立良好政府。

1136年复活节后不久,新的宪章发表。在宪章的见证人中,我们发现了格洛斯特伯爵罗伯特的名字。显然,他已经妥协了。格洛斯特伯爵罗伯特对斯蒂芬的誓言有附带条件,更像是君主对手的誓言,而不是封臣的誓言。格洛斯特伯爵罗伯特起誓只要斯蒂芬维护格洛斯特伯爵罗伯特的权利和尊严,他就会忠于斯蒂芬国王。这无疑是格洛斯特伯爵罗伯特做出的不小让步,因为格洛斯特伯爵罗伯特看出妹妹玛蒂尔达登上王位希望渺茫。不过,斯蒂芬对这份誓言承担的责任并不小。格洛斯特伯爵罗伯特在英格兰拥有大片封建领地,并且私生子格洛斯特伯爵罗伯特的父亲亨利一世和异母妹妹玛蒂尔达的所有私人朋友都听命于格洛斯特伯爵罗伯特。对斯蒂芬来说，格洛斯特伯爵罗伯特如果公然与自己作对，那么自己更安全。不过，至少在斯蒂芬刚刚登基那一刻是和平的。

在十分有限的情况下，在牛津发布的《加冕宪章》承诺建立良好的政府，并且许诺可以补救围绕教会、森林治理和郡长俸禄的种种弊端。然而，这份法令并不像在已故国王亨利一世葬礼上做的承诺那样明确或者详尽。

不久，第一朵乌云——虽然是一朵很小的乌云——出现了。1136年圣灵降临节前，斯蒂芬病倒了，甚至有谣言说斯蒂芬已经驾崩。诺曼人的反叛情绪开始发酵。首先拿起武器的是诺福克伯爵休·比戈，德文郡最大的领主德文伯爵鲍德温·德·雷德弗斯紧随其后。斯蒂芬很快恢复了健康并夺取了诺里奇和埃克塞特。最终，斯蒂芬放弃前任国王们的统一政策，赦免叛国者。斯蒂芬为胜利感到高兴，立即违背宪法的第二项承诺，成立了调查森林大法庭，随心所欲地提出申诉和惩罚。

1136年没有多少值得关注的地方。1137年，斯蒂芬从安茹伯爵杰弗里四世和玛蒂尔达手里夺取诺曼底，与法兰西王国结成紧密的联盟。就在1137年圣诞节前夕，斯蒂芬回到英格兰，几乎花光了所有钱。噩梦即将到来，叛乱再次来袭，大片乌云第二次在北方出现。历史学家并没有确切地告诉我们，是斯蒂芬的暴政为叛乱揭开了序幕，还是叛乱迫使斯蒂芬走上暴政之路，或许是暴政和叛乱互相作用，互相激化。斯蒂芬和臣民互不信任导致双方采取的每一项预防措施都令对方感到咄咄逼人。斯蒂芬极端不明智。与其说他不真诚，不如说他富有攻击性。尽管如此，斯蒂芬还是赢得了绝大多数人的支持。1138年年初的几个月经历了一场为时过早但规模巨大的叛乱。叛乱很快被粉碎，一座又一座的叛乱城堡被攻陷。格洛斯特伯爵罗伯特已经自立为王，苏格兰国王大卫一世看到斯蒂芬忙于南方的战事，无暇顾及北方，就趁机入侵约克郡。与苏格兰国王大卫一世的战争艰苦卓绝，但约克郡民众经受住了考验。不管约克郡民众是否喜爱斯蒂芬，他们都恨苏格兰人。站在斯蒂芬一边的大贵族尽了自己的一份力，包括约克郡的圣彼得教堂、里彭市的圣威尔弗里德教堂和贝弗利市的圣约翰教堂在内的北方教堂升起古老的战旗，引领斯蒂芬的支持者与苏格兰军队作战。1118年，曾经与亨利一世作战的约克大主教瑟斯坦派自己的副主教帮助斯蒂芬作战。骑士带着自己的部队，农场主带着子孙和仆人，站在斯蒂芬一方作战。以前的盎格鲁-撒克逊民兵和教区居民在神父的带领下也参加了战斗。战斗发生在山区和平原，最终，在斯坦达德战役中，忠于斯蒂芬的力量在考顿荒原彻底击溃苏格兰军队。叛乱再也无法继续进行。

斯坦达德战场上的忠于斯蒂芬的力量

斯蒂芬觉得这次胜利使自己的实力增加，但斯蒂芬的钱快花光了，和平的日子结束了。没有钱就很难如同政治家一样行事，对斯蒂芬的善意和信念来说，没有钱是沉重的打击。不过，斯蒂芬并不是无端开始暴政的。格洛斯特伯爵罗伯特的势力来自安茹家族的大贵族。斯蒂芬也想拥有由大贵族组成的宫廷。因此，斯蒂芬开始分封贵族。然而，斯蒂芬不但没有结交到朋友，反倒处处树敌。出于自己的利益，斯蒂芬提拔一些人成为新的贵族，将他们分封到新的领地。由于没有多余的领地可以分封，他就给新分封的贵族国库金。这样一来，他的个人权威受到威胁。与此同时，王室收益受损。为充实国库，他又降低货币的价值。叛乱削弱了斯蒂芬的军事力量。为扩充军事力量，并且由于统治无方造成国家组织衰败，斯蒂芬聘请弗拉芒裔雇佣兵。事实上，正是斯蒂芬为巩固自己地位所采取的手段毁了他。雇佣军使人心疏离，贬值的货币摧毁了商人和城镇的信心，新的无形的贵族领地激起原来贵族更多的敌意，新分封的领主要求斯蒂芬给予他们新的特权，作为对他们继续服务的奖励和保障。

神职人员仍然是忠实的。神职人员的势力十分强大：他们管理政府，充任全国委员会的委员。他们很富有，热衷于维护和平。有了斯蒂芬的亲弟弟温切斯特主教亨利，斯蒂芬的首席大臣索尔兹伯里主教罗杰，辅佐斯蒂芬王位提名人的坎特伯雷大主教贝克的西奥博尔德[①]，斯蒂芬也许还能取得成功。无论如何，教会一定会比贵族存在的时间更长。令人难以置信的是，斯蒂芬轻率地将神职人员推到反对派阵营，一举粉碎整个王国的行政机构。或许是斯蒂芬的疑心变重了，或许是他猜忌心强了，更可能是他听从了愚蠢的劝告。无论如何，斯蒂芬的举措导致神职人员的背叛。

当时，亨利一世统治时期的首席大臣索尔兹伯里主教罗杰已经上了

---

① 1139年，贝克的西奥博尔德接替科尔贝伊的威廉担任坎特伯雷大主教。——译者注

年纪。为让斯蒂芬登上王位，索尔兹伯里主教罗杰做的贡献也许比任何人都多。索尔兹伯里主教罗杰不但将军队交到斯蒂芬手中，而且通过管理司法和财政维持斯蒂芬的财政收入。索尔兹伯里主教罗杰做事不是没有私心，他的儿子当上了大臣，两个侄子是主教，其中一个侄子是斯蒂芬的司库。索尔兹伯里主教罗杰毫不谦逊地展现自己的地位：他的城堡巍峨雄丽，在阿尔卑斯山脉以北举世无双。索尔兹伯里主教罗杰也许有个打算，即如果与斯蒂芬发生冲突，那么在冲突开始时，他要保存自己的力量以便在最后一刻一举扭转局势。实际上，这是索尔兹伯里主教罗杰和与他处于统一战线的教士的共同打算。温切斯特主教亨利，虽然是斯蒂芬的弟弟，但毕竟是位教士。虽然坎特伯雷大主教贝克的西奥博尔德的地位不是靠斯蒂芬的善意，就是靠斯蒂芬的纵容获得的，但他或多或少是玛蒂尔达的忠实支持者。

  斯蒂芬对主教们的计谋知道多少，我们不清楚。斯蒂芬怀疑的，我们只能怀疑，但索尔兹伯里主教罗杰遭到拘禁确凿无疑。斯蒂芬试着突袭索尔兹伯里主教罗杰，逮捕了索尔兹伯里主教罗杰和索尔兹伯里主教罗杰的侄子林肯主教亚历山大，强迫索尔兹伯里主教罗杰和林肯主教亚历山大放弃城堡。斯蒂芬假装认为这些城堡是用来防御他的。教会立刻投入战斗。斯蒂芬亵渎神明的举措甚至使1139年已经成为罗马教廷公使的温切斯特主教亨利也下定决心反对兄长斯蒂芬。与教会的斗争十分艰难，在斯蒂芬前后，许多比斯蒂芬实力更强的国王都要付出代价才能明白这一点。此外，斯蒂芬的暴力行为针对的正是自己的大臣、法官和司库。教会处于危险之中，大臣们被收押在监狱里，司法、税收、警察及其他一切体系都暂停了。在一切混乱中，玛蒂尔达登陆英格兰，时间恰到好处。

  1139年圣诞节，整个游戏结束了：土地被分割，玛蒂尔达占领英格兰西部，斯蒂芬盘踞英格兰东部，教会脱离了国家。索尔兹伯里主教罗杰心碎地离开人世。温切斯特主教亨利还在与玛蒂尔达谈判。斯蒂芬政府毫无建树。英格兰政府没有法院,没有税收,没有地方议会,甚至没有力量进行一场诚实公开的内战。1140年,英格兰全境陷入无政府状态。在1140年圣灵降临节的法庭上,只有一位主教出席,这位主教还是外国人。我们看见斯蒂芬时而顽固不化,时而悔不当初,时而精力充沛,时而垂头丧气。贵族在斯蒂芬和玛蒂尔达两边周旋以获取两边的承诺。

这一时代被纽堡的威廉比作以色列没有国王的时代。每个人都做了正确的事,不,不是正确的事,而是错误的事,因为每位领主都是自己领地的国王和暴君。数不清的城堡拔地而起,迅速成为罪恶的温床。每位领主都自行审判并征税铸造货币。当时,封建王朝土崩瓦解,甚至连原来互相结盟的各政治派别也互相背弃,每位贵族都为自己而战。封建领主制有其鼎盛期,它彻底的胜利过后走向了灭亡。

斯蒂芬的权势并非在一夜之间瓦解。1141年,斯蒂芬包围了由切斯特伯爵雷纳夫·德·热农和格洛斯特伯爵罗伯特保卫的林肯。在战场上,斯蒂芬尚未被击败,他身边仍然有一大批贵族,虽然斯蒂芬领导的贵族没有一位像支持玛蒂尔达的贵族那样强大。在支持者人数和领导力方面,斯蒂芬无法与玛蒂尔达的支持者抗衡。在一场主要以斯蒂芬的英勇事迹为标志的斗争结束后,斯蒂芬被俘虏了,并且被玛蒂尔达的哥哥格洛斯特伯爵罗伯特作为一份厚礼送给玛蒂尔达。

林肯战役发生在1141年2月2日。1141年复活节后一星期,在温切斯特召集了由主教、贵族和修道院院长出席的大委员会,神圣罗马帝国皇后玛蒂尔达当选为英格兰夫人①。必须承认大委员会的主要参与人员是神职人员。不过,毫无疑问,大委员会代表了大部分贵族的愿望。贵族们愿意有一位国王或女王,他们宁愿选择玛蒂尔达而不是斯蒂芬。温切

---

① 指玛蒂尔达嫁给了安茹伯爵杰弗里四世。安茹伯爵杰弗里四世属于法兰克家族,法兰克家族是耶路撒冷和罗马的名义上国王。——译者注

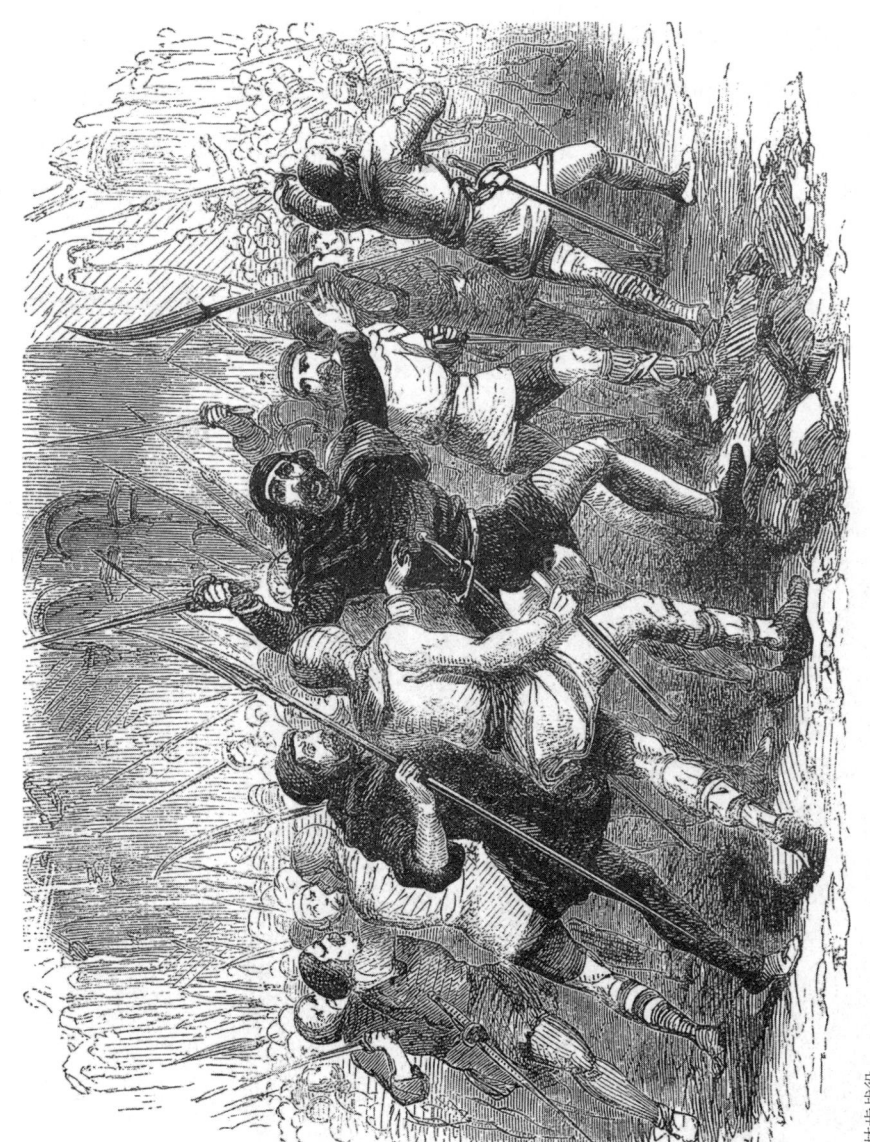

林青战役

斯特主教亨利利用这个机会大肆为教会造势，宣称神职人员有权选举君主，并且举行选举仪式。伦敦市民苦苦恳求释放斯蒂芬。1135年，伦敦市民见证了斯蒂芬担任英格兰国王。伦敦市民的恳求当然没人理会。温切斯特主教亨利权势滔天。温切斯特主教亨利看到教会在羞辱他哥哥斯蒂芬的同时取得了胜利。国王之间的战争带来巨大考验。斯蒂芬在林肯的战斗——这场严峻的考验中失败了。因此，神的审判已经在斯蒂芬身上显现。像扫罗一样，斯蒂芬也被发现缺乏能力。

因此，玛蒂尔达成为英格兰贵夫人。玛蒂尔达没有加冕，也许是因为曾经作为神圣罗马帝国皇后①，她受到庄严的敬奉已经足够了，或许是

林肯战役中的斯蒂芬（左）

① 玛蒂尔达曾经是神圣罗马帝国皇帝杰亨利五世的皇后。亨利五世去世后，她改嫁安茹伯爵杰弗里四世。——译者注

因为斯蒂芬的王权还不能废弃。玛蒂尔达扮演的是十足的君主的角色，即执行宪章，可以授予土地和爵位，权势滔天。玛蒂尔达拥有其父亨利一世所有傲慢专制和不宽容，但缺乏亨利一世的审慎和自制。玛蒂尔达风华鼎盛，正享受着自己的美好时光。但对这场胜利，贵族们显得很冷淡。实际上，让玛蒂尔达一方获胜本来就是贵族们的既定政策，贵族们希望任何一位王位竞争者都不应该摧毁另一位，而是玛蒂尔达和斯蒂芬的势力都被削弱，从而为贵族势力留下越来越大的发展空间。无论是斯蒂芬还是玛蒂尔达，都无法命令对方的朋友获得广泛的接受。

1141年仲夏节前几天，伦敦人迎来作为君主的玛蒂尔达，斯蒂芬的命运随之跌入谷底。玛蒂尔达一取得成功就开始疏远为她赢得成功的朋友。为了自己，温切斯特主教亨利不惜牺牲兄长斯蒂芬的王位。虽然这样，但温切斯特主教亨利对斯蒂芬的王后布洛涅的玛蒂尔达及斯蒂芬的孩子们并无怨恨，并且竭力说服玛蒂尔达至少保证将斯蒂芬母亲诺曼底的阿德拉留下的封地留给斯蒂芬。玛蒂尔达只想彻底摧毁斯蒂芬，因此，她拒绝了温切斯特主教亨利的建议，随后在肯特郡集结了一支强大的军队对付斯蒂芬。温切斯特主教亨利心生厌恶，退出宫斗，在温切斯特定居。玛蒂尔达想将温切斯特主教亨利拉到自己身边，但没有成功。玛蒂尔达使伦敦成为争斗的中心，导致自己在伦敦待不下去。最后，她跟着温切斯特主教亨利，如同温切斯特主教亨利建造主教圣宫一样，在温切斯特建立了王宫。温切斯特见证了这两位重要人物为一场新的权力斗争聚集各自的势力。

玛蒂尔达从肯特调集军队，苏格兰国王大卫一世和格洛斯特伯爵罗伯特从北部和西部调集军队。玛蒂尔达的军队集结得最迅速。不受封臣政策约束的贵族拒绝推翻斯蒂芬。他们躲在一边，想从竞争者身上共同的弱点中获利。1141年9月14日，格洛斯特伯爵罗伯特在试图确保玛蒂尔达撤退到迪韦齐斯的过程中被俘。从此，斯蒂芬与玛蒂尔达的竞争就更公平了。当时，立即有人提议交换斯蒂芬和格洛斯特伯爵罗伯特这两名战俘。但由于交战双方互相不信任，以及双方都想充分利用现有局面，因此交换战俘的谈判推迟了六个星期。斯蒂芬被关在布里斯托尔，格洛斯特伯爵罗伯特被关在罗切斯特，他们两人一定都以渴望的目光注视着这场辩论。格洛斯特伯爵夫人梅布尔·菲茨哈莫说如果她的丈夫格洛斯特伯爵罗伯特受到任何伤害，那么他们就准备将斯蒂芬运到爱尔兰。斯蒂芬的王后布洛涅的玛蒂尔达要求为丈夫斯蒂芬的安全提供同样的保障。最后，在1141年诸圣节①那天，斯蒂芬和格洛斯特伯爵罗伯特都平安获释，条件是两方都要遵守约定。

斯蒂芬和格洛斯特伯爵罗伯特一获得自由，就准备继续战斗下去。玛蒂尔达又在牛津设立宫廷，斯蒂芬似乎立刻恢复了国王之位，因为斯蒂芬获释使英格兰夫人玛蒂尔达是选举产生的说法不攻自破。斯蒂芬重回伦敦。1141年12月，仍渴望引领局势的教皇公使温切斯特主教亨利在威斯敏斯特教堂召集了一次会议。会上，温切斯特主教亨利为自己的行为道歉，没有为自己辩护。斯蒂芬还对逮捕并监禁他的人正式提出叛国罪指控。但公开敌对行动推迟了，几个月迟迟没有任何行动使历史上的这一页留下一片空白——六个月过去了，斯蒂芬没有任何行动的迹象。1142年复活节时，玛蒂尔达已经决定派人寻找丈夫安茹伯爵杰弗里四世。安茹伯爵杰弗里四世不愿听从妻子玛蒂尔达的召唤，甚至认为自己可能会被妻子玛蒂尔达愚弄。因此，除非得到格洛斯特伯爵罗伯特的个人保证，安茹伯爵杰弗里四世不会断然采取任何行动。格洛斯特伯爵罗伯特前去说服内弟安茹伯爵杰弗里四世放弃正在参加的战斗，转而营救玛蒂尔达，但没有成功。安茹伯爵杰弗里四世决定，直到有来自英格兰

---

① 诸圣节，又称诸圣日、万圣节，是天主教、圣公会和东正教都有的节日。在天主教教会和圣公会，诸圣节在每年11月1日。在东正教教会，诸圣节是圣灵降临节后第一个星期日。诸圣节是庆祝所有列入及未列入圣品的圣人的瞻礼。——译者注

的紧急召唤前，自己必须先确保诺曼底的安全，并且决定让格洛斯特伯爵罗伯特继续留在诺曼底。

斯蒂芬一直在等待。格洛斯特伯爵罗伯特一离开英格兰，斯蒂芬就从病榻上冲出，突袭并占领了韦勒姆。然后，他一路向北直到牛津，烧毁牛津城，监禁了玛蒂尔达。当时，玛蒂尔达一直被关在牛津的城堡里，直到玛蒂尔达的哥哥格洛斯特伯爵罗伯特从诺曼底返回。得到玛蒂尔达遭到监禁的消息后，格洛斯特伯爵罗伯特立即返回，收复了韦勒姆和多塞特的一些城堡，在塞伦塞斯特召集了部队。1142年冬到来时，玛蒂尔达在牛津城的漫天大雪中奇迹般地逃脱监禁。战争重启前，玛蒂尔达宣布交出牛津城。因此，1142年结束时，我们看到斯蒂芬与玛蒂尔达都精疲力竭。西部各郡承认玛蒂尔达的统治，格洛斯特郡成为玛蒂尔达的权力中心。东部各郡承认斯蒂芬的统治，肯特郡是其大本营。中部各郡依然有零星的战斗，战斗部分围绕牛津——两个竞争对手争斗的中心展开，部分在林肯郡和埃塞克斯郡——斯蒂芬头疼的郡展开，因为这些郡的大贵族总在闹独立。埃塞克斯伯爵杰弗里·德·曼德维尔接受了两方的任命，在1143年和1144年忙得不可开交。切斯特伯爵雷纳夫·德·热农一贯反对斯蒂芬。毫无疑问，他也没打算为玛蒂尔达而战，但他使林肯郡一直成为斯蒂芬的眼中钉。1145年，牛津郡和伯克郡是战斗的中心。1146年，斯蒂芬在北安普敦突袭切斯特伯爵雷纳夫·德·热农，迫使切斯特伯爵雷纳夫·德·热农放弃林肯郡。当时，斯蒂芬第一次觉得自己像位国王。斯蒂芬无视所有先例和偏见，甚至蔑视亨利二世也会明智妥协的迷信说法，戴着王冠在林肯郡度过1147年的圣诞节。

时光飞速运转，我们能做的不多，只能和先辈历史学家一样，记录偶尔发生的争斗和对普遍存在的苦难的抱怨。斯蒂芬和玛蒂尔达都没有力量压制自己的朋友，更不用说抗衡对手了。支持斯蒂芬或玛蒂尔达的任何一派，或者两派贵族都要求获得同样的绝对许可，以随心所欲地建造城堡，发动战争，绞死私敌，掠夺邻居，铸造货币，从而为所欲为地实行独裁统治。此时，英格兰四分五裂。苏格兰国王大卫一世作为立法者和教堂建造者，雄踞蒂斯以北的坎伯兰、威斯特摩兰和诺森伯兰。在苏格兰国王大卫一世的庇护下，达勒姆教区获得了和平。我们已经看到，英格兰西部在格洛斯特伯爵罗伯特的统治下。格洛斯特伯爵罗伯特以其妹妹玛蒂尔达的名义建立了伯爵领地，努力将现存的残余行政组织集中在自己支持者的手中。包括莱斯特伯爵罗伯特·德·博蒙特和伍斯特伯爵沃尔伦·德·博蒙特[①]在内的博蒙特家族的伯爵们统治着英格兰中部各郡。他们如同国王一样与英格兰和诺曼底达成协议。

时间老人平衡了所有痛苦、疲惫和邪恶。第一代演员即将谢幕，新一代演员即使不比第一代演员演得更好，也摆脱了第一代演员背负的满怀仇恨、表里不一和尔虞我诈的包袱。命运的天平倒向斯蒂芬。1145年，埃塞克斯伯爵杰弗里·德·曼德维尔结束了一生。1143年，玛蒂尔达最忠实的部下赫里福德伯爵格洛斯特的迈尔斯去世。1147年，伟大的格洛斯特伯爵罗伯特去世。对当时的英格兰来说，格洛斯特伯爵罗伯特去世绝对是个轰动性的大事件。格洛斯特伯爵罗伯特去世是否与玛蒂尔达立刻离开英格兰有关？就连当时最伟大的历史学家都不敢断言。

1147年，斯蒂芬再次成为表面上唯一的统治者。实际上，斯蒂芬唯一的长处正是别的国王经常缺乏的品质，即善于谋略，但斯蒂芬缺乏实权。1147年的标志性事件是第二次十字军运动。第二次十字军运动由霍亨施陶芬王朝的康拉德三世联合法兰西国王路易七世和阿基坦的埃莉诺[②]领导。英格兰没有参与第二次十字军运动，英格兰贵族也少有人参加这场运动。但在很大程度上，第二次十字军运动的军队招募了来自英格兰各座海港的志愿者。从摩尔人手里夺取里斯本及建立葡萄牙王国主要是

---

① 莱斯特伯爵罗伯特·德·博蒙特和伍斯特伯爵沃尔伦·德·博蒙特为孪生兄弟。——译者注
② 与路易七世离婚后，阿基坦的埃莉诺嫁给亨利二世。——译者注

阿基坦的埃莉诺

英格兰朝圣者的工作。第二次十字军运动不是英格兰的国家行为，其与英格兰历史的交集只是表明英格兰一些最骚动不安的灵魂可能参与第二次十字军运动。因此，他们没在英格兰作乱。1147年开启了一系列新的运动，一批新的演员就此出场。新的演员们的表演是复杂和模糊的。

格洛斯特伯爵罗伯特去世，玛蒂尔达突然离开英格兰，使玛蒂尔达的支持者没有明确的领导人。当时，玛蒂尔达的丈夫安茹伯爵杰弗里四世更关注诺曼底，玛蒂尔达的儿子安茹的亨利刚刚成年，玛蒂尔达的舅舅苏格兰国王大卫一世显然只关心自己的利益。温切斯特主教亨利已经失去教廷公使的职务，这一职务使他在早期的斗争中拥有明显的优势。

教皇尤金三世

教皇们本来准备继续授予温切斯特主教亨利教廷公使的职务并承诺他留任,但温切斯特主教亨利的教皇公使一职很快就被授予了不那么受欢迎的继任者。此时,罗马教皇是尤金三世。教皇尤金三世是克莱尔沃的圣伯纳德①的朋友,欧洲政治中最伟大的精神领袖。

我们没有权威资料,不能断定在英格兰人的争吵中,克莱尔沃的圣伯纳德受到哪些影响。我们也无从得知克莱尔沃的圣伯纳德究竟是深信斯蒂芬恶贯满盈,还是受到熙笃会教条的影响。最终,克莱尔沃的圣伯纳德倒向斯

---

① 克莱尔沃的圣伯纳德(1090—1153),1115年创立熙笃会隐修院,1146年积极组织第二次十字军运动。1170年,教皇亚历山大三世封克莱尔沃的圣伯纳德为圣人。——译者注

蒂芬的对立面。我们可以肯定的是，斯蒂芬及其弟弟温切斯特主教亨利企图强行推举他们的外甥威廉·菲茨·赫伯特成为约克大主教。威廉·菲茨·赫伯特与熙笃会芳汀修道院长亨利·默多克为了当约克大主教展开了竞争。这种竞争使克莱尔沃的圣伯纳德领导的熙笃会明确反对斯蒂芬。可以肯定的是，一系列政治阴谋都是教皇尤金三世策划的，教皇尤金三世做的这一切都是为玛蒂尔达和安茹伯爵杰弗里四世的儿子安茹的亨利，即后来的亨利二世的登基铺路。英格兰人圣奥尔班的尼古拉，即后来的教皇阿德里安四世，是教皇尤金三世的密友。索尔兹伯里的约翰，是托马斯·贝克特的朋友，圣奥尔班的尼古拉的密友。托马斯·贝克特是坎特伯雷大主教贝克的西奥博尔德

教皇阿德里安四世

的书记兼坎特伯雷大教堂执事。在罗马教廷,圣奥尔班的尼古拉、索尔兹伯里的约翰和托马斯·贝克特三人极力游说,极大地推动了安茹的亨利登上英格兰王位的进程。

使斯蒂芬遭受最后羞辱的第一个事件也是斯蒂芬自作自受导致的。1148年,教皇尤金三世在兰斯召开了一次会议,坎特伯雷大主教贝克的西奥博尔德请求参加这次会议。斯蒂芬怀疑有人会为玛蒂尔达及其子安茹的亨利出谋划策。温切斯特主教亨利怀疑坎特伯雷大主教贝克的西奥博尔德想要申请担任教廷公使。因此,坎特伯雷大主教贝克的西奥博尔德没有被允许参加这些会议,但他依然参加了这次会议。在这种情况

托马斯·贝克特

下，斯蒂芬采取通常采取的措施，即没收坎特伯雷大主教贝克的西奥博尔德的财产并威胁坎特伯雷大主教贝克的西奥博尔德。斯蒂芬派出首席大臣理查德·德·卢奇和威廉·马特尔抵消坎特伯雷大主教贝克的西奥博尔德在会议中的影响。这一招的效果适得其反，导致坎特伯雷大主教贝克的西奥博尔德公开投靠玛蒂尔达。坎特伯雷大主教贝克的西奥博尔德宁愿流放也不愿向斯蒂芬妥协。实际上，到目前为止，坎特伯雷大主教贝克的西奥博尔德只是由于遵守誓言才没有支持玛蒂尔达。坎特伯雷大主教贝克的西奥博尔德开始反对斯蒂芬。他违抗斯蒂芬的命令，提拔格洛斯特修道院长吉尔伯特·福利奥特为赫里福德主教。吉尔伯特·福利奥特成为安茹的亨利的国王提名人之一。斯蒂芬和坎特伯雷大主教贝克的西奥博尔德都身不由己。斯蒂芬没收了坎特伯雷大主教贝克的西奥博尔德财产，坎特伯雷大主教贝克的西奥博尔德就把斯蒂芬逐出英格兰教会。通过诺福克伯爵休·比戈和主教们的努力，1148年秋暂时出现一种虚假的和平。

1149年，安茹的亨利十六岁了。在卡莱尔，苏格兰国王大卫一世为安茹的亨利封爵。斯蒂芬认为这意味着战争开始。于是，他急忙赶到约克镇。到约克镇后，斯蒂芬停下脚步没再往前走，战争的乌云似乎已经消失了。斯蒂芬年事渐高，他必须确保儿子布洛涅伯爵尤斯塔斯四世继承英格兰王位。当时，在军事斗争方面，双方总是互有胜负，但真正的战场在罗马教廷。与往常一样，在罗马教廷，命运的天平似乎总向财力更雄厚的一方倾斜。正如教皇尤金三世希望的，两方实力的对比随着自己的意愿倾斜。有时会有一些和平谈判，有时温切斯特主教亨利可能被任命为韦塞克斯大主教，有时坎特伯雷大主教贝克的西奥博尔德可能被任命为教廷公使，有时主教们被说服承认布洛涅伯爵尤斯塔斯四世的王位继承权，有时主教们又不承认布洛涅伯爵尤斯塔斯四世的王位继承权。这种情况持续了五年，以至斯蒂芬只能通过偶尔到英格兰西部出征来消磨时光。

安茹的亨利很好地利用了自己在欧洲大陆的时光。1139年，索尔兹伯里主教罗杰谈成了布洛涅伯爵尤斯塔斯四世与法兰西公主康斯坦丝的联姻事宜。然而，这桩婚事使布洛涅伯爵尤斯塔斯四世成为危险的王位竞争者。布洛涅伯爵尤斯塔斯四世声称对诺曼底拥有主权。在为儿子安茹的亨利守卫了两年的诺曼底后，1151年，安茹伯爵杰弗里四世最终将诺曼底交给了儿子安茹的亨利。随后，安茹伯爵杰弗里四世去世。1152年，安茹的亨利与阿基坦的埃莉诺结婚。阿基坦的埃莉诺曾与法兰西国王路易七世离婚。与阿基坦的埃莉诺的联姻使安茹的亨利基本上获得了整个法兰西王国西部领土的主权。1152年圣诞节，安茹的亨利也准备为英格兰做出大胆的举动。当时，英格兰已经为迎接安茹的亨利做好准备。主教们在等待时机。年轻的布洛涅伯爵尤斯塔斯四世咄咄逼人，但到处树敌。斯蒂芬已经使莱斯特伯爵罗伯特·德·博蒙特和伍斯特伯爵沃尔伦·德·博蒙特及所有教士们坚定地站在自己的对立面。正义的消亡和私人战争的盛行使每个人都渴望任何能带来安宁的变革。1152年，在罗马教廷的指示下，主教们最终拒绝批准布洛涅伯爵尤斯塔斯四世继承英格兰王位。斯蒂芬又一次尝试动用武力，但他失败了，只好默认自己的儿子布洛涅伯爵尤斯塔斯四世无法继承王位。斯蒂芬的末日来了。

1153年1月，安茹的亨利登陆英格兰，并且召集了很多朋友。对此，斯蒂芬和布洛涅伯爵尤斯塔斯四世召集雇佣兵抗衡安茹的亨利的支持者。在马姆斯伯里及沃灵福德，两军面对面站着，但大贵族们拒绝拿起武器。贵族们尝试调解交战双方。因此，两军没有发生任何战斗就离开战场。两军第二次见面刚过，布洛涅伯爵尤斯塔斯四世就去世了。与此同时，斯蒂芬的健康状况每况愈下。1152年，斯蒂芬失去了心地善良的妻子布洛涅的玛蒂尔达，他的其他孩子都还太小，无法承受王位继承带来的机会与风险。因此，斯蒂芬只能让步。谈判从沃灵福德开始，在威斯敏斯特继续进行。1153年11月，交战双方在威斯敏斯特达成一份条

布洛涅的玛蒂尔达

约。在这份条约中,斯蒂芬承认安茹的亨利为王位继承人,安茹的亨利保证斯蒂芬的孩子们拥有继承父母遗产的权利。与此同时,交战双方提出一项改革方案,以取代亨利一世的行政体制。这些内容构成亨利二世统治前期政策的主线。在达成协议后大约三个月,即1154年1月,安茹的亨利离开英格兰。有传言称安茹的亨利遇到生命威胁,并且他迫使斯蒂芬制定的条约很可能导致战争重新爆发。1154年复活节前后,安茹的亨利离开英格兰本土。斯蒂芬继续活了六个月。然后,1154年10月25日,斯蒂芬驾崩。或许与历史上的国王不同,斯蒂芬不是死于心碎,而是死于失望。

我们可以公平地说,斯蒂芬统治时期是英格兰封建领主制度一切罪恶全面爆发的时期。当然,在斯蒂芬伟大的继任者亨利二世的统治下，这一切罪恶都被消灭。如果没有像"征服者"威廉和亨利一世这样强势的君主，那么诺曼征服后一个世纪，英格兰将会成什么样？我们至少可以看到"征服者"威廉和亨利一世坚定地镇压贵族们的一切分裂阴谋，保护人民。斯蒂芬的个性无须我们评论。斯蒂芬是勇敢的。至少到目前为止，斯蒂芬是如此温和，斯蒂芬之前国王犯下的残忍暴行都与他无关。斯蒂芬是虚伪的，部分原因无疑是在无法控制的环境造成的压力下，他一开始就背叛了自己的信仰，身不由己地被环境左右。我们不需要问英格兰选举斯蒂芬为国王的法条是什么。斯蒂芬是由于违背了自己的誓言才受到谴责的。没有人相信斯蒂芬，因为斯蒂芬也不相信任何人，甚至斯蒂芬知道自己不值得信任。那些对老国王亨利一世发誓效忠然后背叛自己誓言的人也会毫不犹豫地背叛自己对斯蒂芬发的誓。因此，斯蒂芬不指望任何人会信任自己。斯蒂芬本身并不是大恶大善之人。斯蒂芬如果更有智慧，那么可能会表现得更诚实。当然，如果他更诚实，那么他的智慧会获得更多的称赞。斯蒂芬如果寡廉鲜耻，或者更诚实，那么一定会更成功。①

---

① 斯蒂芬驾崩后，安茹的亨利登基，改称亨利二世。——译者注

第 3 章

亨利二世统治早期

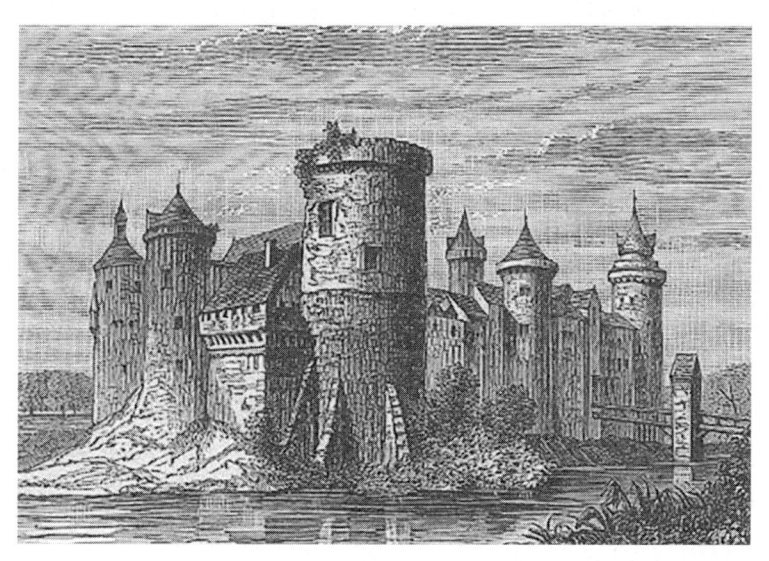

精彩看点

亨利二世即位在当时的重要性——亨利二世的青年时期和受教育情况——亨利二世性格——亨利二世的家族政策——亨利二世在基督教世界伟大地位——路易七世——亨利二世对孩子们错误的安排——准备改革——和平条款——和平条约的意义——亨利二世在1154年作为继任者抵达英格兰——亨利二世的智囊团——玛蒂尔达——坎特伯雷大主教贝克的西奥博尔德与托马斯·贝克特——驱逐雇佣军——摧毁城堡——斯蒂芬时期新封的贵族的命运——反抗——不满者投降——恢复司法行政体系——持续的会议——亨利二世提议征服爱尔兰——1157年诺福克伯爵休·比戈臣服——二次加冕礼——第一次威尔士战争——1158年到1163年亨利二世在法兰西——亨利二世的海外领土——亨利二世与封臣的关系——与法兰西国王的关系——边界问题——亨利二世的真实政策——亨利二世的法兰西战争——1159年图卢兹战役——亨利二世的子女们——亨利二世为孩子们谋划的婚姻——亨利二世离开时期的英格兰——改革进程——执法——兵役免除税——增强民族融合

历史上很少有哪个时代比亨利二世即位更具划时代的意义。大多数伟大时代及其真正的重要性都是在这个时代很久后才被世人清楚理解的。譬如，1265年，著名的第六代莱斯特伯爵西蒙·德·蒙福尔的议会几乎没有引起当时的历史学家重视。直到后世揭示其意义，第六代莱斯特伯爵西蒙·德·蒙福尔的议会才变得重要。显然，亨利二世的情况不同。当时的作家们认为亨利二世的即位带来希望的曙光和复兴的预兆。的确，一般在新国王登基时，人们总希望看到吉兆。由于人们急切向初升的太阳致敬，所以对新君主的良好祝愿通常以预言的形式出现。如果现实部分应验了吉兆，那么会促使其他吉兆成真。亨利二世统治时期，吉兆基本上都应验了，生活在亨利二世统治时期的人最早认识到吉兆已经应验。事实证明，英格兰人已经十分厌倦斯蒂芬的无能。他们彻底了解到不受强大政府制约的封建领主制的悲惨后果，十分欢迎年轻、缺乏经验，但总体上实力强大又诚实的亨利二世。

亨利二世生于1133年。如果我们可以相信亨利二世的一位忏悔神父、十分认真的历史编纂者豪登的罗杰的证词，那么在亨利二世出生后，亨利一世就承认亨利二世是王位继承人。亨利二世的外公亨利一世驾崩时，亨利二世才两岁。我们看到，亨利二世的父母安茹伯爵杰弗里

亨利二世

四世和玛蒂尔达并没有做出足够多的努力获得英格兰王位。直到亨利二世年满八岁时,王位争夺战才真正开始。1141年,亨利二世被带到英格兰。毫无疑问,年轻的亨利二世对斯蒂芬产生了应有的仇恨,接受训练学习如何使用兵器。但我们不知道亨利二世是在法兰西,在其父安茹伯爵杰弗里四世手下,还是在英格兰,在舅舅格洛斯特伯爵罗伯特手下,还是在苏格兰,在舅祖父苏格兰国王大卫一世手下接受的这项训练。我们只知道,十六岁时,亨利二世在卡莱尔被苏格兰国王大卫一世册封为骑士。如同任何一个聪明的孩子,亨利二世在试图收复英格兰以前,先下定决心保卫自己在法兰西的领地。1151年，亨利二世十八岁时，继承了诺曼底和安茹的领地。1152年，亨利二世娶妻，他的妻子阿基坦的埃莉诺是当时法兰西国王路易七世的前妻。通过与亨利二世的婚事，阿基坦的埃莉诺巩固了自己对阿基坦公国的继承权。二十岁时，亨利二世回到英格兰，强迫斯蒂芬签订和约。1154年，亨利二世二十一岁时，他执行了与斯蒂芬订立的和约，继承了斯蒂芬的王位。这些时间足以证明，虽然在童年和青年时期，亨利二世可能在军队中获得大量军事经验，但他几乎没有受过关于立法者的教育。

亨利二世本来可以学到一些政治知识，但他没有时间或机会学习一套常规的政策理论，也没有时机建立一种统治方法，待时机成熟时执行。当统治的时刻真正到来时，在一定程度上，他的非凡表现可能是因为他的天赋，他明智地选择了经验丰富的顾问，或者遵循外公亨利一世行政改革的大方向。

在许多方面，亨利二世都是一位十分伟大的君主。亨利二世是一个令人敬仰的士兵。他常常小心谨慎地制订计划，然后迅速大胆地执行这些计划。亨利二世既谨慎又富有冒险精神。他不随意杀戮，也不过分炫耀自己的胜利。亨利二世并不是温和或者大度的人：他宽恕对手的性命，与其说是出于怜悯，还不如说是考虑花费的金钱。亨利二世如果宽恕了对手的性命，那么是在对手完全不能再作乱时，或者完全确信对手可以变成朋友时。亨利二世的对手指责他背信弃义，他背信弃义主要是让对手自欺互欺。因此，亨利二世并不是正直的英雄，甚至他的政治技巧可能比当时粗糙的统治手腕还狡猾。据说亨利二世有一句名言，即因为说过的话比做过的事更容易反悔，所以食言比履行一项不合适的义务更明智。然而，我们不能说历史上亨利二世确实如他自己无耻宣称的那样挑剔和不择手段。实际上，亨利二世无疑扮演了一个困难的角色。

亨利二世的领土使他与欧洲所有君主都有密切联系。亨利二世有很大的野心，想牢牢攥住通过继承和婚姻获得的一切。亨利二世也希望自己的后世子孙通过婚姻或其他方式获得领地，将这些领地与自己原来的世袭领地结合。接下来，亨利二世的后代们会成立互相联盟的君主家庭，或者在亨利二世的统治下成立帝国联邦，在基督教世界最强大的家族中遍布自己的势力。

  还没有即位时，亨利二世就开始设计这样的政治版图。作为安茹家族的首领和耶路撒冷国王富尔克的孙子，亨利二世被巴勒斯坦的国王和王室成员看作家族的领袖，为重新征服东方而生。当陷入绝境时，巴勒斯坦的国王和王室成员将王冠、圣墓的钥匙和大卫塔的钥匙送给了亨利二世。作为诺曼人的首领，亨利二世受到西西里国王威廉二世的尊敬，

大卫塔

西西里国王威廉二世（右）

被认为是西西里王位的假定继承人。西西里的王冠送到亨利二世面前时，亨利二世以直觉和强大的自制力拒绝了王冠。在亨利二世为自己的儿子约翰①和萨伏伊的女继承人艾丽西亚联姻谈判时②，意大利人认为亨利二世可能是自己的竞争对手，因为联姻一旦成功，亨利二世就可以获得阿尔卑斯山脉隘口的指挥权。西班牙人认为亨利二世是一场新的十字军运动的领导者。亨利二世曾谋划儿子理查③与阿拉贡摄政巴塞罗那伯爵

---

① 即后来的"失地王"约翰一世。——译者注
② 艾丽西亚去世导致联姻失败，见本书第5章。——原注
③ 后来的理查一世。——译者注

萨克森"雄狮"亨利

拉蒙·贝伦格尔四世的女儿的联姻。联姻一旦成功,亨利二世将打开比利牛斯山脉的通行权①。听说英格兰的黄金被送往米兰建造城墙时,腓特烈·巴巴罗萨可能会十分怀疑。联系起萨克森"雄狮"亨利做了亨利二世的女婿,腓特烈·巴巴罗萨的焦虑可能更重了。萨克森"雄狮"亨利是萨克森公爵兼巴伐利亚公爵,韦尔夫家族的首领,腓特烈·巴巴罗萨的堂弟和密友。由于国家利益,腓特烈·巴巴罗萨怀着沉重的心情被迫

---

① 阿拉贡摄政巴塞罗那伯爵拉蒙·贝伦格尔四世的女儿早夭,这场联姻失败了。——译者注

牺牲萨克森"雄狮"亨利的权益。设计如此广泛的国际联盟体系显得亨利二世既谨慎又狡猾。

在离家更近的地方,亨利二世的能力受到法兰西国王路易七世的挑战。路易七世的整个政策都是由伪善的谎言构成的。实际上,构成路易七世政策伪善的谎言都是按照亨利二世讽刺地提出的原则实行的,因为怯懦或不忠,导致路易七世成了亨利二世更危险的对手。

亨利二世是位慈爱的父亲,但他一味设计孩子们的未来,以至这些政治游戏葬送了孩子们的未来。亨利二世的孩子们很快发现自己如同棋子一样被父亲亨利二世利用。不过,孩子们看不到亨利二世在设计棋局时展现出的父爱。对亨利二世的臣民来说,亨利二世是一位政治统治者、伟大的改革家和训导者。亨利二世不是一位英雄或者爱国者,而是一位具有远见卓识的国王。亨利二世认识到国家的福祉是自己权力的最可靠基础。作为一名立法者、金融家、最高法官,他的触手伸向社会生活的各个领域。在亨利二世统治初期,由于臣民们被最近遭受的苦难折磨得急切欢迎变革,所以亨利二世的改革受到欢迎,亨利二世也很受臣民们的欢迎和爱戴。后来,当罪恶、悲伤和忘恩负义的阴云笼罩在亨利二世身上时,亨利二世教育出的新一代臣民忘记了亨利二世统治早期的政绩。不过,臣民们永远不会忘记亨利二世曾是位多么伟大的国王。我们也许不能说亨利二世是个好人,但他面临巨大困难,并且他的妻儿们待他很糟。亨利二世是位好国王,但这是次要的,因为亨利二世首先爱国王拥有的权力,其次才爱自己的臣民。亨利二世的确是位好国王,因为他有从自身利益出发的智慧和深刻的洞察力,知道什么对王国有益并能成就自己。亨利二世早年曾许下很多诺言,但最终实现的远不及承诺的。那些肆无忌惮地使亨利二世蒙羞和失望的人,也一定要为亨利二世后来的过失承担部分责任。

我们听说,从外表上看,亨利二世又高又壮。他脖子短,眼睛突

第 3 章 亨利二世统治早期

出,表情丰富。亨利二世衣着随意,缺乏典型的骑士风度。他是位伟大的猎手和商人,精力充沛,饮食节制,个人生活节俭,但公务开销巨大。实际上,我们很容易解释亨利二世乐于建造大厅和城堡,而不是教堂的原因。我们很高兴凭借这样少的细节也能描绘出亨利二世,因为他值得我们费力了解他的外貌。每个人都可以凭外貌辨认出亨利八世。如果我们对亨利二世有如此明确的印象,那也无妨。

概述前任国王斯蒂芬统治末期时,我们注意到,在为1153年11月在威斯敏斯特签署的和平条约做准备时,亨利二世和斯蒂芬先后签订了一些关于国家应该如何统治的协议。虽然没有正式的文字记录表明相关协议的存在,但从两三位历史学家诗意的语言中,亚瑟王的预言家梅林或

预言家梅林

真或假的预言中，以及《圣经》中，我们可以判断这些协议的存在。尽管没有正式协议文本，只有各种各样非官方的传说，但我们还是可以从亨利二世真正实行的一步步的改革推断出，改革必然基于一系列真实存在的协议。

根据亨利二世和前任国王斯蒂芬的和平协议，英格兰将恢复司法行政体系，重新任命郡长，并且仔细审查郡长们是否诚实和公正。亨利一世驾崩后建造的城堡将被摧毁，铸造统一法定计量的银币。斯蒂芬统治下大量涌入王国的雇佣兵将被遣送回国。被强占的土地将归其合法所有人所有。所有王室财产都要收回，特别是斯蒂芬赋予新立贵族的国库金。王室的产业要扩充。各行各业要回归本行，士兵要解甲归田。

上述措施将为我们提供亨利二世改革的线索，即这些协议告诉我们亨利二世最关心的罪行有哪些。在斯蒂芬统治时期，英格兰被划成两部分，整个英格兰经历连年不断的战争，斯蒂芬派和玛蒂尔达派的贵族分别入侵对方领地。斯蒂芬在英格兰东部没收了玛蒂尔达党羽的财产，玛蒂尔达在西部就实施报复或授权别人实施报复。所有这些行为必须得到纠正。在上述斗争中，王权是最大的输家，王权的削弱意味着民众遭受压迫。通过选举，亨利二世获得王位。随后，亨利二世不但要让英格兰从斯蒂芬的挥霍无度中恢复，而且还要让英格兰从他母亲玛蒂尔达的挥霍中恢复。由于国王身份，亨利二世在自己的臣民中既没有朋友，也没有对手。国库这一管理王室财政的委员会，必须建立在旧的基础上，处在旧的管理者之下。有了国库，郡长这个古老的职务将重新焕发生机。郡长的职责包括征税、管理郡内的司法及维持军队的开销。因此，地方安全和交通运输的秩序将得到恢复。当恢复地方治安官的管理时，毫无疑问，封建领主对城堡和庄园的篡夺结束了。坚固的城堡必须拆毁，封建领主们不应再像独立的亲王那样互相打仗和审判臣民，也不能再像国王那样铸造货币。大范围的和平必须恢复，因为亨利二世是和平的守卫者。事实上，黄金时代即将再次来临。上述所有问题的解决都没有拖到亨利二世登上王位后才开始。本来斯蒂芬应该解决上述问题以当作最后赎罪，但斯蒂芬缺乏个人意志和实力去解决上述问题。

1154年10月25日，斯蒂芬驾崩。当时，亨利二世在法兰西。由于天气原因，亨利二世没能在1154年12月8日以前到达英格兰。1154年10月25日到1154年12月8日的空位期，大小事务的管理权都掌握在坎特伯雷大主教贝克的西奥博尔德手中。在某种程度上，管理权也许还掌握在贝克的西奥博尔德的秘书托马斯·贝克特手中。托马斯·贝克特忙着和各方面沟通亨利二世即位事宜。虽然从理论上说，在王位空缺期，所有法律和政策都应该暂停执行，没有人会由于自己犯下的罪行受到惩罚，但奇怪的是，在这六个星期的空位期内，整个英格兰一片平静。或许恶棍们害怕强大的国王亨利二世到来，或许坎特伯雷大主教贝克的西奥博尔德反复灌输的宗教教条真的起了作用，或许将亨利二世耽搁在诺曼底的恶劣天气也将小偷和强盗关在自家中，没法出去作恶。在过渡期，任何政治反抗活动都没有出现。至少在英格兰，斯蒂芬的孩子们不被认为是亨利二世的对手。

温切斯特主教亨利已经学会了节制。在他身上，节制完全可以当作智慧。温切斯特主教亨利很可能觉得自己的处境很危险，只有小心谨慎才能保全自己。他没有理由，也没有借口寻找理由逃避他一手促成的和平条约。

在南安普顿附近一登陆，亨利二世就专门拜访了温切斯特主教亨利。因此，我们不难看出温切斯特主教亨利的影响力，虽然当时，温切斯特主教亨利正忙于整理从欧洲南部搜集到的各种艺术品。随后，温切斯特主教亨利与亨利二世建立起长期的友谊。他们的友谊虽然有一两次受到严重的威胁，但从来没有破裂。

其他政客也学到了智慧。令人奇怪的是，玛蒂尔达似乎不再如泼妇

早期的鲁昂

般傲慢、任性。相反，玛蒂尔达变成一位贤明的政治家，成长为富有智慧、温和、虔诚的老太太。玛蒂尔达长期居住在鲁昂，深谋远虑的她以儿子亨利二世的名义统治诺曼底。没有一个字说玛蒂尔达也有王位继承权，甚至没有人提过将玛蒂尔达的权力交给亨利二世。现在的所有处置都被当作亨利二世与斯蒂芬达成的协议。在没有竞争者的情况下，亨利二世继承了斯蒂芬的王位。斯蒂芬的大臣理查德·德·卢奇成为亨利二世的大臣。

坎特伯雷大主教贝克的西奥博尔德继续担任原来的职务，成为了不起的宪法顾问。为协调教会职务与宪法先例的矛盾，坎特伯雷大主教贝克的西奥博尔德向亨利二世推荐了自己的秘书托马斯·贝克特为亨利二世未来的首席大臣。于是，托马斯·贝克特获得了高位。

亨利二世的智囊团组建完成后，1154年12月19日，亨利二世的加冕涂油仪式在威斯敏斯特教堂举行。亨利二世在威斯敏斯特教堂举行的加冕仪式与外公亨利一世加冕仪式的流程一样。然而，两场加冕礼相隔半个多世纪。加冕仪式上，亨利二世做出古老又庄严的承诺。这份承诺从"决策无方者"埃塞雷德对当时的坎特伯雷大主教圣邓斯坦做的承诺开始，经历"征服者"威廉、亨利一世、斯蒂芬三代国王。亨利二世一刻也没有耽误加冕后的时机。如同斯蒂芬在加冕时做的那样，亨利二世颁布即位宪章，确认延续外公亨利一世时代的法律。同一个星期，亨利二世在柏蒙西宫组织了一次盛大的法庭审判和会议。亨利二世立刻重建了国库，召回了在1140年被斯蒂芬免职的司库伊利主教奈杰尔。伊利主教奈杰尔立刻着手处理财政事务。

威斯敏斯特教堂

"决策无方者"埃塞雷德

在柏蒙西宫的法庭上,亨利二世颁布一项命令,要求弗拉芒人及其他雇佣兵立即离开英格兰王国,下令拆毁斯蒂芬统治时期建造的城堡。雇佣兵们立即逃走了。雇佣兵的出现也许是对英格兰民族自豪感最无礼的侮辱。在斯蒂芬统治时期,诺曼人和英格兰人已经认识到,诺曼人和英格兰人还没有成为同一个被征服的民族,但已经成为同一个受苦受难的民族。亨利二世忠实地遵守了驱逐雇佣军的协议。虽然亨利二世所有对外战争都由雇佣军为他作战,但即使是在1174年叛乱的贵族已经将雇佣军带到英格兰这种十万火急的情况下，亨利二世也从来没有将任何一支雇佣军引入英格兰。就连理查一世在英格兰雇佣的外国人也和英格兰人没什么不同。直到约翰一世统治时期，我们才发现英格兰再次遭到雇佣兵的压迫和侮辱。

一位亨利二世统治时期的作家估计当时有三百七十五座城堡遭到摧毁，另一位稍晚时代的作家认为一千一百一十五座城堡被摧毁。其实，只摧毁城堡而没有惩罚贵族已经是法外开恩了。事实上，只要城堡还存在，就不但象征着英格兰刚刚过去的内战，而且还使城堡拥有者可能尝试对其领地实施管辖权。在欧洲大陆，领地管辖权使每一位拥有领地管辖权的贵族都成为暴君。不幸的是，城堡并没有被完全摧毁，亨利一世统治时期建造的古老城堡没有遭到破坏。在亨利二世统治时期的内战中，这些城堡给所在地区带来大量麻烦。尽管如此，法律还是废除了滥用城堡，城堡也不再是封建领地无法无天的中心。

在亨利二世的加冕典礼上，另一项措施得到肯定。这项措施似乎是贬低或废除斯蒂芬和玛蒂尔达授予的爵位。当新封的爵位被废除时，已经得到认可的贵族正在参加加冕仪式，宣誓效忠新王。一些被废除爵位的贵族可能通过新增条款使自己的爵位重新获得承认。然而，像弗拉芒雇佣军首领伊普尔的威廉那样立刻失去封地和尊严的人，无法谈条件重新获得爵位。因此，被永久废除爵位的人跌回原来的位置。

恢复王室领地、恢复被玛蒂尔达和斯蒂芬剥夺的财产，可能比使贵族蒙受耻辱更困难。毫无疑问，为避免遭到彻底毁灭，斯蒂芬的支持者们只能默默地忍受失败。或许只有不抱任何希望，只考虑顽固抵抗的人，才会考虑继续反抗。玛蒂尔达的支持者可能会认为很难放弃来之不易的胜利。尽管如此，亨利二世仍是一位国君。不同于诺曼征服，亨利二世并没有对英格兰进行异族统治，而是平定内乱，使英格兰恢复到内战前的状态。事实上，只有两三名贵族进行了抵抗。

阿尔伯马尔伯爵威廉·勒·格罗斯曾被诺曼贵族刻意扶植成威廉·鲁弗斯的竞争对手欧马勒伯爵斯蒂芬的儿子，曾在斯坦达德战争中指挥英王斯蒂芬的军队。当时，阿尔伯马尔伯爵威廉·勒·格罗斯在约克郡扮演小国王的角色，反对交出他在斯卡伯勒的大城堡。阿尔伯马尔伯爵威廉·勒·格罗斯确实是香槟家族的一员，当然支持斯蒂芬。在玛蒂尔达的老朋友中，休·德·莫蒂默和老司厩长赫里福德伯爵格洛斯特的迈尔斯的儿子现任赫里福德伯爵罗杰·菲茨迈尔斯拒绝服从于亨利二世。苏格兰国王大卫一世的孙子，亨利二世的表兄苏格兰国王马尔科姆四世，想将英格兰北方各郡据为己有，虽然此时，英格兰北方各郡都在亨利二世的控制之下。

苏格兰国王马尔科姆四世

第 3 章 亨利二世统治早期 | 077

1155年1月，亨利二世向北进军打败了阿尔伯马尔伯爵威廉·勒·格罗斯的武装。1155年3月，亨利二世在伦敦举行恢复和平和确认古代法律的会议。亨利二世宣布要同等对待对手和朋友。赫里福德伯爵罗杰·菲茨迈尔斯立刻投降，但威格莫尔男爵休·莫蒂默仍然坚持不向亨利二世妥协。直到亨利二世召集全国军队攻打布里奇诺斯时，威格莫尔男爵休·莫蒂默才肯罢休。正是在布里奇诺斯，亨利一世取得对贝莱姆的罗伯特的胜利。1102年，亨利一世镇压下了英格兰各地封建贵族的反抗。他的臣民为推翻压迫者欢欣鼓舞，第一次拥戴亨利一世为国王。1155年7月，亨利二世取得了布里奇诺斯战役的胜利，宣告永久和平。布里奇诺斯战役结束后差不多二十年，英格兰才出现类似的叛乱。

亨利二世统治第一年的历史并不只有平叛。亨利二世恢复了司法行政体系，派巡回法官执行被长期搁置的法律。亨利二世自学法律，是位聪明的学者。甚至在布里奇诺斯战役期间，亨利二世也抽出时间以最高法官的身份听取诉讼。在诺丁汉，在前往斯卡伯勒的路上，亨利二世威胁要以对切斯特伯爵雷纳夫·德·热农下毒的罪名指控小威廉·佩弗利尔。正是这种威胁使小威廉·佩弗利尔躲进修道院。

亨利二世一个接一个地开会，听取长辈们的建议，到处结交朋友。1155年复活节后，在沃灵福德举行的会议上，他宣布长子普瓦捷伯爵威廉四世为王位继承人。但随后，普瓦捷伯爵威廉四世去世了。

1155年圣米迦勒节①期间，在温切斯特举行的会议上，亨利二世提议征服爱尔兰，并且在那里为弟弟威廉建立王国。对此，亨利二世的母亲玛蒂尔达表示反对。至少，玛蒂尔达在世时，征服爱尔兰的提议一直被搁置。此时，英格兰籍教皇阿德里安四世发表著名的《褒扬教令》，证明教皇阿德里安四世已经急于授教权实施征服爱尔兰的计划，以实现基

---

① 圣米迦勒节大约在每年9月29日。——译者注

督教占领欧洲西部。全国性统一已经不再只是名号了，亨利二世可能认为，一次全国性的远征比做任何其他事情都更能巩固国家的统一。但显然，在尚未征服威尔士的情况下，北方各郡还不太平的英格兰尚不具备征服其他地区的实力。除了英格兰，亨利二世需要考虑其他领地的状况。

1156年，亨利二世不得不在诺曼底和安茹度过整整一年。1157年，当亨利二世回到英格兰时，他发现在与威尔士和苏格兰尚未确定的关系中，自己有大量工作没有完成。首先，亨利二世来到英格兰东部各郡，轻松地处理完当地事务。在诺福克，斯蒂芬的儿子、身兼萨里伯爵的布洛涅伯爵威廉一世得到一笔包括诺里奇城堡在内的可观财产。然而，与此同时，诺福克伯爵休·比戈很不愿意接受新国王亨利二世的强硬统治。1155年，休·比戈获封诺福克伯爵，虽然他曾宣誓亨利一世剥夺了玛蒂尔达的王位继承权。目前，我们尚不清楚诺福克伯爵休·比戈是代

布洛涅伯爵威廉一世的纹章

第 3 章 亨利二世统治早期 | 079

表斯蒂芬家族行事，还是反对斯蒂芬家族。正是诺福克伯爵休·比戈的态度吸引亨利二世来到英格兰东部各郡。诺福克伯爵休·比戈被迫交出自己的城堡，布洛涅伯爵威廉一世交出自己在诺福克郡得到的特别礼物，因为布洛涅伯爵威廉一世清楚自己可以得到世袭的家产。

1157年圣灵降临节前主日①，亨利二世在圣埃德蒙教堂举行庄严的朝会。亨利二世戴着王冠，使这次访问的气氛十分庄严。这一仪式是重现在圣诞节、复活节和圣灵降临节前主日这三个重要节日里，"征服者"威廉及其儿子们在三座南方主要城市格洛斯特、威斯敏斯特和温切斯特举行盛大的宫廷仪式。包括贤人、武士、神职人员在内的所有重要人物及普通百姓都参加了这次聚会。亨利二世听取臣民的怨言，参考自己智囊团的意见判定臣民的官司。整个仪式十分安静，附近的人们如果试图打破这种宁静，那么会受到特别的惩罚。亨利二世和他真正信任的顾问们发明了特殊礼节，尽管这种礼节让群众乐不可支。加冕典礼，即御前会议的别称，并不像人们有时认为的那样，是正式入会仪式的重复，以及国王即位时通过主教之手获得上帝的授权。加冕典礼给人留下深刻的印象，这种印象甚至被认为是不可磨灭的。因此，处置坏国王的唯一办法就是杀掉他。加冕礼那种庄严的献祭和涂油仪式，是不能重复的。不过，每逢御前会议，坎特伯雷大主教就会为国王戴上王冠，为国王做特别祷告。宫廷里的人会列队参加弥撒。在弥撒中，国王会封赏群臣。随后，贵族们如同在真正的加冕礼上献祭。1140年，斯蒂芬放弃这些仪式，因为当时神职人员渐渐不再出席御前会议。正如亨廷登的亨利悲恸地写出，1147年，斯蒂芬只在林肯郡举行的加冕典礼上做过一次不成功的尝试，即试图恢复加冕礼。亨利二世一再恢复加冕礼。第二次加冕礼后，他又举行过两次加冕礼。1157年圣诞节，亨利二世在林肯郡加冕，

---

① 圣灵降临节前主日，复活节后的第五十天，又称五旬节。——译者注

因为他害怕凶兆,所以不像斯蒂芬那样在大教堂加冕。1158年复活节,亨利二世在伍斯特再次举行加冕礼。此后,亨利二世再没有戴过王冠,尽管他偶尔也会举行正式仪式,接受朝臣们在各自封地上为迎接他的到来举行的荣誉仪式。于是,这次在圣埃德蒙教堂举行的加冕典礼,照例达到了目的。亨利二世准备好金钱和军队,决心打好对威尔士的战争。

1157年7月,在北安普敦举行另一次会议后,亨利二世对威尔士的战争开始了。这是亨利二世对威尔士发动的第一次战争,但这次战争没有获得很大的胜利。行进到北威尔士,在弗林特附近的康索尔特时,亨利二世的军队遭到威尔士人的抵抗。在那里,司厩长埃塞克斯的亨利降下战旗。事后,虽然埃塞克斯的亨利宣称降旗实属意外,但亨利二世的军队认为亨利二世被杀或战败,并且陷入混乱。与此同时,威尔士人宣布获胜。然而,亨利二世继续向里兹兰进军表明,降旗事件确实无关紧要。对威尔士的远征表面的借口是调和格温内思的欧文与卡德瓦拉德兄弟之间的一场争吵,似乎没有明显征服威尔士的企图。亨利二世从威尔士回到诺丁汉郡,会见年轻的苏格兰国王马尔科姆四世。马尔科姆四世似乎放弃了对英格兰北部各郡的控制。1157年圣诞节,亨利二世待在林肯郡。

1158年复活节,亨利二世戴着王冠在伍斯特加冕,这是我们已经知道的他的第二次加冕。1158年夏,亨利二世前往坎伯兰。此举无疑是为了在统治者更迭后,使当地的政府机构能正常运转。1158年仲夏,亨利二世在卡莱尔授予布洛涅伯爵威廉一世骑士头衔。1158年8月,亨利二世前往法兰西。直到1163年1月,他才回到英格兰。这就将我们带到他与坎特伯雷大主教托马斯·贝克特斗争开始的时间点。关于亨利二世与坎特伯雷大主教托马斯·贝克特的斗争,我们在下一章讨论。

现在,我们沿着亨利二世统治初期着手处理的对外事务这条线索,着眼于亨利二世如何处理欧洲事务。亨利二世领地的范围为这段历史提供了主要线索。大致来说，亨利二世的领地有诺曼底、曼恩、图赖讷、安茹、吉耶讷、普瓦图和加斯科涅，但这种说法有一些十分重要的限制。亨利二世得到每一份领地、封地的方式都不同。有的领地来自父亲安茹伯爵杰弗里四世，有的领地来自母亲玛蒂尔达，有的领地来自妻子阿基坦的埃莉诺，并且这些领地是以不同的方式继承的。结果是，在每一块领地或封地中，领主与家臣关系各不相同。这种关系应该可以被称为章程，而每个章程都涵盖着各自的权利、义务及不同的法律规范系统。

诺曼底的法律在安茹并不常见。普瓦图的贵族有，或者声称有一些特殊的习俗。这些习俗如果能真正执行，那么一定会造成无政府状态。亨利二世在境外领地上的行政事务是导致亨利二世长期离开英格兰的一项原因。亨利二世的许多领地都是在所有权很不完善的情况下获得的。他的有些领地是通过征服，有些领地是通过欺骗，还有些领地是通过其他方式获得的。因此，在每种获得领地的方式下，都有人宣称自己有继承这块领地的权利。这些索赔人本来根本不可能得到领地，但索赔人的存在本身就带来麻烦。譬如，在安茹，亨利二世不得不与弟弟南特伯爵杰弗里争夺领地的所有权。他们的父亲安茹伯爵杰弗里四世将某些城市留给南特伯爵杰弗里，并且南特伯爵杰弗里可以宣称拥有整个安茹的主权。在诺曼底，斯蒂芬的继承人宣称对曼恩拥有主权。在曼恩、圣东日及其他法兰西南方省份，一些旧王朝的残余势力随时准备制造麻烦。

当时，法兰西承认的封建法律在赋予国王一定的权利和义务时，还承认国王以国王、公爵和伯爵的多重身份拥有的权利和义务。现在，这些权利和义务令人费解，但在当时一定令人迷惑。作为诺曼底公爵的亨利二世继承了由他祖先诺曼底公爵"无畏的"理查一世传承下来的作为法兰克公爵家臣的义务。但当时，法兰克公爵已经是法兰西的国王。诸侯的职责如何界定是个严肃的问题。作为诺曼底公爵，亨利二世享有布列塔尼的封建领主权。如果法兰西国王与诺曼底公爵发生争吵，那么很难说布列塔尼方面该如何行动。作为安茹伯爵的亨利二世对法兰西国王履行的责任和作为诺曼底公爵对同一位法兰西国王履行的责任是不一样的。作为普瓦图伯爵的亨利二世需要对阿基坦公爵履行责任,但亨利二世自己就是阿基坦公爵,除非亨利二世放弃阿基坦公爵爵位,承认妻子阿基坦的埃莉诺为阿基坦女公爵,自己为阿基坦伯爵。如果阿基坦的埃莉诺成为阿基坦女公爵,那么作为阿基坦伯爵,亨利二世只需要对妻子阿基坦的埃莉诺履行家臣的义务,阿基坦的埃莉诺需要对法兰西国王路易七世履行朝臣义务。对阿基坦的埃莉诺——这位先后嫁给路易七世和亨利二世的女士来说,这种局面真是微妙。当然,我们没有发现亨利二世陷入这种局面,虽然亨利二世的小儿子约翰深陷各种对法兰西国王封臣和家臣的义务中无法自拔。实际上,同样的困难也在各地出现。阿基

亨利二世的小儿子约翰

坦公爵的封建领主权力，以及为法兰西国王服务的义务，远远超出阿基坦公爵至高无上权力的范围。统治的地位要求行使至高无上的权力，这使各地一直有呼声要求限制君主行使权力。图卢兹和阿基坦公国的关系由于法律困难和血统问题变得复杂。法兰西国王和诺曼底公爵都声称拥有对奥弗涅的主权，这个问题如此复杂，以至需要不断地仲裁。最后，奥弗涅的问题只能留待时间去解决。

除了这些问题，我们必须加上地方问题和私人问题。地方问题中的最主要问题也许是不确定的边界问题。分隔诺曼底公国和法兰西王国交界的韦克辛地区边界不明。私人问题主要包括亨利二世的妻子阿基坦的埃莉诺和她首任丈夫路易七世的敌对关系，香槟家族对安茹家族的态度，路易七世娶的第三任妻子香槟的阿德拉在路易七世和亨利二世之间

香槟的阿德拉

的挑唆，以及斯蒂芬遗留下来的麻烦。另外，佛兰德斯伯爵菲利普也是亨利二世的死敌。

在这种情况下，我们不难看出，不管亨利二世多么雄心勃勃，他的政策都以寻求和平为主。在任何一种情况下，亨利二世都寻求长久和平，长到足以巩固他的领土并一一击垮对手。亨利二世的以和为主的政策足以解释一个事实，即除了图卢兹战役，阿基坦的埃莉诺的两任丈夫路易七世和亨利二世从来没有公开正面交战。在图卢兹战役中，路易七世并不是作为图卢兹伯爵拉蒙五世的支持者，而是作为盟友参战的。当然，不正面交战一直持续到另一场全新斗争的爆发。虽然谁也不能指望会有真情或友谊，但和平确实没有遭到破坏。亨利二世的政策是寻求和平。路易七世也不喜欢战争，因为他既没有军事技巧也没有开战的资源。

在亨利二世和路易七世不正面交战但矛盾不断时，亨利二世所有在法兰西展开的斗争都围绕寻求和平这条主线进行。很痛心地说，亨利二世在法兰西开战的目的是征服亲弟弟南特伯爵杰弗里。1156年7月，南特伯爵杰弗里在一个接一个地夺取了亨利二世的城堡后向亨利二世投降。1157年，南特伯爵杰弗里去世了。1158年，亨利二世的一项任务是保卫南特伯爵杰弗里留下的没有继承人的领地，另一项任务是为阿基坦的埃莉诺行使在图卢兹的领主权做准备。

图卢兹战役占据了1159年的大部分时间，虽然战役本身持续的时间很短。亨利二世召集了自己所有封臣，斯蒂芬的儿子布洛涅伯爵威廉一世和苏格兰国王马尔科姆四世作为亨利二世的臣子而不是盟友跟随亨利二世作战。作为亨利二世的大臣，托马斯·贝克特的装备并不逊于亨利二世的任何一位贵族。总之，图卢兹战役中，英格兰军队的阵容显得十分壮观，耗资巨大。亨利二世向图卢兹进军。在图卢兹，等待亨利二世的是他的对手、朋友和主人，妻子阿基坦的埃莉诺的首任丈夫路易七世。亨利二世无法与路易七世展开激烈的对抗。亨利二世秉持着年轻时的观念，真诚地认为路易七世仍然是自己的封建领主，认为路易七世个人的耻辱会使自己引以为傲的王室观念堕落。于是，亨利二世留下托马斯·贝克特率军继续包围图卢兹，亨利二世自己退回诺曼底。法军试图在诺曼底边境地区转移兵力。最终，亨利二世的军队没能占领图卢兹。接近1159年年底时，亨利二世与路易七世达成休战协议。1160年年初，休战协议变成联盟协议。然而，联盟带来了新的和更致命的分裂的种子，即路易七世做了亨利二世儿子小亨利王的岳父。

我们注意到亨利二世将自己的孩子当作工具或游戏的筹码。在孩子们幼时，他就开始这样做了。加冕礼后不久，亨利二世就举行了长子普瓦捷伯爵威廉四世的效忠仪式。不过，加冕后不久，普瓦捷伯爵威廉四世就去世了。1155年2月，亨利二世的次子小亨利王出生。两个月大时，小亨利王就已经接受了贵族有条件的效忠。此时，小亨利王成为法定继承人。1156年，亨利二世的第一个女儿萨克森公爵夫人玛蒂尔达出生。1157年，亨利二世的第四个孩子，第三个儿子"狮心王"理查出生在牛津或伍德斯托克。1158年，亨利二世第四子，布列塔尼的杰弗里出生。然后是1161年，埃莉诺出生，以及1165年，琼出生。最后，1167年，约翰出生。亨利二世对外战争的全部打算几乎都与孩子们的未来息息相关。女儿们的婚姻构成英格兰对外政策史的关键，也为英格兰多年的同盟关系奠定了基础。

亨利二世为孩子们打算可能是从为理查打算开始的。不满一岁时，理查与阿拉贡摄政巴塞罗那伯爵拉蒙·贝伦格尔四世和阿拉贡的佩特罗尼拉王后的女儿订婚。因此，订婚的目的可能是为约束巴塞罗那伯爵拉蒙·贝伦格尔四世和阿拉贡的佩特罗尼拉，使他们在图卢兹战役中要么帮亨利二世，要么保持中立。但最终，理查与阿拉贡公主没有成功联姻。理查的哥哥小亨利王是下一个受害者。1160年，亨利二世与路易七世结盟使小亨利王五岁时成为路易七世的女儿玛格丽特的丈夫。玛格丽

"狮心王"理查

特是路易第二任妻子卡斯蒂尔的康斯坦丝的女儿。这段婚姻不但是为确保英格兰与法兰西的和平,而且是为确保诺曼底与法兰西的边地区界和平。日索尔和尼夫勒的城堡,以及位于诺曼底和巴黎之间的韦克辛,都是玛格丽特的陪嫁。直到小亨利王与玛格丽特正式举行婚礼前,玛格丽特都不能交出这些城堡。此前,这些城堡将由圣堂武士保管。亨利二世不拘泥于琐事。他将玛格丽特带到英格兰学习英格兰或者诺曼底的习俗。亨利二世为小亨利王和玛格丽特举行了婚礼,然后又说服圣堂武士交出由于小亨利王和玛格丽特结婚而失效的那些城堡的监管权。然而,路易七世从不原谅此事,关于韦克辛领地的争吵一直就是公开的大麻烦。小亨利王死后，他的权利由另一份不幸的婚姻契约转让给理查。理查又与路易七世的另一个女儿法兰西的艾丽斯订立婚约。实际上，当理查还在巴勒斯坦时，维谢尔的吉尔伯特通过背叛英格兰将日索尔还给法兰西，才使这一问题得到解决。不过，这一麻烦一直持续到亨利二世最小的儿子约翰一世在位时期。最终，约翰一世不仅失去了韦克辛，还输掉了诺曼底和所有他不得不输掉的东西。就目前而言，亨利二世与路易七世爆发了冲突，不过由于亨利二世的精明，这场冲突持续的时间很短。亨利二世胜利了。1161年8月，亨利二世成功获得和平。1162年，亨利二世在诺曼底召开会议，组织管理诺曼底公国，就像他登基第一年，即1155年对英格兰的管理。

亨利二世离开英格兰的这段时间里，英格兰由理查德·德·卢奇和第二代莱斯特伯爵罗伯特·德·博蒙特作为亨利二世的大法官联合治理。在英格兰时，小亨利王会以父亲亨利二世的名义主持仪式。那段时期的历史学家很少或根本没有告诉我们发生了什么，因为这段时间没有发生战争和起义，修道院院长和主教去世后立即有继任者接任。值得注意的是，1161年，亨利二世十分感激的善良的坎特伯雷大主教贝克的西奥博尔德去世，托马斯·贝克特当选为坎特伯雷大主教。

从其他资料中，我们了解到亨利二世正在全面实施司法改革。亨利二世恢复了外公亨利一世统治时期的财政部并沿用了当时增加财政收入的方法。当时，第一部分财政收入来自各种事务产生的费用，如各郡的租金或地金，即作为王室在各郡的管理者，郡长以王室名义收取的税赋、租用王室地产收取的租金、各种罚款，以及交给法庭或者郡议会的各种款项。第二部分财政收入来自达涅戈尔德。达涅戈尔德又称丹麦金，是一种对每份土地征收两先令的征税方式，源自"决策无方者"埃塞雷德统治时期向丹麦人的献贡。后来，达涅戈尔德演化成普通所得税，被继续征收。第三部分财政收入来自封建领主的收入。后来，亨利二世的封建领主收入分成两部分，一部分来自封建领地内的婚姻、监护权、土地转让、继承权等产生的行政收费，另一部分来自需要向国王履行家臣义务的几位贵族或几个社区向王室提供的赞助。在此基础上，我们还可以加上第四部分的财政收入来源，即国王法庭的收益。国王法庭受命于国王的官员，可以裁定以前普通法庭已经无力裁定的案件。国王法庭可以裁决从皇亲国戚之间的诉讼开始一直扩展到处在国家所有民事和刑事管辖权下的案件。亨利二世统治时期，司法和金融被紧密地联系在一起。郡长不仅负责收税，而且还是法律的执行者。事实上，法律的每一项改进都是为增加国库收入。

国库收入部分来自国王法庭。这使我们必须意识到亨利二世建立巡回法庭的意义。巡回法庭由国王手下顶尖的司法人员组成。他们年复一年地进入各地巡回执法，将安全感、正义观，连同对亨利二世的忠诚和信赖灌输到各郡各县。巡回法庭的法官告诉人们虽然有所破费，但正义值得投资。巡回法庭有时会强行进入最专制的庄园和城堡执法，打碎地方封建领主专制的大门。除了巡回法庭这种复兴地方司法体系的制度，在位之初，亨利二世就在最高法院的诉讼程序中增加了形式，丰富了组织制度。之后，对最高法院的改革被证明起到了明显的效果。

除了上述措施，亨利二世最重要的措施是建立或扩大兵役免除税。根据古老的英格兰法律，每一位自由人都必须为保卫祖国服兵役。当时，亨利二世对这一原则的干涉只是为改进和完善义务兵役制度。但除了义务兵役制度，亨利二世还建立了一项制度，这是他提出兵役免除税的目的。

根据封建领主制习俗，只要一个人拥有等价于二十英镑年产出的土地，就自动成为直接领主的骑士，必须为直接领主履行军事义务或者提供军事服务。这一习俗使贵族一直拥有一批训练有素的骑士。这些被武装的骑士们虽然是国王军队的一部分，但万一发生叛乱，他们很可能直接为领主而战。亨利二世允许臣子们用金钱换取免服兵役的义务，这对解除极不可靠的骑士队伍大有帮助。亨利二世用兵役免除税的款项雇人在欧洲大陆作战。1155年，亨利二世执政第一年，他就开始按照这一原则行事。当时，他不顾坎特伯雷大主教贝克的西奥博尔德的强烈反对，强迫主教们为自己的教会土地支付兵役免除税。1159年，亨利二世将兵役免除税实施的对象扩大到自己的整个领地。他的整个领地的人都需要提供金钱而非前往军队服役。亨利二世要求大领主们亲自带队打仗，小领主们只需交兵役免除税。通过这种方式，亨利二世雇用了一支富有作战力的军队攻打图卢兹。

通过解除封建领主的武装，以及赋予法官进入封建领主们的法庭的权力，亨利二世实现了削弱封建领主力量的目的。亨利二世统治后的英格兰，封建领主们再也没办法趾高气扬，令人望而生畏。

为实现削弱封建领主力量采取的特别措施附带产生了其他结果，即诺曼人和英格兰人的融合加强了。亨利二世统治时期，诺曼和英格兰虽然没有完全融合，但在法律面前平等且不再有民族和特权差别，从而加强了诺曼人与英格兰的融合。领主手中的军事力量被削弱了，使维护和平和保卫国家的任务一如既往地由在各郡接受过军事训练并依据军事训练具体项目配备武器的自由英格兰人承担。这在所有英格兰民众中激起或复兴了强大的战斗精神。不过，这并没有激发对军事扩张或军事荣耀的激情，而对军事扩张或军事荣耀的激情正是军国主义产生的根源。在民族性格形成初期，法律拥有并且应该拥有至高无上地位的观念已经根深蒂固。亨利二世在晚年进一步改进了政府体系，即使在政务最繁忙和统治最艰难的时期，亨利二世也从未忽视这方面的工作，但我们可以很有把握地说，亨利二世的政府体系在亨利二世执政早期，即一段和平和发展的时期已经奠下基础。三十岁时，亨利二世已经在位九年。对他的辛勤工作，英格兰人永远感激不尽。

第 4 章

亨利二世与坎特伯雷大主教托马斯·贝克特

精彩看点

英格兰教会——七王国时期——英格兰统一初步实现——神职人员手握大权——教会和国家结盟——诺曼征服对教会的影响——希尔德布兰德主义复兴——"征服者"威廉的教会政策——诺曼族的主教——斯蒂芬在位时期——世俗派神职人员——托马斯·贝克特的崛起——托马斯·贝克特成为首席大臣——亨利二世对托马斯·贝克特的信心——托马斯·贝克特被任命为坎特伯雷大主教——托马斯·贝克特走向第三阶段——亨利二世从法兰西返回英格兰——坎特伯雷大主教托马斯·贝克特辞去首席大臣——坎特伯雷大主教托马斯·贝克特加强采邑领主权——对威尔士的第二次战争——伍德斯托克委员会——坎特伯雷大主教托马斯·贝克特从经济角度反对亨利二世——坎特伯雷大主教托马斯·贝克特行为的法律意义——废除达涅戈尔德——坎特伯雷大主教托马斯·贝克特的新对手——威斯敏斯特委员会——坎特伯雷大主教托马斯·贝克特捍卫神职人员的免罪权——亨利二世遵循古代传统——亨利二世的动机——克拉伦登会议——《克拉伦登宪法》——北安普敦会议——传讯坎特伯雷大主教托马斯·贝克特——审判坎特伯雷大主教托马斯·贝克特——坎特伯雷大主教托马斯·贝克特逃跑——坎特伯雷大主教托马斯·贝克特被放逐——亨利二世残忍行为——亨利二世与坎特伯雷大主教托马斯·贝克特争吵期间——第三次对威尔士的战争——长久待在法兰西——小亨利王加冕——亨利二世与坎特伯雷大主教托马斯·贝克特的和解——坎特伯雷大主教托马斯·贝克特返回英格兰——亨利二世不负责任的言辞——坎特伯雷大主教托马斯·贝克特遭谋杀——坎特伯雷大主教托马斯·贝克特真实的荣光

随着时代更替，英格兰教会史成为英格兰国家史的主要组成部分，英格兰民众的历史贯穿于英格兰教会的发展之中。英格兰民族的思维方式、道德体系、文明演变，以及与外部世界的交往都必须放到宗教演变这一大背景下才能被理解。在英格兰政治体制的发展过程中，基督教扮演了几乎同样重要的角色。从历史的角度来看，英格兰基督教不仅包含对上帝和基督救赎的认识，还孕育了推动英格兰文明进步、民族统一和国家发展的力量。

历经了几个世纪的混乱争斗，英格兰土地上并存着七个王国。七王国之间完全没有任何联系，也没有统一的可能性。远在7世纪，皈依基督教的活动就告诉生活在英格兰土地上的民众要将自己视为一个民族。教皇格列高利一世和坎特伯雷大主教塔尔苏斯的西奥多统一了四分五裂的英格兰教会。英格兰教会从最早的一个坎特伯雷总教区演变到坎特伯雷和约克两个总教区。聪明的英格兰人慢慢发现了统一行动的力量。放下原来的部落崇拜后，各部落发现真正阻碍它们融合成统一民族的力量十分渺小。从皈依基督教之日起，七王国就趋向统一而不是分裂，虽然统一的过程比较漫长。统一进程持续了四个世纪，甚至在诺曼征服时还未结束。实际上，诺曼征服迫使不同民族凝聚起来。作为大趋势，统一抵消并中和了各种各样的分裂倾向。教会还使各郡各邦统一，并且以此完成国家的统一。

这一趋势产生的一个结果是，教会势力在英格兰各地变得十分强大。当有七位国王时，只有一位坎特伯雷大主教。于是，七个王国都要尊重和遵守坎特伯雷大主教的训导，虽然任何一个王国都会蔑视其他王国国王的命令。在坎特伯雷大主教教区的肯特郡，坎特伯雷大主教是绝对权威。在与各地和欧洲大陆各教会的联盟中，坎特伯雷大主教拥有极大的权力。在各自教区内，主教们都可以与国王们匹敌，因为主教们知道，在任何斗争中，一个教区的主教都可以向其他教区的主教寻求帮助。而山穷水尽时，国王们几乎无法依靠其他国王的帮助。而且各教区主教可以参加同一个会议，国王们只能组织自己领地内的贤人会议。事实上，主教们是英格兰教会的统治者，国王只是肯特国王、麦西亚国王、韦塞克斯国王。当七王国在韦塞克斯的埃格伯特[①]后裔的统治下统一时，教士们仍然拥有同样的权力。

也许在任何国家，教会和国家从来没有像盎格鲁-撒克逊时代的英格兰那样紧密地团结在一起。教会和国家是联盟关系，两者的不同功能被小心地区分了。在西班牙和其他一些国家，教会和国家的功能被混淆了。教士可能成为世俗的大领主，有时全国会议甚至仅仅是教会的会议。在精神层面上，作为智者，英格兰的大主教，主教和修道院院长是合格顾问，他们占据了贤人会议这一王国统治机构的大多数席位。在每个郡，主教都和司法官并立在法庭上，司法官宣布世俗裁决，主教宣布神圣裁决。神职人员的所有行为与世俗人士的行为受到同样的规则约束。唯一不同只是主教在普通法庭上处理案件，使实质正义得到伸

---

① 韦塞克斯的埃格伯特（771/775—839），七王国时期韦塞克斯国王。韦塞克斯的埃格伯特征服了不列颠岛上其余六个王国，结束了七王国时代，基本统一了英格兰，成为英格兰王国韦塞克斯王朝的第一任君主。——译者注

张。就这样,这一制度一直持续到诺曼征服期间。诺曼征服时期发生的变化影响了神职人员的精神和品格,而不是神职人员的地位。也就是说,神职人员的精神和品格或多或少变得世俗,但神职人员的权力没有被削弱。实际上,每一次变化都加强而不是削弱了神职人员的地位。坎特伯雷大主教邓斯坦[①]是最后一位强大的国王埃德加的首相。但在曾经统治了英格兰、丹麦和挪威的克努特大帝[②]的统治下,教士阶层的力

克努特大帝

---

① 约960年被提升为坎特伯雷大主教,之前曾任司库和首相。——译者注
② 克努特大帝(995—1035),英格兰国王,1016年到1035年在位,是第一个被英格兰人承认为国王的丹麦人。——译者注

韦塞克斯的埃格伯特

量比韦塞克斯的埃格伯特统治时更强大。从诺曼征服中，我们可以了解到，"征服者"威廉在议会和战场上取得同样的胜利并不是在英格兰出生的主教们的错。

　　诺曼征服对英格兰地区产生一系列明显的影响。首先，"征服者"威廉需要神职人员的支持。如果"征服者"威廉没有得到神职人员的支持，那么他将没有任何方式制衡贵族中神职人员的权势。贵族中神职人员的权势已经对王权构成威胁。与此同时，"征服者"威廉无法控制人民。"征服者"威廉想成为教会保护者、英格兰人的国王。为得到主教们支持，他等了三年才迅速对仍然暗中或公然反对自己的人采取措施。当耐心渐渐消磨殆尽，"征服者"威廉废黜了坎特伯雷大主教斯蒂甘德。毫无疑问，"征服者"威廉是在教皇亚历山大二世的教唆下行动的。不过，新任坎特伯雷大主教不是诺曼人而是明智的意大利人兰弗朗克。如果坎特伯雷大主教由诺曼人担任，那么诺曼统治阶层必然会疏远普通民众。如同诺曼征服前的君主与人们的关系一样，由意大利人担任坎特伯雷大主教可以将诺曼族的国王和英格兰民众紧密团结起来。这造成两个结果。

教皇亚历山大二世

诺曼征服英格兰与希尔德布兰德主义盛行的时间大致相同。教皇格列高利七世和在格列高利七世影响下任命的教皇重新阐释了教会和国家的关系。最终，教会和国家的关系暂时协调平衡。在神圣罗马帝国和法兰西王国，这种新型的教会和国家关系导致国家卷入教会各个教派的斗争。然而，这种关系在"征服者"威廉和坎特伯雷大主教兰弗朗克之间不可能实现，虽然两个人处于同一时代总会相互影响。英格兰及其教会卷入欧洲教会的政治漩涡，重塑了英格兰教会与英格兰政府的关系。审

教皇格列高利七世

判神职人员的主教法庭与郡长的法庭是分开的，教士选举是由王室和教士之间的协议决定的。主教们成为贵族，在新的贵族任期内拥有土地或部分拥有土地。委员会由更多的成员组成，这些成员并不完全出自贤人会议或宫廷。随后，神圣罗马帝国出台新的条例规范教皇行使权力。诺曼征服前，对教皇的权力，英格兰敬而远之。

"征服者"威廉坚持当同时有两位教皇时由自己决定英格兰支持哪位教皇。未经"征服者"威廉许可，英格兰神职人员不得向罗马教廷提起诉讼或上诉。任何神职人员，包括坎特伯雷大主教在内，都不可违背英格兰国王的旨意逐英格兰国王的臣民出教会。没有英格兰国王的许可，任何罗马教廷的公使不得来到英格兰。没有英格兰国王的批准，任何教会立法都不应该被执行。

在上述"征服者"威廉规定的限制内，教会拥有很大的权力。由于在很大程度上，教会成功地实现了国民对出自英格兰主教的绝对信任和服从，所以教会能对维护国家统一施加很大的影响。当时，主教被国王争取到自己这一边与贵族对立。国王保护了主教就等于保卫了国家。这一点在坎特伯雷大主教安瑟尔姆身上表现得很明显。坎特伯雷大主教安瑟尔姆虽然反对威廉·鲁弗斯并遭到威廉·鲁弗斯的迫害，但他从没有忘记自己对人民的责任，甚至与贵族一起反对国王。除了主教，修道院内存贮着对国家丰富的情感。直到亨利二世统治时期，我们还可以从低等教士的著作中找到英格兰民族的感情，这几乎是我们唯一可以依靠的文献。当时，教士们的著作展示的英格兰人的情怀不同于英格兰人与诺曼人融合的新国家理念。英格兰现任国王亨利二世和诺曼族的主教更明显地秉持英格兰人与诺曼人融合的观念。

因此，我们就能明白斯蒂芬在位时为什么赋予教士巨大道德力量，以及教士维持与斯蒂芬之间联盟的重要性。我们也了解到教士引领的许多势力如何反向影响教士群体本身，产生了几个不同的教士阶层或流派。

国王们任命教士为大臣，提拔大臣为教士。索尔兹伯里主教罗杰不但作为神职人员权势滔天，而且还是王室的政法官、所有法庭的首脑及国王所有财产的司库。在他手下，有一群思想、举止世俗的神职人员。他们组成第一类教士派别——世俗派。世俗派教士只要得到许可允许结婚，通常都是已婚男子。他们的教堂会留给其子女，并且可以拥有财产。世俗派教士大多数举止可靠，是今天地方官员的前身。比起传教工作，他们更熟悉郡县会议，更精通于处理郡县事务。世俗派教士势力很强大，需要英格兰国王从政治和宗教方面认真对待。我们可以理解，对索尔兹伯里主教罗杰来说，确保教皇和坎特伯雷大主教一致同意自己参与世俗事务是多么重要。据说，虽然索尔兹伯里主教罗杰善于处理各种关系，但出于良心和策略方面的考虑，在没有得到教皇、坎特伯雷大主教安瑟尔姆及其继任者、所有教区主教明确批准前，他拒绝担任国王的大臣。

第二类是教会政治家派。这派教士由教会政治家组成的，即他们首先一定是教士，然后才会担任别的职务。温切斯特主教亨利就是其中最好的一位代表。这一派跟那些被授予神职的政治家或地方官员的世俗派教士截然不同。教会政治家不会将晋升作为政治服务的回报来接受。教会政治家不是撒都该人[①]，而更像法利赛人[②]。他们不结婚，做事不为换取报酬，也不反对教皇。无论教会政治家们能获得什么样的世俗权力，这些权力最终都将为教会利益服务。这样说并不是谴责他们。教会政治家认为为教会服务是最明确、最快捷地同时为上帝和人类服务。在格调上，教会政治家比世俗派教士高雅，在道德上，教会政治家比世俗派教士高尚。教会政治家与罗马教廷结成紧密联盟，对基督教世界的总体情况比其他人知道得多。教会政

---

① 撒都该人，公元前2世纪形成的一个犹太教派别，是犹太教中的当权派，成员主要是大祭司、贵族等，热衷于权势，宗教感淡漠。——译者注
② 法利赛人，是一个犹太教宗派，注重仪式，对他人的需求十分冷漠。——译者注

治家通常是学者、大学创始人、文化保护者。教会政治家阻止教会变得更世俗。如果有比教会政治家派更高级的教士派别,那么教会政治家自己会很容易地伪装成更高级的派别。低估教会政治家派是一个巨大的错误。我们似乎应该注意到坎特伯雷大主教贝克的西奥博尔德和他的对手温切斯特主教亨利都属于这一派别。教会政治家派是罗马教廷派往世俗的使者,其成员试图将民法作为牛津大学的研究课题。教会政治家们还出国参加会议,在教会和国家中反抗王室暴政。

还有一种更高类型的教士——圣洁型。我们将其称为类型而不是派别,是因为其成员的优雅无法在男校内习得,而必须在一位神圣导师的教导下养成。在坎特伯雷大主教安瑟尔姆这类人身上,我们发现了一种纯粹的宗教气质:温和、安静、热心、极富正义感,以及拥有友善的灵魂。他们承受一切,却要为困苦人申冤。他们是最高贵的教士、真正的英雄、真正的烈士、殉道者、圣人。在普罗大众眼中,这类教士最容易被大众英雄、自我宣传的圣人及模仿的殉道者伪装。

上述三类教士大概涵盖了教会中所有神职人员。在亨利二世统治时期,这三类神职人员的区别最明显。不明确区分三类神职人员就不能很好地理解坎特伯雷大主教托马斯·贝克特的性格。接下来的故事将以坎特伯雷大主教托马斯·贝克特为主线展开。

托马斯·贝克特无比坚毅。托马斯·贝克特的所作所为都遵循所罗门的箴言,并且竭尽全力实现所罗门的箴言。由于托马斯·贝克特一生做过上述各种类型的教会神职人员,所以他的职业生涯相应地可以划分为三个阶段。在第一阶段,托马斯·贝克特是位世俗派神职人员。他在父亲吉尔伯特·贝克特——伦敦一个有诺曼血统的商人——处接受会计训练。托马斯·贝克特曾学习会计,师从奥克纳米,在里歇尔·德·莱格勒的学堂学到不少东西。然后,他在坎特伯雷大主教贝克的西奥博尔德处担任秘书。毫无疑问,在坎特伯雷大主教贝克的西奥博尔德处,托马斯·贝克特学到了民法和教会法方面的知识，学到了外交家的手腕。坎特伯雷大主教贝克的西奥博尔德虽然属于第二派，即教会政治家派教士，但没有极大地影响在其门下学习的托马斯·贝克特的性格。坎特伯雷大主教贝克的西奥博尔德的另一位秘书索尔兹伯里的约翰对托马斯·贝克特印象深刻，并且经常从神职人员纯粹而简单的角度批评托马斯·贝克特。在坎特伯雷大主教贝克的西奥博尔德处工作的经历使托马斯·贝克特学到神职人员的生活。

经过训练，托马斯·贝克特不但有能力主持亨利二世加冕的谈判，而且在亨利二世即位及自己被任命为首席大臣时，能管理政府并扩大首席大臣的职责。这是他之前所有首席大臣从未实现的。首席大臣类似所有部门的机要官，但本身没有多少权力。从政府架构上说，首席大臣也不可能拥有大法官手中那么大的权力。不过，托马斯·贝克特差不多拥有与大法官一样的地位。这种地位是通过托马斯·贝克特对亨利二世的控制做到的。托马斯·贝克特为亨利二世代写书信，替亨利二世管账，帮亨利二世记录所有正式行动，分担亨利二世讨厌的所有职责。我们发现，亨利二世对公共场合的盛况不感兴趣。因此，亨利二世十分愿意托马斯·贝克特替自己出席这类活动。此时，出现在我们面前的托马斯·贝克特是一位前途光明的官员。托马斯·贝克特出入伴随很多骑士，收入也很丰厚。托马斯·贝克特不知疲倦地写信，高效率地判案。他还是位狡猾的金融家。不过，从托马斯·贝克特在政治方面运用的手腕来看，他并不是一位好神父，因为他实行兵役免除税。这种观点公然与托马斯·贝克特的恩师、提拔他做首席大臣的坎特伯雷大主教贝克的西奥博尔德的观点对立。

亨利二世很可能认为自己很幸运能找到像托马斯·贝克特这样一位大臣，对托马斯·贝克特满怀信心。因此，毫无疑问，在很大程度上，托马斯·贝克特与亨利二世的争斗导致亨利二世后期性格发生巨大变化。然而，我们可以推测，亨利二世必然是经过深思熟虑才任命首席大臣托马斯·贝克特做坎特伯雷大主教。亨利二世希望确保教会领头人是自己的朋友，认同自己的政治理念，能说服神职人员，可以用无限的感激和直接为自己服务回报自己给予的无限信任。然而，亨利二世对托马斯·贝克特的期许全部落空。显然，亨利二世十分失望。

托马斯·贝克特不是那种愿意用自己显赫地位换取普普通通大主教生活的人。托马斯·贝克特如果担任坎特伯雷大主教职务，那么将按照对坎特伯雷大主教的最高要求行事。然而，没有比这更突然的转变了。前一天，托马斯·贝克特还是教会政治家，如同索尔兹伯里主教罗杰那样，听取各方意见，制订预算计划，核对自己的财产，检阅自己的骑士。但第二天，托马斯·贝克特突然变成圣洁型教士，成为坎特伯雷大主教兰弗朗克式的人物。或者与其说成为坎特伯雷大主教兰弗朗克式的人物，不如说他成为坎特伯雷大主教安瑟尔姆，或者温切斯特主教亨利式的人物。此时，托马斯·贝克特简单、纯粹，只渴望担任罗马教廷的公职，与教皇亲密合作。在朋友格拉蒂安副执事刚刚颁布的《教令集》的基础上，坎特伯雷大主教托马斯·贝克特构建了自己理想中的英格兰教会。托马斯·贝克特变成毫不退缩和绝不讲理地无条件支持一切的神职人员。无论观点对错，或者与他以前的生活和意见是否一致，他均支持所有神职人员的观点。

第三个阶段正等待着托马斯·贝克特。托马斯·贝克特的性格转变导致他肯定会与亨利二世发生争吵。不管托马斯·贝克特的理由多么正当，我们都不会误解托马斯·贝克特与亨利二世争吵的目的，即托马斯·贝克特一心想让亨利二世犯错。托马斯·贝克特的行为令人十分恼火。因此，托马斯·贝克特的教会政治家生涯结束了。托马斯·贝克特以殉道者候选人的面貌出现——他竭尽所能地扮演殉道者候选人。亨利二世早年曾对托马斯·贝克特仁慈大方，但此时，托马斯·贝克特完全忘记了亨利二世曾经如何对待自己。当时，托马斯·贝克特坚称自己的生命遭到威胁。因此，他坚持在圣斯蒂芬圣坛前举行弥撒，在教堂上手持自己的十字架。在一定程度上，这两种行为是出于对自己可能遭到暴力迫害的担忧，不过，到目前为止，这种担忧似乎毫无根据。托马斯·贝克特做出这两件事的另一种可能是十分拙劣和病态地模仿耶稣在加尔瓦略山受难时的举止。托马斯·贝克特病态地渴望殉道的荣誉，或者托马斯·贝克特至少采取滑头神父的政策，度过自己接下来人生的每一天。托马斯·贝克特将亨利二世推到自己反对者的阵营。托马斯·贝克特还有一些似是而非的说法，即他所做的一切都是为了坎特伯雷大主教和教会的利益。托马斯·贝克特在性格上有一些伟大之处。他比较诚恳，但不会自我舍弃，不懂得自我克制，也没有对和平的热切追求。由于托马斯·贝克特不管理归自己管理的教会，导致教会陷入无人管理的境地。

冷静地回顾托马斯·贝克特的一生，他似乎对自己的第一份工作驾轻就熟。在人生第二阶段，他局促不安，手足无措，在两个目标之间摇摆不定，使他在品行和事业方面都遭遇失败。圣洁型教士最不适合他。只有考虑到死亡时的恐怖状况，我们才会原谅他的行为。实际上，正是他的所作所为为自己带来了死亡的痛苦。

简单概括托马斯·贝克特的一生，就连他的对手都允许为他加上"伟大"这一称号。1154年，在亨利二世的加冕典礼上，托马斯·贝克特被任命为首席大臣。1162年6月，托马斯·贝克特被任命为坎特伯雷大主教。当前任坎特伯雷大主教贝克的西奥博尔德去世时，亨利二世还在法兰西。历史上，还没有像托马斯·贝克特这样出身世俗的人成为坎特伯雷大主教的先例。不过，由于亨利二世和托马斯·贝克特影响力巨大，使托马斯·贝克特出任坎特伯雷大主教成为可能。实际上，托马斯·贝克特带着疑虑接受了坎特伯雷大主教的任命状。然而，一旦接受了任命，他就会毫不犹豫，不再有任何顾虑。主教和教士们欣然同意托

坎特伯雷大主教圣奥古斯丁为孩子赐福

马斯·贝克特被任命为坎特伯雷大主教。英格兰人只要不是出身卑贱，就可以再次坐上坎特伯雷大主教圣奥古斯丁流传下来的宝座。所有困难都被坎特伯雷大主教托马斯·贝克特解决了。他不必前往罗马获得教皇亚历山大三世的任命。事实上，托马斯·贝克特当上坎特伯雷大主教后几个星期，教皇亚历山大三世的任命状就到了。亨利二世返回英格兰前，坎特伯雷大主教托马斯·贝克特享受了六个月的平静和安宁。

1163年1月25日，亨利二世返回英格兰。我们可以推测，返回英格兰时，亨利二世发现由于自己长期不在英格兰，大量被积压的工作需要立即完成。当时，亨利二世正筹划一次新的对威尔士的远征，使威尔士酋长们更尊敬亨利二世及其继承人。罗伯特·德·蒙福尔指控埃塞克斯的亨利犯有叛国罪及怯懦罪，因为在康索尔特，埃塞克斯的亨利不慎降下战旗。埃塞克斯的亨利必须走上战场赢得胜利，从而为自己做最好的辩护。人们已经开始有些担忧坎特伯雷大主教托马斯·贝克特的行为。

被任命为坎特伯雷大主教时，坎特伯雷大主教托马斯·贝克特主动辞去首席大臣一职。显然，辞去首席大臣违背亨利二世的意愿。与此同时，坎特伯雷大主教托马斯·贝克特取得大法官的许可，可以清查自己在首席大臣任内为亨利二世收集的所有资金，特别是从主教暂时空缺的教区获得的资金，因为这部分资金由首席大臣管理。不过，坎特伯雷大主教托马斯·贝克特没有交出作为首席大臣的封地，即分别位于艾伊和伯克姆斯特德的庄园。或许是坎特伯雷大主教托马斯·贝克特打算将这两处封地交给下一任首席大臣，但没人继任首席大臣。于是，人们看到奇怪的景象，即在没有任何官方声明的情况下，坎特伯雷大主教托马斯·贝克特持有两处王室地产。

处理另一个问题时，坎特伯雷大主教托马斯·贝克特显示出自己的贪婪，导致他四处树敌。本来，依据坎特伯雷大主教托马斯·贝克特的政治经验，他对这个问题的处理应该更老练。坎特伯雷大主教的采邑已经有大部分落到普通人手中。大部分坎特伯雷大主教采邑的管理者不认真履行职责，很可能希望摆脱坎特伯雷大主教的约束。为履行坎特伯雷大主教对属地的权力，坎特伯雷大主教托马斯·贝克特采取一种虽然合情合理，但依然轻率的行动方式。最终，坎特伯雷大主教采邑引起的争端交由王室法庭裁决。由于坎特伯雷大主教托马斯·贝克特已经不得人心，所以法庭判决剥夺一些他原本可以捍卫的权利。在亨利二世和坎特伯雷大主教托马斯·贝克特持续多年的斗争中，亨利二世对坎特伯雷大主教托马斯·贝克特一点也不冷淡。在其他国家，比如神圣罗马帝国，没有人有能力同时担任首席大臣和大主教。现在，托马斯·贝克特做到了。因此，亨利二世认为坎特伯雷大主教托马斯·贝克特辞去首席大臣的决定是错误的。在神圣罗马帝国，首席大臣加大主教的工作是由三位主教共同分担的。直到辞去首席大臣职务前，坎特伯雷大主教托马斯·贝克特在英格兰等于一人承担三人的工作，直到辞职时，他的工作几乎从未中断。坎特伯雷大主教托马斯·贝克特和亨利二世一直没有公开的争吵。1163年春就这样过去了。1163年3月决定了埃塞克斯的亨利的命运。在战斗中，埃塞克斯的亨利失利。根据诺曼人的法律，亨利二世必须宣布没收埃塞克斯的亨利的财产。据说，亨利二世违背了自己的意愿，因为他认为在康索尔特战役中降落军旗只是偶然事件。于是，埃塞克斯的亨利隐退到修道院。因此，亨利二世失去了一位最好的朋友。

1163年7月1日，亨利二世在伍德斯托克召集大量贵族向小亨利王效忠。效忠仪式前不久，亨利二世开始了第二次对威尔士的战争。实际上，这场战争不过是一场没有取得重大胜利或失败的军事游行。

苏格兰国王马尔科姆四世出现在伍德斯托克委员会，向八岁的王位继承人小亨利王宣誓效忠。在伍德斯托克，坎特伯雷大主教托马斯·贝克特第一次有机会表明自己的新态度。坎特伯雷大主教托马斯·贝克特曾到图尔拜访过教皇亚历山大三世。神圣罗马帝国的腓特烈·巴巴罗萨皇帝拒绝承认亚历山大三世为教皇，组建了反教皇组织。最终，教皇亚历山大三世被逐出自己的教区。1161年，英格兰国王亨利二世和法兰西国王路易七世承认亚历山大三世为罗马教皇。当然，亨利二世做出这一决定很可能是由于坎特伯雷大主教托马斯·贝克特的建议。当时，教皇亚历山大三世长期住在亨利二世的领地图尔，在图尔召开会议。我们只能推测，是教皇亚历山大三世点燃了坎特伯雷大主教托马斯·贝克特的热情。当上坎特伯雷大主教前，托马斯·贝克特孜孜以求于世俗权力，从不重视教会权力。无论如何，当坎特伯雷大主教托马斯·贝克特从图尔返回英格兰时，已经做好无论是否涉及宗教，都要挑起第一个争端的准备。坎特伯雷大主教托马斯·贝克特准备在制度上向亨利二世发起挑战。这是自诺曼征服以来，人们第一次对现有法令提出挑战。

从我们了解到的日后发生的危机推断，这场争论的焦点是亨利二世实行的财政改革预算。亨利二世是一位诚实的改革家，真正具有组织才能，喜欢有助于充实国库的改革方案。亨利二世统治后期，郡长管理权限是立法条例中常见的主题。当时出现的问题与郡长管理有关。过去，郡长们每年在每块土地上收取两先令。很可能，这笔钱中有一笔固定款项是以达涅戈尔德的名义付给国王的。由于相比广袤的赋税土地，以达涅戈尔德名义充入国库的钱微不足道，所以很有可能，郡长们只提交一部分固定税款，剩下部分可以保留作为自己在司法和维持治安方面工作的工资。权威资料只是告诉我们亨利二世提议从郡长那里拿走除达涅戈尔德之外的其他土地税，将土地税纳入国家总税收账户。坎特伯雷大主教托马斯·贝克特反对亨利二世的提议。坎特伯雷大主教托马斯·贝克特宣称税收不应该进入国王的金库，地方长官不应该提交所有土地税，教会土地也不应该再被征税。坎特伯雷大主教托马斯·贝克特似乎已经占了上风，虽然我们没有记录证实此事。

坎特伯雷大主教托马斯·贝克特的反对体现了两个最重要的观点。第一个观点，自诺曼征服以来，首次有人明确反对国王的财政政策。迄今为止，只要王室需要金钱和必需品，王室的要求就会被提交到国民议会，主教、伯爵和诸侯大会及其他会议上商讨，满足王室要求的方法也会在上述会议上讨论。如果国王想嫁女儿、册封儿子，或者向城镇征税，那么国王会说自己希望得到多少钱。然后，国王就会得到相应的拨款。我们发现，坎特伯雷大主教托马斯·贝克特反对亨利二世提出的处理达涅戈尔德方法。与此同时，他主张国家委员会有权拒绝拨付这笔支出。

第二个观点，从坎特伯雷大主教托马斯·贝克特反对提交土地所有

"忏悔者"爱德华

税后,达涅戈尔德这项收入其实就被废除了。"决策无方者"埃塞雷德统治以来,自诺曼征服以后,除了"忏悔者"爱德华曾在几年内废除这项税,英格兰持续征收这项令人憎恶的税。根据传说,"忏悔者"爱德华不征收这项税的原因是他看见魔鬼坐在钱袋上。由于亨利二世计划通过其他方式获得收入,所以达涅戈尔德不再出现在英格兰国库收入里。因此,第一次有组织的反抗的第一个成果是废除了这项古老的本来用来贿赂丹麦人的财产税。我们完全可以想象,亨利二世对坎特伯雷大主教托马斯·贝克特的干涉多么愤怒,因为坎特伯雷大主教托马斯·贝克特一直是亨利二世所有改革的得力助手。

弄臣们发现了亨利二世和坎特伯雷大主教托马斯·贝克特的矛盾，加以利用。为反复攻击坎特伯雷大主教托马斯·贝克特，弄臣们制造了一件件微不足道的小官司，其内容都是微不足道的小事情，但这些案件一点一点加速了坎特伯雷大主教托马斯·贝克特走上毁灭之路，特别致命的是最高军务官约翰提出拥有坎特伯雷大主教封邑的所有权，艾尼斯福特的威廉提出一份供奉坎特伯雷大主教的委任权。他俩都被坎特伯雷大主教托马斯·贝克特迅速逐出教会。但坎特伯雷大主教托马斯·贝克特将二人逐出教会的行为是违背没有国王的批准不能将国王的官员逐出教会的传统的。

　　三个月过去了，1163年10月1日，亨利二世宣布在威斯敏斯特召集大型委员会。

　　亨利二世下定决心改革"征服者"威廉统治时期引入的世俗和宗教法庭审判制度及废除神职人员拥有的绝对免罪权。之前，各级神职人员，甚至是冒充神职人员的普通人都享有绝对免罪权。任何触犯法律的神职人员都可以通过所属教区的主教向世俗司法官员提出要求，由主教依据教会的法律判刑。根据"征服者"威廉的法律，相关刑罚必须由世俗机构执行。然而，事实上，所有主教都害怕将触犯法律的神职人员送上世俗法庭。与此同时，世俗官员提防着执行针对神职人员的处罚。因此，惩罚犯罪的神职人员的整个体系都崩溃了。神父给自称神职人员的小偷和杀人犯判刑，但神父只有判处苦修和剥夺教职两种惩罚的权力。因此，这两种微不足道的处罚真要惹得小偷和杀人犯大笑一场。亨利二世建议，当神职人员被逮捕并被判有罪时，主教们应该在精神上给予他们惩罚，然后移交给世俗官员们，根据当时"温和的"法律，处以绞刑、挖眼或监禁，给予足够的惩罚。坎特伯雷大主教托马斯·贝克特不愿意听到这样的惩罚。坎特伯雷大主教托马斯·贝克特认为一个惩罚足以弥补一个过失。如果神父是小偷，并且被证明有罪，那么这位神父将被降级处理。对他们来说，这样就够了。如果这位神父再犯法，那么法律或许会惩罚他，因为他已经堕落到没有资格再享受神职人员的特权了。

对坎特伯雷大主教托马斯·贝克特愚蠢又轻率的建议，亨利二世十分生气。他说，这样愚蠢的法律在自己的外公亨利一世、伟大的大亨利、人称"正义之狮"的统治时期还没有出现。亨利二世不但不会屈服，而且会像他外公亨利一世一样，根据古老的权利与习俗判决获罪的神职人员。如果有人问，古老的权利和习俗是什么？实际上，斯蒂芬统治时期，世俗法律已经遭到彻底废除，教会的权力和自由得到不同寻常的扩张。首先，我们需要明确古代习俗是什么，然后再讨论是否能平等对待神职人员和俗人。坎特伯雷大主教托马斯·贝克特允许主教们承诺遵守古代习俗"维持秩序"。亨利二世宣称主教们遵守古代习俗毫无意义。于是，教众因愤怒提前散场。亨利二世命令坎特伯雷大主教托马斯·贝克特交出艾伊和伯克姆斯特德两处王家庄园。随后，坎特伯雷大主教托马斯·贝克特与亨利二世会面两三次，徒劳地寻求和解。

亨利二世的做法究竟是出于个人的强烈愤慨，还是因为他看到托马斯·贝克特大主教的态度发生大转变，成为神职人员享受免罪权这一极端思想维护者，我们还不敢断定。亨利二世和托马斯·贝克特大主教之间的裂痕从未愈合，两人可能都意识到对方永远不会妥协。亨利二世与坎特伯雷大主教托马斯·贝克特矛盾的真正核心是法律和宗教的关系难以协调。即使在今天，法律和宗教的关系似乎也没有最终得到解决。

1164年圣诞节后不久，亨利二世又在克拉伦登召开了一次宫廷会议。克拉伦登是一座建在森林内的宫殿。如同在伍德斯托克一样，亨利二世及其子常常将顾问们召集在一起开会、狩猎。克拉伦登会议的目的是完成1163年威斯敏斯特委员会着手的教会改革。会上，坎特伯雷大主教托马斯·贝克特被问及是否会接受从亨利一世开始形成的古老习俗，但坎特伯雷大主教托马斯·贝克特拒绝无条件地接受这一习俗。于是，亨利二世下令宣读《传统认可书》。《传统认可书》专门由被任命并受委托写作的大委员会委员撰写。本来，这个委员会应该包括几乎所有主教和贵族，但坎特伯雷大主教托马斯·贝克特宣布委员会只能由大法官理查德·德·卢奇和法兰西律师若瑟兰·德·巴约尔组成。

这份报告成为著名的《克拉伦登宪法》。《克拉伦登宪法》是一种法条或协定，包括十六章内容。《克拉伦登宪法》不仅包含处罚犯罪的神职人员的条例规范，还包括当神职人员和非神职人员发生争端时如何上诉及处理的流程。它对涉及神职人员的问题做了系列规定，包括神职人员的俸禄、存在争议的地产、何种情况下驱逐出教会、教会法庭如何处置普通人、世俗法庭如何处置神职人员、王室对暂时无主教的教区的权力、教会采邑归属等。根据《克拉伦登宪法》，没有人能将案件上诉到比大主教法庭更高等级的法庭，即没有国王许可，任何人不得向教皇请愿。任何教士未经许可不得擅自离开英格兰。未经属地领主批准脱离奴籍，乡下人或农奴的后代不能被授予圣职。《克拉伦登宪法》有大量类似的法条表明亨利二世已经决定在对世俗人员和神职人员一视同仁的基础上，公正和平等地建立王国法律体系。亨利二世并不是对教会不公平，他只是消灭或者限制已经使整个司法体系陷于混乱的神职人员免罪权，以及不能违背英格兰教会的裁决直接上诉到罗马教廷。豁免权涉及犯罪者和被害人两方面。只要没有涉及谋杀之类的重罪，触犯法律的神职人员本不会遭到拘禁。触犯法律的神职人员需要教会看管，确保凶手不会逃跑。另外，凶手也可能免罪。

坎特伯雷大主教托马斯·贝克特或许从第一眼看到《克拉伦登宪法》草案时就打算拒绝批准该法案了。或者如他本人所说，他本来想向亨利二世屈服。坎特伯雷大主教托马斯·贝克特承认《克拉伦登宪法》，但他刚接受这部宪法就又打了退堂鼓。我们没有完全可靠的证据证明坎特伯雷大主教托马斯·贝克特究竟是选择让步，还是拒绝接受，或者以某种方式撤回《克拉伦登宪法》。坎特伯雷大主教托马斯·贝克特似乎认为通过《克拉伦登宪法》是自己的罪过,要去罗马谢罪。坎特伯雷大主教托马斯·贝克特宣称自己要放弃神职,在教皇亚历山大三世没有赦免自己前不再担任坎特伯雷大主教。

除了让亨利二世更恼怒,坎特伯雷大主教托马斯·贝克特的所作所为没有起到任何作用,甚至还助长了自己对手的气焰。不幸的是,除了坎特伯雷大主教托马斯·贝克特和亨利二世徒劳的一两次会面,我们没有关于未来六个月发生事件的任何细节性信息。1164年10月,北安普敦乌云压顶,暴风雨终于来临。坎特伯雷大主教托马斯·贝克特的对手看到了彻底粉碎他的方法,而亨利二世屈服于坎特伯雷大主教托马斯·贝克特的对手。亨利二世在北安普敦举行了正式会议。凡是直接臣服于亨利二世的人,即亨利二世对其行使绝对领主权的人,都受到正式邀请。与会者可能包括大领主,可能还有小贵族。大领主们收到专门的邀请函,这是亨利一世统治时期延续下来的传统,也与后世《大宪章》的规定相同。小贵族收到由每个郡治安官转发的普通传票。

按照古老的规则,第一封邀请函应该写给坎特伯雷大主教托马斯·贝克特。然而,坎特伯雷大主教托马斯·贝克特是通过肯特郡的治安官才收到给自己的传票。传票命令他在北安普敦回答最高军务官约翰的投诉。

无论传讯方式多么不正式,坎特伯雷大主教托马斯·贝克特都选择出席而不是缺席会议。他不愿将自己的官司交给自己无法信任的人。他参加了审判并被彻底击败。首先,法庭宣布对坎特伯雷大主教托马斯·贝克特的指控已经被证明属实。因此,坎特伯雷大主教托马斯·贝克特被判向最高军务官约翰支付五百马克[①]。然后,坎特伯雷大主教托

[①] 马克是财务计算单位,从来没有在英格兰发行或者流通。一马克等于半磅,即八盎司。1066年,诺曼征服英格兰后,一马克大约等于二百五十克白银,分成三分之二磅。——译者注

马斯·贝克特被要求出席大法官法庭。本来，由于坎特伯雷大主教的身份，托马斯·贝克特在大法官法庭应该能脱罪。然而，当时，坎特伯雷大主教托马斯·贝克特摆出一副殉道者的样子，宣布自己愿意为教会权利而死。亨利二世和大臣们宣称他们针对的是托马斯·贝克特，而不是坎特伯雷大主教，宣称他们的做法不是谋求教会的权利而是维护关于土地产权的法律。主教们建议坎特伯雷大主教托马斯·贝克特无条件服从。毫无疑问，这是最明智的做法。实际上，亨利二世不是那种极端渴求胜利的人。如果坎特伯雷大主教托马斯·贝克特认输，那么亨利二世不会再咄咄逼人，甚至还会被劝采取更温和的措施。然而，亨利二世变得越来越专横，坎特伯雷大主教托马斯·贝克特也越来越愤怒。最后，坎特伯雷大主教托马斯·贝克特宣布自己处境凶险，继而出逃。

坎特伯雷大主教托马斯·贝克特乔装打扮后从北安普敦出发。经过几次艰苦的冒险行动后，他在佛兰德斯登陆。在那里，他设法前往桑斯与教皇亚历山大三世会合。然后，他再从桑斯到蓬蒂尼。

追踪坎特伯雷大主教托马斯·贝克特1164年到1170年的生活细节将是一项乏味工作。坎特伯雷大主教托马斯·贝克特日常生活的记录有些晦涩难懂。这时，坎特伯雷大主教托马斯·贝克特留下了大量未注明日期的书信，甚至他生活中主要事件的顺序都令人费解。实际上，故事的结局很简单。坎特伯雷大主教托马斯·贝克特一直待在蓬蒂尼。直到亨利二世威胁说，如果熙笃会不驱逐托马斯·贝克特，那么将遭到禁罚。作为对亨利二世威胁的回应，坎特伯雷大主教托马斯·贝克特投靠法兰西国王路易七世。路易七世指定在桑斯的圣科伦坡修道院为坎特伯雷大主教托马斯·贝克特的藏身之所。1170年重回坎特伯雷前，除了因为处理自己的事情偶尔离开，坎特伯雷大主教托马斯·贝克特都一直待在圣科伦坡修道院。与此同时，在蓬蒂尼和桑斯，坎特伯雷大主教托马斯·贝克特开始扮演自己的新角色。他贴身穿着有泥垢和虱子的粗布衣，经常鞭挞自己，表现得好像他相信自己在经历另一种殉难。一直以来，坎特伯雷大主教托马斯·贝克特都在尽其所能地劝说路易七世、香槟家族的伯爵们[①]、佛兰德斯伯爵菲利普和其他贵族，诱导他们为自己说话。通过敦促教皇亚历山大三世采取极端措施或与亨利二世直接洽谈，坎特伯雷大主教托马斯·贝克特希望自己能光荣地回到英格兰。教皇亚历山大三世愿意为和平与安宁付出一切，但只要亨利二世持续与神圣罗马帝国皇帝腓特烈·巴巴罗萨交恶，教皇亚历山大三世就不能疏远亨利二世。教皇亚历山大三世向诺曼底派遣了一批使者传达教令。对于教皇亚历山大三世派来的使者，亨利二世要么用许诺，要么用自己看似善意、有理的表白试图打动他们。亨利二世更有力的处理方式是直接奉上一大笔黄金，这是最无声但最实际的表白。如果亨利二世就此打住，那么亨利二世本可以求得所有人的谅解。

不幸的是，为达到自己的目的，亨利二世决定破坏自己与坎特伯雷大主教托马斯·贝克特的私交。亨利二世发布了残酷的法令，放逐了许多与坎特伯雷大主教托马斯·贝克特有私交的家族。坎特伯雷大主教托马斯·贝克特的应对是将大批亨利二世的支持者和英格兰贵族逐出教会。被坎特伯雷大主教托马斯·贝克特逐出教会的人包括亨利二世所有亲密顾问，而其中一些人与针对托马斯·贝克特的诉讼几乎没有关系。1169年1月在蒙米拉伊，1169年11月在蒙马特尔，坎特伯雷大主教托马斯·贝克特在路易七世的庇护下两次会见亨利二世。每次会面时，要么亨利二世虚伪，要么托马斯·贝克特咄咄逼人。对此，我们无法确定。最后发生的争吵引发了两人的和解，但和解立即导致坎特伯雷大主教托马斯·贝克特的死亡。

在结束亨利二世与坎特伯雷大主教托马斯·贝克特斗争的故事前，我们可以简要回顾一下除了亨利二世与坎特伯雷大主教托马斯·贝克特的

[①] 在法兰西王国，香槟家族的伯爵们势力庞大。腓力二世的舅父香槟伯爵亨利一世曾为腓力二世的摄政。——原注

斗争，这些年还发生了什么。1165年，即坎特伯雷大主教托马斯·贝克特成功地从北安普敦逃跑那一年，亨利二世短暂访问了诺曼底并接受神圣罗马帝国皇帝腓特烈·巴巴罗萨的提议。腓特烈·巴巴罗萨建议双方开展一系列联姻，倡议共建紧密联盟，联合起来反对坎特伯雷大主教托马斯·贝克特的支持者教皇亚历山大三世。最终，这一提议的唯一结果是促成亨利二世大女儿玛蒂尔达与萨克森"雄狮"亨利联姻。此时，萨克森"雄狮"亨利还是腓特烈·巴巴罗萨最亲密的朋友和亲人，但后来，他成为腓特烈·巴巴罗萨的对手，遭到腓特烈·巴巴罗萨的迫害。1165年5月，亨利二世派代表前往神圣罗马帝国境内维尔兹堡的会议。会议主题是重启分裂教会事宜。亨利二世和英格兰王国都不承认反教皇，但在维尔兹堡会议，亨利二世的使者顺水推舟的行为给坎特伯雷大主教托马斯·贝克特制造了机会，可以将亨利二世所有行动都说成异端或叛教行动。

1165年年末，亨利二世回到英格兰后，发动了第三次对威尔士的战争。与前几次战争一样，在征服威尔士或者稳定英格兰与威尔士边境地区的局势方面，这场战争没有取得多少持续性效果。攻打威尔士时，亨利二世展现出来的残忍表明他的性情已经大变。

1166年年初，亨利二世回到英格兰。他在克拉伦登又召开了一次会议，会议的重要成果是通过《克拉伦登巡回法典》。该项巡回法典改革了刑法，并且在每个郡都建立或改革了大陪审团制度。

刚通过《克拉伦登巡回法典》，亨利二世就前往诺曼底。从1166年3月到1170年3月，亨利二世一直待在诺曼底。在这段时间，除了司法和税收等方面的日常事务，其他方面的记录十分匮乏，或者甚至没有。亨利二世与坎特伯雷大主教托马斯·贝克特的争吵是最引人入胜的话题，也是公众关心的唯一问题。英格兰之外的焦点事件还有与路易七世的谈判及诺曼底边境的争端。亨利二世的第三个儿子杰弗里与布列塔尼公爵科南四世的女继承人康斯坦丝结婚，从而实现了亨利二世夺取布列塔尼的

杰弗里

康斯坦丝

计划。过了将近四年，即1170年，亨利二世回到英格兰。亨利二世这次返回英格兰的目的是料理日常事务，更是为他的儿子小亨利王举行加冕礼。通过加冕礼，现年十五岁的小亨利王将成为亨利二世的副手和继承人。在历史上，小亨利王加冕礼的地位举足轻重。随着时间的推移，小亨利王加冕礼对亨利二世时期历史的重要影响慢慢显现。

小亨利王的加冕礼是决定坎特伯雷大主教托马斯·贝克特命运的一系列事件中的第一件。1170年6月14日，小亨利王的加冕礼在威斯敏斯特教堂举行。坎特伯雷大主教托马斯·贝克特的一位老对手约克大主教罗歇·德·蓬·莱维克主持这场加冕仪式。这件事严重挑衅了坎特伯雷大主教托马斯·贝克特的权威。与此同时，小亨利王的妻子玛格丽特并未受封。这使玛格丽特的父亲路易七世怒不可遏。暴风雨开始猛烈起来。法兰西国王路易七世认为这是不尊敬或者无视他的女儿玛格丽特。于是，他立刻为此宣战。坎特伯雷大主教托马斯·贝克特对蔑视自己权威的行为很生气。坎特伯雷大主教托马斯·贝克特及他在教廷结交的朋友们围住教皇亚历山大三世展开游说。最终，教皇亚历山大三世派出或承诺派出使者将亨利二世的所有封地都处在禁绝令下。与此同时，教皇亚历山大三世迫使亨利二世召回坎特伯雷大主教托马斯·贝克特。

随后，亨利二世让步了。小亨利王加冕礼后几天，亨利二世横渡诺曼底。1170年7月，亨利二世与托马斯·贝克特在弗雷特瓦勒会面，并且亨利二世同意让托马斯·贝克特返回英格兰。然而，直到1170年10月，坎特伯雷大主教托马斯·贝克特才开始动身返回英格兰。在这三个月期间，坎特伯雷大主教托马斯·贝克特与亨利二世曾有几次会面。在这些会面中，亨利二世的行为显得不够真诚。

最终，1170年12月，坎特伯雷大主教托马斯·贝克特到达英格兰。一上岸，他就将为小亨利王加冕的主教们逐出教会。在伦敦和坎特伯雷，坎特伯雷大主教托马斯·贝克特都受到热烈欢迎。相反，亨利二世变得不

小亨利王的加冕礼

受欢迎。实际上，常年不在英格兰极大增加了坎特伯雷大主教托马斯·贝克特的声望。另外，民众偶尔会同情受压迫的人。最终，坎特伯雷大主教托马斯·贝克特的放浪形骸和不拘一格的言辞传到亨利二世耳中。当时，亨利二世在靠近巴约的布尔，正处在大病初愈后的恢复期。

一怒之下，亨利二世说出这句话。这句话他本来应该立即收回，但给他带来了终生的负担："难道所有仆人都站在一旁，看着我遭到托马斯·贝克特这样被自己从贫穷中提拔的人的蔑视吗？没有人能将这位麻烦的职员打发走吗？"

威斯特摩兰勋爵休·德·莫维尔、理查德·勒·布里托和威廉·德·特雷西与坎特伯雷大主教托马斯·贝克特没有公事上的纠纷，没有教派的冲突，但他们都是坎特伯雷大主教托马斯·贝克特的私敌。他们听到亨利二世的话后就来到坎特伯雷，找到坎特伯雷大主教托马斯·贝克特并残忍地杀害了他。残忍的一方绝望地犯下野蛮暴行，英勇的一方充满激情一心想成为烈士。即使已经意识到生命即将终止，坎特伯雷大主教托马斯·贝克特还是无法控制自己的言辞。即使他真的控制住自己的脾气，或许坎特伯雷大主教托马斯·贝克特真的认为，自己是把宝贵的生命献给了教会。因此，他甘愿赴死。这真是一段悲伤但传奇的故事。

1170年12月29日，坎特伯雷大主教托马斯·贝克特遭到谋杀离世。此后三百五十多年里，12月29日一直是英格兰地区继复活节、圣灵降临节和圣诞节后最主要的一个宗教节日。在坎特伯雷大主教托马斯·贝克特多彩的一生中，他的人格力量无疑不容小觑。他不仅在英格兰留下深刻的印记，还在其他基督教世界留下深刻的印记。虽然我们必须考虑迷信的影响，或者冒名顶替的影响，但迷信传说不可能将所有荣耀加在由教士和传奇作家虚构出来的人物身上。毫无疑问，公众认为坎特伯雷大主教托马斯·贝克特是一项伟大事业的捍卫者，特别是当时的人们

坎特伯雷大主教托马斯·贝克特被杀害

认为这项事业需要有人捍卫。由于捍卫伟大事业,坎特伯雷大主教托马斯·贝克特的行为得到原谅。当然,无论坎特伯雷大主教托马斯·贝克特坚持的是什么,他的荣耀是所有维护自由的人的荣耀,他的荣耀是在压倒一切的力量面前维护弱小者的荣耀。

这样看来,英格兰人可能认为坎特伯雷大主教托马斯·贝克特有能力和勇气挑战强大的国王亨利二世。亨利二世不但强大,而且其祖先的所作所为使王室家族被冠上残忍的名号,导致亨利二世为臣民的利益做的一切都不被臣民们承认。欧洲大陆的基督教界将坎特伯雷大主教托马斯·贝克特视作对抗世俗力量的教权捍卫者。坎特伯雷大主教托马斯·贝克特和亨利二世都过世多年后,在宗教改革运动中成长起来的后人们仅仅将坎特伯雷大主教托马斯·贝克特视作叛徒,坎特伯雷大主教托马斯·贝克特实行的祭仪也被视作有计划的蒙骗。现在,我们可能更冷静地认为坎特伯雷大主教托马斯·贝克特性格强硬、冲动,没有涵养,几乎没有自制力,缺乏自省,没有政治眼光,又很喜欢搞阴谋,工于心计。坎特伯雷大主教托马斯·贝克特不是教会中有建设性的改革者,他通常既碍事又令人恼火。即使在朋友眼中,坎特伯雷大主教托马斯·贝克特也不是第一流的伟人。他为之奋斗的事业并不是他倒下的事业,虽然从某种程度上,因他的奋斗而受益的自由事业,也不是他有意识为之奋斗的事业。与坎特伯雷大主教托马斯·贝克特的前任坎特伯雷大主教安瑟尔姆这种真正的伟人相比,托马斯·贝克特十分渺小。安瑟尔姆很清楚自己宣扬或反对的观点的真实性。与之后担任坎特伯雷大主教的阿宾登的埃德蒙相比,托马斯·贝克特也十分渺小,虽然托马斯·贝克特十分勇敢地宣扬主张。然而,阿宾登的埃德蒙选择成为和平的使者,而不是争斗或享受殉道的光荣。不过,世人经常怜悯并不十分值得怜悯的人。

第 5 章

亨利二世统治晚期

精彩看点

亨利二世不屈不挠开展改革——改革的政治目标——巡回法庭——财政工作——巡回法庭——训练民众的自治能力——中央的司法体系——税收改革——军事行动——1170年册封小亨利王——英格兰以外地区如何挑选继承人——亨利二世册封小亨利王的目的——亨利二世就坎特伯雷大主教托马斯·贝克特之死向教皇亚历山大三世谢罪——远征爱尔兰——罗马教廷的政策——1172年亨利二世的悔过和赦免——继承人小亨利王再次加冕——亨利二世与小亨利王的争吵——1173年反对亨利二世大联盟——战争开始——亨利二世取得战争胜利——在英格兰的战争——俘获苏格兰王"狮子"威廉——战争结束——1175年苏格兰臣服——斗争的重要性——亨利二世重启改革政策——约翰的领地——亨利二世嫁女——亨利二世长久逗留在英格兰——小亨利王的密谋——阿基坦的埃莉诺——1179年法兰西国王腓力二世加冕——小亨利王发动的第二次叛乱——1183年小亨利王之死——不可信任的理查——布列塔尼公爵杰弗里二世去世——耶路撒冷的安茹家族——萨拉丁率军攻占耶路撒冷——第三次十字军运动——亨利二世与腓力二世最后争斗——勒芒沦陷——亨利二世出逃——亨利二世的最后时光——亨利二世驾崩

亨利二世最鲜明的一个意志品质是，无论目前手边最集中精力的工作为自己带来多大的压力，他从未放弃推进开始统治时就展开的伟大的司法改革。甚至在1155年围攻布里奇诺斯时，他也曾在战斗间隙倾听教士提起的诉讼。在与坎特伯雷大主教托马斯·贝克特激烈的斗争中，亨利二世忙于改革刑法，引进或扩大陪审团制度。亨利二世改革的目的是不断维护国家制度，变革司法体系。他充满传奇的一生经历的每一个著名的重大事件都伴随着相应的制度改革，改革的每一步都是为了让他的臣民更安全，让英格兰国王的权力更强大。

我们可能会注意到亨利二世持续不断发布的政令。这些政令削弱大封臣的权力并向普通百姓赋权。与此同时，通过使老百姓参与维护法律，亨利二世达到了加强王权的目的。起初，他采取的一项措施是实行兵役免除税，即纳税人只要上交一定金额的税就可以免服兵役。兵役免除税的目的是打击封建领主的军事力量。

为了限制封建领主的司法权力，亨利二世采取了巡回法庭制度。亨利一世统治时期就已经有巡回法庭制度。在统治初期，亨利二世重新实行这项制度。英格兰全境巡回法官的任务是听取各地民众的诉讼并惩罚罪犯。巡回法官的工作不仅包括审判囚犯和确定诉讼，还包括评估和征收税赋。

当全国委员会颁布一项税收政策后，作为税务官，巡回法官走遍全国，确定城镇或个人应缴纳的税款。这不是一项很困难的工作，因为所有税都由土地份额确定，并且土地的分割比例与《末日审判书》①中规定的土地分割比例大致相同。可以说，《末日审判书》成了当时英格兰的税率册。土地所有者可以参考《末日审判书》明确自己拥有财产的价值，依此缴税。因此，只有自"征服者"威廉展开调查以来财富和人口不断增长的城镇才有机会与法官们辩论赋税的确切金额。

在亨利二世统治时期的每一年，人们几乎都能看到巡回法官们组织巡回法庭，这就是今天规模庞大的巡回法庭的历史渊源。在亨利二世统治早期，有时一两位巡回法官负责全国的巡回审判。后来，发展到一年组织六次巡回法庭，每次巡回法庭由三名法官负责。有时一年组织四次巡回法庭，每次由四位法官负责；有时一年只组织两次巡回法庭，每次由五名或更多的法官负责。关于巡回法庭的重要立法事件有：1166年，《克拉伦登宪法》发布。1176年，在北安普敦确定并修改的《克拉伦登宪法》规定一年派出六次巡回法庭，每次巡回法庭由三名法官负责。1179年，亨利二世改革了中央和地方的法庭。

巡回法庭制度的第一个影响是强行将封建领地地方法院置于王室仲裁之下。这削弱了封建领地法庭的权力，这点上文已经涉及。第二个影响是利用陪审团处理司法和财政事务培训民众的自治能力。因此，普通民众学会了管理自己的事务，对立法及其他政治事务拥有明智的洞察力。第三个影响是限制郡长的权力。由于郡长是在司法、军事和财政方面王室的唯一代表，所以他们极有可能实施不负责任的暴政。事实上，当时的司法、军事和财政领域的各项记录都有许多对郡长的申诉。除了巡回法官，亨利

---

① 《末日审判书》又称《土地赋税调查书》，是"征服者"威廉时期对英格兰土地的调查汇编。主要目的是了解王室地产和国王直接封臣的土地状况，以便收取租税，加强财政管理，明确封臣封建义务。——译者注

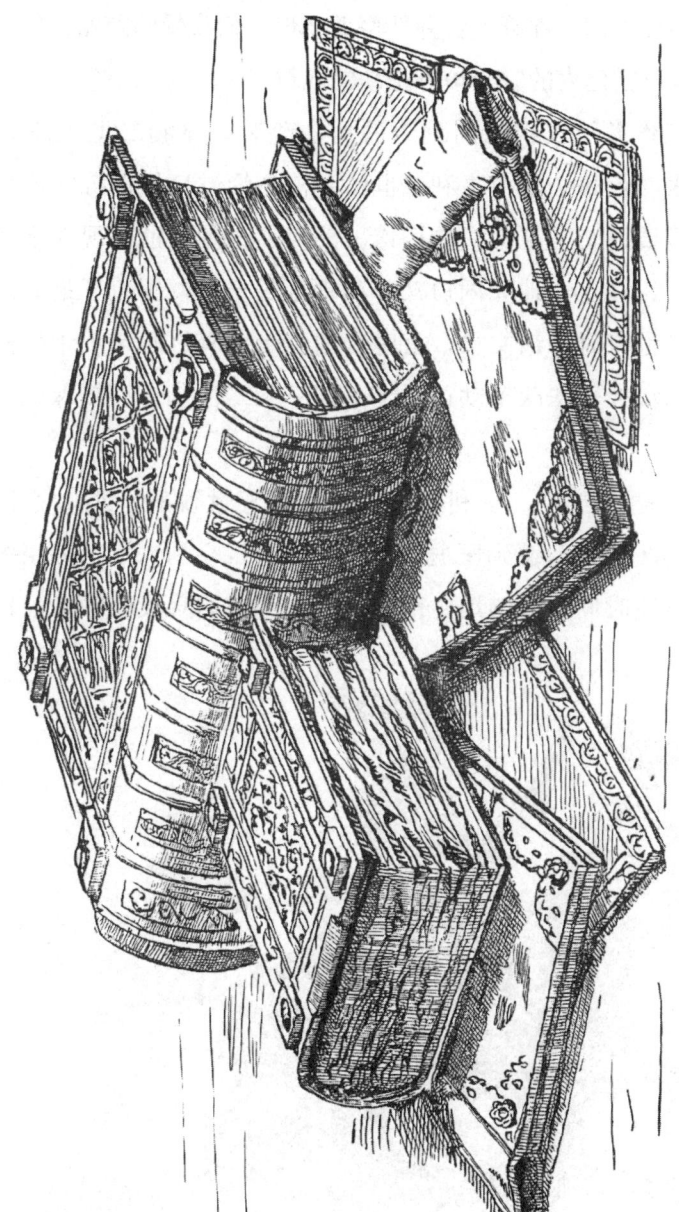

《末日审判书》

二世不时采取更有力的补救措施或预防措施减小治安官的压迫。1170年,亨利二世将郡长们全部赶下台并严格调查郡长们收受的贿赂。然后,亨利二世利用自己宫廷内的官吏填补空缺的职位。

行政工作并不仅仅针对地方的司法改革。亨利二世也改革了最高法院。本来,最高法院由亨利二世的亲信与受过良好训练的律师组成,负责审理需要提交国王裁决的诉讼。然而,亨利二世发现很难管理这些人。因此,1178年,他如同1170年处理郡长一样,罢免了最高法院的成员。亨利二世有时聘请文员,有时聘请骑士,有时聘请教士担任法官职务。亨利二世的司法改革功过参半,但亨利二世从未动摇保证法庭审判公正的决心。

按照同样的方式,亨利二世每年都改变赋税的种类,不让同一利益群体因不断征缴而遭到压迫。某一段时间,亨利二世从城镇中征收佃农税,另一段时间,他向地主或骑士征收一定的兵役免除税。1184年和

骑士

1188年十字军运动时，亨利二世要求从个人财产中拿出一定比例或十分之一的物品支持对萨拉丁的战争。

为了保卫国家，拥有一支国王可以依靠的维持和平与秩序的军队，亨利二世武装了全体自由民，或者命令普通民众按照与财产金额成比例的固定金额提供武器。因此，亨利二世恢复了古老的盎格鲁-撒克逊民兵制度。于是，他拥有了制衡大领主武装的砝码。大领主们虽然很想通过支付兵役免除税免服兵役，但仍然能够且十分愿意维持自己的武装。亨利二世所有措施的主要目的都是加强王权，增强民众的安全感。凡是帮助民众的措施都是为削弱封建大贵族的势力。削弱贵族势力，意味着解除贵族的武装，废除贵族的司法管辖权，减少贵族施行暴政的机会。要让民众体会到改革的益处需要时间。然而，在民众体会到改革的益处前，贵族很快发现了这些改革措施的目的是削弱贵族的势力，是在羞辱贵族。因此，在亨利二世赢得民心以前，他先要面对贵族的反对。

长期以来，贵族对亨利二世的敌意一直在增长，一直在等待公开反抗的机会。坎特伯雷大主教托马斯·贝克特之死带来的震撼向贵族提供了一个机会。表面上看，贵族叛乱的起因是亨利二世的某项措施导致坎特伯雷大主教托马斯·贝克特被害。这项措施即1170年小亨利王加冕典礼。无论是英格兰人或者是诺曼人都不熟悉国王在世时就任命继承人的先例。由于仍然保留选举王位继承人的制度，所以国王在世时任命继承人可能会被认为是一种违宪行为。因此，在上任君主去世前任命继承人被视为一种残暴的、没有与各方协商的、不可挽回的行为。

威廉·鲁弗斯和亨利一世统治时期的大部分争端都由继承人问题引起。由于"征服者"威廉和威廉·鲁弗斯在世时都没有确立继承人，这引发了赤王之乱①和亨利一世统治早期的艰难处境。亨利一世竭尽全力

---

① 赤王之乱，"赤王"指红脸颊的威廉·鲁弗斯。1087，"征服者"威廉驾崩前把土地分配给自己的三个儿子。由于不满分配方案，兄弟开战，最终，酿成1088年英格兰内战。——译者注

使自己的孩子能继承英格兰王位，但他的计划被斯蒂芬破坏。在法兰西王国和神圣罗马帝国，国王生前任命继承人的事情并非没有发生过。几乎每一个在休·卡佩之后登基的法兰西国王生前就确立了王太子。在神圣罗马帝国，自加洛林王朝建立之初，皇帝生前确立继承人的事件屡见不鲜。当时，腓特烈·巴巴罗萨正为自己儿子的继承权积极谋划，以罗马王的名义册封第二君主或皇储成为神圣罗马帝国政务中常见的一项内容。亨利二世可能是因为看到周围君主们的行为而受到启发。当然，另一种可能性也很有说服力。

　　亨利二世很清楚自己的土地由差异巨大的领地和民族组成。亨利二世已经规划好，在他驾崩后会将自己的领土分封给自己的儿子们。亨利二世的二儿子理查作为母亲阿基坦的埃莉诺的继承人，已经得到阿基坦公国和普瓦图。另一个儿子杰弗里获得了布列塔尼公国继承权。此时，亨利二世只是没为小儿子约翰的未来安排好。亨利二世谋划征服爱尔兰后为约翰建立王国。作为亨利二世幸存的长子，小亨利王将继承父亲亨利二世的遗产。这份遗产包括英格兰、诺曼底和安茹。1170年秋，亨利二世真的认为自己已经濒临死亡。于是，他划分好领地，并且将自己的儿子们安排在他们将要统治的民众中间。因此，小亨利王在诺曼人中间，理查在普瓦图人中间。仍然有个无法确定的问题是，是否应该像加洛林王朝早期那样，由兄长管理家业，弟弟们向兄长称臣，或者各人在自己的领地做首领，除了已有的臣属关系，没有其他附加的关系。

　　早在1160年，亨利二世就开始谈论小亨利王的加冕礼。当时，亨利二世只有二十七岁。二十七岁时，亨利二世可能更多地考虑确保英格兰人对小亨利王的忠诚和依恋，而不是自己驾崩的可能性。后来，我们发现亨利二世急于与继承人分享王室职责中单调乏味的部分，虽然亨利二世从未放弃过任何实权。因此，三个因素导致危机爆发，即1170年小亨

玛格丽特

利王加冕,路易七世因为自己的女儿玛格丽特没有被同时加冕而震怒,亨利二世与教会的斗争导致坎特伯雷大主教托马斯·贝克特被害。

现在,我们必须回到故事的主线。一听到坎特伯雷大主教托马斯·贝克特罹难,亨利二世就惊呆了。亨利二世明白罪责一定会落在自己身上,所有反对派迟早会趁机将自己打倒。因此,亨利二世立即派遣使者拜见教皇亚历山大三世,承诺如果教皇亚历山大三世宣布他无罪或赦免他的罪行,那么他将接受教皇亚历山大三世开出的条件。在与教皇亚历山大三世周旋时,亨利二世听说路易七世也派出使者游说教皇亚历山大三世。不过,这名使者虽然在坎特伯雷大主教托马斯·贝克特生前就已经动身了,但当时还在前往诺曼底的路上,这名使者没办法尽力对付亨利二世。

亨利二世组织人员讨伐爱尔兰。在过去的十六年，即1154年到1170年，爱尔兰被教皇宣布划归亨利二世名下。1166年到1170年，"强弓"彭布罗克伯爵理查德·德·克莱尔一直带领冒险家们攻打爱尔兰。1171年秋到1172年复活节，亨利二世一直待在爱尔兰，接受爱尔兰的伦斯特国王迪尔梅德·麦克莫罗和爱尔兰主教的归顺。与此同时，亨利二世避开带来坏消息的教皇使者，等待友好的教皇使者前来赦免自己。

当时，罗马教廷使用胡萝卜加大棒政策。无疑，这一政策显得很奇怪。作为基督教世界的最高法官，罗马教廷刚刚发出一份裁决书，惩罚亨利二世在其领地上的一个行为。然后，罗马教廷立即发出另一份裁

亨利二世与爱尔兰的伦斯特国王迪尔梅德·麦克莫罗

决书赦免亨利二世似乎更令人发指的行为。但必须记住，在这方面，教皇法庭与其说是基督教主教的委员会，不如说是国际仲裁大法庭。教皇法庭是伟大的法律机器，但其缺点乍一看显而易见。在战争时代，教皇法庭的好处不容小觑，虽然不那么显而易见。或许，我们可以十分严肃地认为罗马教廷确实在担任国际仲裁机构时有胡乱猜测、傲慢无礼和处置不公的行为。但从长远结果来看，当时，罗马教廷对维持西方世界的和平稳定贡献巨大，因为罗马教廷调停各方冲突，阻止战争不断爆发。因此，罗马教廷与任何普通法院一样开放，即申请人可以申请调查委员会调查或教皇公使介入。通常原告可以向教皇派出的使者或官员申诉。毫无疑问，罗马教廷的调节意味着罗马教廷会聆听原告和被告双方的观点，教廷的钱包也向诉讼各方张开，随时欢迎各种捐助或贿赂，从而维持罗马教廷的财富和权力。不可否认的是，无论做出何种决定，在大多数情况下，最终的决定都是公平和公正的。

　　于是，亨利二世避开了一位使者，欢迎了另一位使者。1172年，他在阿夫朗什会见了态度友好的枢机主教团并按照枢机主教团的每一条建议宣誓。亨利二世宣布废除《克拉伦登宪法》，洗清坎特伯雷大主教托马斯·贝克特被害的罪责，宣布效忠亚历山大三世为罗马教皇，驳斥他已经承认的反教皇派言论。最终，亨利二世从教皇亚历山大三世那里得到完全的宽恕。

　　亨利二世以大局为重，为小亨利王举行了二次加冕礼。这次，小亨利王的妻子玛格丽特也一同被加冕。接下来，亨利二世前去法兰西南部，与图卢兹伯爵拉蒙五世达成持久的和平协议。与此同时，亨利二世在为最小的儿子约翰与萨伏伊伯爵安贝尔三世的女继承人艾丽西亚的联姻谈判[①]。

---

① 订婚后一年，亨利二世的小儿子约翰王子的未婚妻艾丽西亚过世。因此，婚约自动取消。——译者注

暴风雨似乎已经过去了。不幸的是，此时的宁静预示着大风暴即将来临。奇怪的是，争吵的直接原因是现年五岁的新郎约翰。实际上，亨利二世已经处理好约翰将要面临的所有大麻烦：法王路易七世的女儿玛格丽特已经被加冕，教皇亚历山大三世得到安抚，贵族由于王权力量的强大而不敢轻举妄动，苏格兰人谦恭服从，亨利二世所有儿子应该都是盟友。生命终结时，亨利二世由于约翰的背叛心碎驾崩，但当时五岁的约翰已经是块绊脚石了。萨伏伊伯爵安贝尔三世自然要亨利二世为其子约翰准备些聘礼。亨利二世发现自己不得不要求儿子们放弃自己许诺的那部分领土，为他们的弟弟约翰放弃几座城堡，但长子小亨利王拒绝了。小亨利王不会放弃任何东西，因为小亨利王认为加冕徒有虚名，他并没有由于加冕得到任何实质性的权力和利益，也没有获得处理任何问题的实权。如果亨利二世再给小亨利王一点实权处理英格兰或诺曼底的事务，那么小亨利王可能会放弃一点自己的利益。1773年春，小亨利王——这个品行不良的小伙子怀着满腔委屈——从父亲亨利二世的宫廷内逃了出来，投入岳父法王路易七世的怀抱。对丈夫亨利二世的影响，阿基坦的埃莉诺也大不如前：一个原因是她对孩子的错误引导，另一个原因是在与坎特伯雷大主教托马斯·贝克特的争斗中，亨利二世的品行慢慢变化。阿基坦的埃莉诺利用自己所有影响力加深了家庭的分裂。接下来，她与首任丈夫路易七世密谋反对第二任丈夫亨利二世，甚至将自己最宠爱的儿子理查也劝到反对亨利二世的阵营内。

因此，1173年年初，在法兰西王太子腓力、香槟家族的伯爵们、佛兰德斯伯爵菲利普和苏格兰国王"狮子"威廉的带领下，由英吉利海峡两岸的大贵族大地主组成的反亨利二世联盟成立了。1165年，"狮子"威廉继承马尔科姆四世的王位。年轻的小亨利王随意许诺，提议用英格兰的大量土地奖励帮助重现诺曼征服辉煌的人。在英格兰的大伯爵中，切斯特伯爵科文利亚克的休、第三代莱斯特伯爵罗伯特·德·博蒙特

"狮子"威廉

和诺福克伯爵休·比戈都决心恢复被亨利二世的改革削弱的大领主的权力。在英吉利海峡两岸,这些伯爵都举足轻重,因为他们是诺曼人,诺曼人的斗争可以同时在英格兰及诺曼底、安茹和普瓦图展开。巴黎为各地同时开展的军事行动出谋划策。起初,反对亨利二世的联盟看起来注定要成功——因为除了一支庞大的布拉班贡雇佣军,亨利二世身边几乎没有其他可以依靠的军事力量。

战争始于弗拉芒人入侵诺曼底。然后,在布列塔尼,切斯特伯爵科文利亚克的休竖起反抗亨利二世的大旗。接着,普瓦图地区爆发武装起义。战火从法兰西烧到英格兰。"狮子"威廉率领一支军队开始了毁灭性的南侵行动。在诺福克，第三代莱斯特伯爵罗伯特·德·博蒙特率领大量弗拉芒士兵登陆。在英格兰中部各郡，德比伯爵罗伯特·德·费勒斯加强所辖城堡的武装力量。1135年，诺福克伯爵休·比戈曾起誓剥夺玛蒂尔达的继承权。此时，他的城堡内驻扎了叛军。实际上，整个英格兰都陷入战乱。亨利二世的大法官、副官理查德·德·卢奇不知所措。斯蒂芬的外甥达勒姆主教休·德·皮塞开始左右逢源。他一边与苏格兰人和谈，一边装作一无所知，允许弗拉芒雇佣兵登陆。

战争天平的一边是大规模背叛和占绝对优势的军事力量，另一边本来不能与之抗衡。然而，两个原因使战争的天平向亨利二世方面倾斜。

达勒姆主教休·德·皮塞

一个原因是亨利二世能力超群,这点甚至被他同时代的人称为超自然的好运。另一个原因是英格兰人的忠诚。当时,英格兰人经受住生死攸关的考验,体现出受到亨利二世多年教化的作用。亨利二世本来被这突如其来的袭击吓了一跳。由于不相信自己孩子们的忘恩负义,亨利二世起初行动迟缓。当看清形势并下定决心时,亨利二世表现得异常迅速。在康启思,亨利二世的军队将路易七世的军队拖住。然后,亨利二世率军在布列塔尼直冲向多尔。在多尔,亨利二世俘虏了切斯特伯爵科文利亚克的休、布列塔尼叛乱首领及安茹叛军。1173年秋,最坏的消息从英格兰传来前,亨利二世一个接一个地在曼恩攻克叛军的巢穴。1173年圣诞节,亨利二世与路易七世达成一份为期三个月的休战协议,着手安抚普瓦图。在普瓦图的各种烦恼使亨利二世没法回到英格兰,这导致亨利二世一直在普瓦图待到1174年夏。

在英格兰,由于战乱爆发时大臣们措手不及,一片慌乱,以及普遍存在的恐惧和互不信任,平叛工作进展得比较缓慢。然而,在英格兰,亨利二世有一批可以信赖的人,包括大法官理查德·德·卢奇、正在渐渐成长为一流大臣的大律师雷纳夫·德·格兰维尔、亨利二世的舅舅康沃尔伯爵雷金纳德·德·邓斯坦维尔、阿伦德尔伯爵威廉·多比尼。阿伦德尔伯爵威廉·欧比尼娶了亨利一世的遗孀鲁汶的阿德莉莎。其他与王室有关的人都支持亨利二世。不过,亨利二世的支持者没有足够的兵力,以至起初他们无法决定先平定哪个地区的叛乱。亨利二世的支持者不知道英格兰北方的"狮子"威廉带领的苏格兰军队、东部第三代莱斯特伯爵罗伯特·德·博蒙特带来的弗拉芒雇佣军,还是德比伯爵威廉·德·费勒斯在中部各郡的武装中哪个最危险。最后,亨利二世的大臣们决定与苏格兰军队休战,并且向诺福克进发。1173年10月,在弗纳姆圣热纳维夫,亨利二世的大臣们击败了中部叛乱的伯爵势力。在弗纳姆圣热纳维夫,亨利二世的大臣们俘虏了第三代莱斯特伯爵罗伯特·德·博蒙特及其夫人佩特罗尼拉·德·格朗梅尼。第三代莱斯特伯爵罗伯特·德·博蒙特属于博蒙特家族。博蒙特家族世代忠诚，本来是诺曼征服以来唯一始终忠诚于"征服者"威廉及其继承人的家族。第三代莱斯特伯爵罗伯特·德·博蒙特是忠诚的博蒙特家族不成器的继承人，其行为应该是受到妻子莱斯特伯爵夫人佩特罗尼拉·德·格朗梅尼的影响。作为格朗梅尼的继承人，莱斯特伯爵夫人佩特罗尼拉·德·格朗梅尼的性格完全体现出诺曼征服时期寡头政治遗留下来的所有仇恨和报复心。击败第三代莱斯特伯爵罗伯特·德·博蒙特的势力使亨利二世能在1173年冬和1174年春继续留在普瓦图，并且使他的大臣们能集中力量对付苏格兰军队。英格兰民众自发组织起来反对贵族的叛乱。在英格兰内陆地区展开了一场激烈的斗争。这场斗争一直持续到1174年夏。

苏格兰国王"狮子"威廉花了很多时间确保苏格兰边境地区城堡的安全。他寻找机会，而不是向南推进，从而尽自己的一份力量推翻亨利二世的统治。1174年7月月初，约克郡民众的武装和忠于亨利二世的贵族在阿尼克发动突袭并俘获了苏格兰国王"狮子"威廉。

1174年7月，亨利二世带着自己的布拉班贡雇佣军从诺曼底出发，前往坎特伯雷大主教托马斯·贝克特墓前悔罪。此时，亨利二世取得了胜利，这被认为是上帝宽恕了他的象征。在坎特伯雷大主教托马斯·贝克特墓前悔罪后，亨利二世立刻率军向诺福克进发。在诺福克，比戈家族和莫布雷家族向亨利二世投降。莫布雷家族败给了亨利二世的私生子杰弗里。杰弗里是林肯教区主教的候选人，后来成为知名的约克大主教。亨利二世的一切仇敌都向他臣服。苏格兰国王"狮子"威廉、第三代莱斯特伯爵罗伯特·德·博蒙特和莫布雷家族的大伯爵被囚禁，其余反亨利二世的力量完全溃败。登陆后不到一个月，亨利二世就返回了诺曼底。

随着英格兰叛军的崩溃，发生在亨利二世法兰西封地的战争结束。1174年9月，亨利二世的所有领土都平静下来。亨利二世的逆子们也与亨利二世和解，甚至路易七世也承认和平到来。

虽然亨利二世易怒，性情令人琢磨不定，但在谋略和精神方面，他是真正的伟大。这点已经有了充分的证据。他不喜欢屠杀，不要赎金，甚至没有剥夺任何一位叛乱领导者的封号。平叛后，作为惩罚，亨利二世接管了叛军将领们的产业——虽然接管时间十分短暂，并且没有剥夺叛军将领们的继承权。他从轻惩罚叛军的将领，但大规模摧毁了他们的城堡。叛军的城堡是封建领主暴政和不服从王权的象征，亨利二世不仅要拆除，还要摧毁城堡。亨利二世摧毁了叛军的所有城堡，甚至有些城堡上都找不到一块完整的石头，所以没人会再想建造城堡。另外，亨利二世也严惩苏格兰人。亨利二世坚持苏格兰必须完全臣服于英格兰。在释放苏格兰国王"狮子"威廉前，亨利二世坚持要求"狮子"威廉向自己行臣服礼，承认英格兰国王的地位高于苏格兰国王，英格兰教会的地位高于苏格兰教会。苏格兰贵族必须成为英格兰的臣民，苏格兰主教必须宣布服从英格兰教会。位于低地的城堡必须处在亨利二世派驻那里的英格兰军队手中。获释前，苏格兰国王"狮子"威廉被迫签署《法莱斯条约》。1175年8月，《法莱斯条约》在约克郡得到确认。从那时起，直到苏格兰王"狮子"威廉从理查一世手中买回失去的权力，英格兰国王都是苏格兰的最高君主，苏格兰的国王是英格兰国王的封臣。不过，苏格兰教会从来没有臣服于英格兰教会，因为坎特伯雷大主教与约克大主教争来吵去，无法就谁统治苏格兰教会达成一致意见。争吵还没结束，教皇亚历山大三世就介入其中，宣布苏格兰教会是罗马教廷的直属机构，是罗马教廷的"特殊女儿"。此外，处于半独立状态的加洛韦领主被迫承认自己是苏格兰国王和英格兰国王的封臣。

1174年，获得和平后，亨利二世权势鼎盛，使反对亨利二世的势力

约克郡民众在阿尼克袭击苏格兰国王"狮子"威廉

苏格兰国王"狮子"威廉被俘获

相形见绌，几乎使人产生错觉，以为反对亨利二世的势力不够强大。反对亨利二世联盟的失败并不是因为反对者缺乏实力或意志品质不够强大。法兰西国王路易七世和苏格兰国王"狮子"威廉、香槟家族的伯爵们、布洛涅伯爵马蒂厄[①]、佛兰德斯伯爵菲利普、切斯特伯爵雷纳夫·德·布伦德维尔、第三代莱斯特伯爵罗伯特·德·博蒙特、诺福克伯爵休·比戈、德比伯爵威廉·德·费勒斯，以及亨利二世的儿子们和妻子阿基坦的埃莉诺都联合起来反对亨利二世。自坎特伯雷大主教托马斯·贝克特被害后，英格兰上上下下都意识到，甚至夸大了坎特伯雷大主教托马斯·贝克特作为政治家和神职人员的功绩。英格兰的宗教意识被当成攻击亨利二世武器。在亨利二世改革过程中，每一个受损的利益群体，或者每一股被亨利二世改革削弱的力量都参与了反叛。但最终，反叛失败了。

毫无疑问，反叛失败的部分原因是亨利二世的反对派没有共同的呼声，没有共同的目标。亨利二世的反对者有许多冤屈，也曾有机会获胜，但他们的所有目标很自私。另外，如果亨利二世的反对者曾经有一个计划，那么这个计划也是充满破坏性而非建设性。亨利二世反对者的领袖不愿拿自己的任何东西去牺牲或冒险，只想贪婪地攫取属于亨利二世、英格兰甚至自己同胞的权力。他们一个接一个地与亨利二世——这个身手敏捷、头脑清醒、技艺高超的人作战，结果一个接一个的战败。不过，如果亨利二世没有所谓的好运气，那么他的成功不可能实现。因此，虽然开始统治时，亨利二世是全体民众的希望和宠儿，但在统治第二十年，即1174年时，他的统治远比开始统治时更强大，因为他扫除了邪恶势力，带来了和平、光明和自由。

平叛时，亨利二世几乎立即重启了一直以来的改革政策。不过，他没有继续在欧洲大陆上为约翰寻找配偶，而是转向英格兰。亨利二世决

---

① 阿尔萨斯的马蒂厄和斯蒂芬的女儿玛丽结婚，以妻子权利成为布洛涅伯爵。——译者注

格洛斯特伯爵威廉·菲茨罗伯特

定在英格兰为约翰寻找妻子和封地。等约翰长大了，亨利二世要让约翰成为爱尔兰国王。

带着这个想法，1176年，亨利二世安排约翰迎娶亨利二世表兄格洛斯特伯爵威廉·菲茨罗伯特的女儿哈维西娅。1177年，在牛津大会上，亨利二世将尚未被征服的爱尔兰划分为几块大封地。这些封地的获得者不仅向亨利二世宣誓效忠，还要向未来的爱尔兰国王约翰宣誓效忠。

亨利二世在爱尔兰划分领地给贵族和约翰在爱尔兰封地的问题就连教皇亚历山大三世耳边也有风言风语。1177年。亨利二世最小的女儿金雀花的琼和西西里年轻的国王威廉二世举行了盛大的婚礼。西西里国王威廉二世又被称为"好心的"威廉，是他岳父亨利二世的忠实支持者。只要亨利二世愿意，威廉二世甚至愿意献上自己的国土。亨利二世的二女儿埃莉诺已经嫁给卡斯蒂尔国王阿方索八世。1177年，阿方索八世找到亨利二世，请求亨利二世裁决自己与亲戚纳瓦拉国王桑乔六世的一场大官司。这一仲裁不但说明在取得重大胜利后亨利二世在欧洲大陆享有的声望，而且还向我们展示了他如何同议员们协商。当时，他

卡斯蒂尔国王阿方索八世

主持着由主教、高级神职人员、贵族及其他高级官员组成的大法院。在这种情况下，当事各方的辩论都要被提交至大法庭，根据大法庭的意见做出判决。

平叛后的两三年是亨利二世在英格兰逗留时间最长的时期。1175年4月到1177年8月，亨利二世长居英格兰。在诺曼底和安茹待了一年后，1178年，亨利二世返回英格兰，一直在英格兰待到1180年6月月底。1180年7月起，虽然亨利二世曾多次长期留在英格兰，但他离开的时间更长。1175年到1180年是亨利二世推行许多内政改革政策的时期。亨利二世给许多委员会安排了大量公众事务。为提升案件处理速度，亨利二世做了一系列改革。当时，亨利二世矢志不渝地履行执政早期为百姓做过的承诺。亨利二世做出的所有事情都被历史学家完整详细地记录下来。

亨利二世此生都不可能再开心了。亨利二世与小亨利王虽然达成了名义上的和解，但小亨利王不断地与岳父法王路易七世密谋推翻父亲亨利二世的统治。另外，小亨利王还与亨利二世在英格兰之外领地上的大贵族勾结。小亨利王自诩为这些领主权力和特权的维护者，领导联盟反对父亲亨利二世，反对弟弟理查，甚至将理查视作普瓦图贵族的压迫者。小亨利王抱怨说父亲亨利二世对自己很刻薄，没有给自己足够的钱。小亨利王卑鄙地拒绝分享亨利二世的权力。相反，亨利二世对小亨利王很慷慨，很有耐心。实际上，小亨利王骨子里不相信亨利二世，也不在表面上装着信任亨利二世。

当时，阿基坦的埃莉诺遭到关押或软禁。她理应受到自己从未享受过的尊敬或尊崇。谋反时，阿基坦的埃莉诺的儿子们对亨利二世表现得十分恶劣。亨利二世虽然偶尔会让阿基坦的埃莉诺享受王室的荣华，放纵阿基坦的埃莉诺展示王室权力，但他从来没有释放阿基坦的埃莉诺，也从没有原谅她。阿基坦的埃莉诺精明强干，足智多谋，野心勃勃。当支持亨利二世时，阿基坦的埃莉诺是亨利二世最重要的顾问。当与亨利二世唱反调时，阿基坦的埃莉诺是亨利二世最可怕的对手。当阿基坦的埃莉诺陪同首任丈夫法王路易七世参加十字军运动时，阿基坦的埃莉诺在东方玩的政治手腕令路易七世遭人耻笑，路易七世从未原谅她。相比之下，阿基坦的埃莉诺的第二任丈夫亨利二世处事更果断。在与阿基坦的埃莉诺的纠葛中，亨利二世抢占先机并一直占据上风。直到亨利二世驾崩后，阿基坦的埃莉诺才真正有了施展自己权谋的空间。要不是阿基坦的埃莉诺在理查一世在巴勒斯坦作战期间的治国方略，以及她在约翰一世统治初期对欧洲大陆施加的影响，英格兰或许早就沦为无政府状态的牺牲品，安茹家族也早就丢失诺曼底了。

与妻子阿基坦的埃莉诺的争吵及对孩子们的不信任使亨利二世的态度渐渐变得消极。这些争斗种下了恶果，虽然亨利二世努力尽好国王的职责，但恶果依然在慢慢变大，直到将亨利二世吞噬。这些年英格兰国内史被本章开头几页概述的司法和财政活动占据。除了普瓦图遇到些麻烦，英格兰其他地方都处在和平状态。在普瓦图，理查正在学习作战技艺，赢得自己的第一项荣誉，结交了最坏和最顽固的朋友——腓力二世①。

1179年，亨利二世与路易七世长期的明争暗斗终于走到尽头。懦弱、没有原则的法兰西国王路易七世让位给当时刚满十四岁的腓力二世。然后，路易七世选择隐退到修道院，最终死在修道院内。作为路易七世的儿子，腓力二世继承了路易七世对亨利二世的所有仇恨，也继承了父亲路易七世的伪善、狡诈和不忠。不过，腓力二世与路易七世不同。腓力二世能更好地欣赏亨利二世的智慧，在年轻时表现出希望亨利二世能在政治方面为自己提供建议和指导的愿望。另外，腓力二世没有继承路易七世病态的良心和刚愎自用。腓力二世虽然不像父亲路易七世那样是个彻头彻尾的懦夫，但不是勇敢之辈。当然，腓力二世的勇气无

---

① 指下段提到的腓力二世。根据下文，腓力二世曾与理查一世交好，但在理查一世登基那一刻起变成理查一世的仇敌。——译者注

腓力二世

法与理查^①相提并论,甚至没有约翰身上的勇气。腓力二世做事肆无忌惮,十分执拗,但获得了成功。腓力二世比自己所有对手都活得长,使法兰西王国比他继位时更强大。在早年与母亲香槟的阿黛尔^②的斗争中,以及在与香槟家族大伯爵的斗争中,腓力二世都听取了亨利二世的建议,亨利二世的建议都是真诚而有效的。在亨利二世和儿子们又开始争

---

① 理查一世英勇善战,被称为"狮心王"理查。——原注
② 腓力二世是路易七世与香槟的阿黛尔的儿子。腓力二世继位初期的共同摄政之一香槟伯爵亨利一世是阿黛尔的哥哥。——译者注

吵后，腓力二世准确地把握住了机会，使英格兰王室蒙受耻辱。腓力二世狠、准、稳地抓住机会，直接导致对手失败。

没有必要细数1181年和1182年发生的事件。1181年发生的主要事件是已经提到的巡回兵役制度。1182年，亨利二世主要生活在普瓦图。当时及接下来的几年，英格兰都由大法官雷纳夫·德·格兰维尔治理。1179年或1180年，他接替了理查德·德·卢奇的工作。在雷纳夫·德·格兰维尔的管理下，英格兰一片宁静祥和，导致欧洲大陆出现麻烦时，英格兰没有一股力量起来反对亨利二世。在这几年及随后几年，关于英格兰历史，只有简单稳步增长的记录。所有矛盾的焦点，不管是个人的还是社会的，都集中在亨利二世身上。

1183年开始进入一个新阶段。当时，小亨利王表现得更活跃。那时，他父亲亨利二世已经五十岁了。对当时的国王来说，五十岁已经相当成熟。作为王位继承人的小亨利王似乎已经知道，他可以，也必须等待和忍耐。为延续家族事业，亨利二世尚未完成相应的安排。小亨利王敦促弟弟们对自己表达敬意，要宣誓效忠于自己。亨利二世费了好大的劲才说服理查向小亨利王效忠。几乎在理查刚刚向小亨利王表示效忠后，小亨利王就利用普瓦图领地的不满，与理查就一座微不足道的城堡的监护权发生争吵，领导了反对理查的战争。起初，亨利二世或许想让小亨利王行使君权。但不久，亨利二世发现维护理查的领地是自己义不容辞的责任。布列塔尼公爵杰弗里二世也加入大哥小亨利王的行动。当理查和父亲亨利二世包围利摩日时，小亨利王和布列塔尼公爵杰弗里二世允许弓箭手向父亲亨利二世射击。另外，小亨利王和布列塔尼公爵杰弗里二世虐待亨利二世派出的使者，甚至将使者逼得走投无路，反而使小亨利王和布列塔尼公爵杰弗里二世陷入绝望。在装出和解的样子后，小亨利王不止一次残酷而虚伪地抛弃了父亲亨利二世。他甚至试图通过掠夺阿基坦圣庙的丰饶贡品筹集资源。由于不敬上帝，小亨利王很快就得到报应，或许他还曾良心觉醒，对自己对待父亲亨利二世的恶行而感到罪孽深重。

在利摩日被占领前，小亨利王已经在马尔泰勒病重过世，没留下一点麻烦。小亨利王死时二十八岁，我们已经不能将他当作孩子。小亨利王像泡沫一样消失了，没有人为他惋惜。小亨利王存在的意义仅仅是自己父亲亨利二世的对手，这是小亨利王的悲剧。亨利二世虽然有种种缺点，并且没有妥善安排自己子女的未来，但亨利二世爱自己的孩子。然而，他的孩子们根本配不上他的爱。

如果继承可以视为一种权利，那么小亨利王的死使王位继承权落到亨利二世第三子理查身上。这也使小亨利王的遗孀玛格丽特的嫁妆问题变得棘手。玛格丽特太子妃带来的嫁妆是韦克辛地区的城堡。韦克辛地区由于联姻巧妙地落入亨利二世手中。亨利二世拒绝向腓力二世归还韦克辛地区的城堡。另外，亨利二世不允许理查要求贵族向理查效忠，以免理查试图扮演他哥哥小亨利王曾经扮演的角色，与自己作对。

亨利二世还希望最小的儿子约翰能获得阿基坦的继承权。在1186年已经获得布列塔尼封地的第四子布列塔尼公爵杰弗里二世过世后，亨利二世的这一愿望变得更强烈。不过，在父亲布列塔尼公爵杰弗里二世去世后出生的婴儿布列塔尼公爵阿瑟一世不享有任何继承权。亨利二世与法兰西方面经常有矛盾冲突。事实上，腓力二世挑起了亨利二世家族的不和。

长期以来，巴勒斯坦局势危险，只是没有公开爆发冲突。亨利二世是安茹家族的首领，亨利二世的祖父耶路撒冷国王富尔克来自安茹家族。耶路撒冷国王鲍德温四世，绰号"麻风病人"鲍德温，是埃及和巴比伦的征服者耶路撒冷国王阿马尔里克一世的儿子，他与埃及和叙利亚的苏丹萨拉丁展开了一场很不平等的战争。这是一场辉煌的战争，也面临可怕的困难。耶路撒冷国王鲍德温四世因病致残，他的朝廷已经分裂，力量已经变得虚弱。有传言鲍德温四世随时可能驾崩。鲍德温四世的驾崩必然导致耶路撒冷王国四分五裂。耶路撒冷国王鲍德温四世所处的朝廷虽然来自西方的贵族团体，但在一个世纪内就染上了东方的一切恶习，而没有学会东方的美德。骑士们互相争吵，贵族扮演叛国者的角色，王室成员与萨拉丁结盟，他的盟友中最能干的人完全不受荣誉感的约束。耶路撒冷国王鲍德温四世绝望地将圣墓的钥匙转交给在英格兰的亲人亨利二世，祈求亨利二世拯救耶路撒冷。然后，耶路撒冷国王鲍德温四世痛苦离世，并且将王国首先留给尚在襁褓中的侄子鲍德温五世，然后转交给妹妹耶路撒冷女王西比拉和她的丈夫吕西尼昂的居伊。1185

萨拉丁

吕西尼昂的居伊

年，宗主教赫拉克勒斯抵达西方。宗主教赫拉克勒斯出使西方，但几乎没有受到热情的欢迎。大约有两三位英格兰大贵族，包括比彻姆的休和罗杰·德·莫布雷前往巴勒斯坦。聚集在克莱肯维尔会议上的英格兰教会和贵族告诉亨利二世，他的首要职责是待在英格兰，信守自己在议会做的承诺。

亨利二世能做的仅仅是捐款。宗主教赫拉克勒斯厌恶地离开了。在没来得及有任何正式的军事行动前，萨拉丁就俘虏了耶路撒冷女王西比拉，获得真正的十字架，攻占圣城耶路撒冷。

1187年10月或1187年11月，萨拉丁攻占圣城耶路撒冷的消息传到英格兰。这一消息暂时平息了西方世界不值一提的争吵。听到这一消息后，亨利二世和腓力二世都感到十分震惊。于是，他们将彼此的仇怨放到一边。理查是第一个接受参加十字军运动任务的人。罗马的教皇们一个接一个地发表热情洋溢的训诫，要求实现和平，号召应该开展伟大的十字军运动拯救岌岌可危的基督教世界。神圣罗马帝国皇帝、西方世界的君主、伟大的腓特烈·巴巴罗萨宣布他将带领本国所有骑士前往巴勒斯坦。英格兰和法兰西征收了什一税，规定缴纳相当于个人财产十分之一的税支持十字军运动。什一税在北安普敦附近的盖丁顿由全英格兰大议会颁布。实际上，这是英格兰人第一次按照所有货物和动产征收一般税。1188年2月，这种税匆忙筹集。亨利二世是亲自参加十字军运动，还是派儿子理查、约翰参加，或者派理查和约翰同去，还是个未知数。和平时代已经结束。至少对亨利二世来说，末日即将来临。

最后一场风暴正在南方慢慢形成。由于一点小事，理查和图卢兹伯爵拉蒙五世闹得不可开交。最终，亨利二世和腓力二世都卷入了理查和图卢兹伯爵拉蒙五世的争斗。腓力二世向亨利二世抱怨理查的暴政。随后，亨利二世废止了理查的措施。最后，腓力二世入侵贝里。起初，理查与其父亨利二世齐心协力地将腓力二世赶出贝里，夺回失去的土地。冲突爆发时，亨利二世在英格兰。他首先派来坎特伯雷大主教福德的鲍德温[①]，然后是约翰。最后，1188年7月，亨利二世离开英格兰，并且再也没有回来。起初，伟大国王亨利二世的名号强而有力。腓力二世请求和平，香槟的伯爵们也坚持认为直到十字军运动结束前，亨利二世与腓力二世应该保持和平状态。然而，亨利二世与腓力二世虽然多次碰面，但没能达成和平协议。

1188年11月，理查开始动摇了。除了向父亲亨利二世效忠，理查还以他在法兰西各个领地的名义向腓力二世宣誓效忠。最终，亨利二世与

---

① 1184年，福德的鲍德温当选为坎特伯雷大主教。——译者注

教皇克莱门特三世

腓力二世达成休战协议。教皇克莱门特三世派了一名使者试图将休战协议变为和平条约。休战期结束时，理查投奔腓力二世。实际上，他加入了入侵父亲亨利二世领地的行列。腓力二世坚持宣称理查必须成为亨利二世的继承人，但亨利二世犹豫不决。理查认为自己王位继承人的地位会被约翰取代。与此同时，约翰接受贿赂，与腓力二世联合起来。亨利二世简直不敢相信这个可怕的阴谋，他有生以来第一次表现出缺乏决心和信心。于是，亨利二世没有率领自己的军队前进。相反地，当理查与腓力二世采取行动时，亨利二世犹豫不决，甚至想谈判。亨利二世的健康状态恶化，他的精神已经垮掉。

1189年春，亨利二世主要在安茹的索米尔或希农，而腓力二世在等待机会。1189年5月28日，亨利二世与腓力二世在贝尔纳城堡举行会议。据说，在会议进行时，亨利二世试图贿赂教皇的使者，使教皇的使者站在自己一边。腓力二世以此为由发动战争。腓力二世几乎出乎意料地占领了曼恩的主要城堡，凭借难以想象的好运气夺取了勒芒城。亨利二世虽然率领着一支强大的骑士队伍，但拒绝保卫勒芒城。1189年6月12日，为摆脱自己儿子与腓力二世的纠缠，亨利二世从勒芒城骑马逃走。实际上，勒芒城是亨利二世的出生地，是他父亲安茹伯爵杰弗里四世的安葬地，也是亨利二世十分珍爱的地方。勒芒城的军事力量十分强大。当失去勒芒城时，亨利二世清楚失去图尔只是时间问题。

甚至在图尔沦陷前，亨利二世已经大势已去，因为亨利二世的精神已经垮了。他似乎认为自己已经没有可以为之奋斗的理由。亨利二世从勒芒城骑马出发，虽然他已经几乎无法坐在马背上。亨利二世白天整天骑在马上，晚上在拉弗雷纳耶休息。亨利二世还是打算赶到诺曼底，因为他大部分军队和全部军事力量都集中在诺曼底。亨利二世的私生子和大臣，后来的约克大主教杰弗里与亨利二世待在一起。在绝望中，可怜的父亲亨利二世紧紧依靠杰弗里。多亏杰弗里的朋友威尔士的杰拉尔德的记载，我们才有了这些悲伤日子里的故事。

亨利二世因疾病和疲劳疲惫不堪，他说自己宁愿躺下死去。夜里，亨利二世没有力气脱下衣服。杰弗里将自己的斗篷披在亨利二世身上，看守在亨利二世旁边。第二天清晨，亨利二世宣布他不能离开安茹，但杰弗里要和部队一同前往阿朗松。杰弗里将回到希农。由于亨利二世还不知道心爱的小儿子约翰已经背信弃义，所以他要杰弗里一直留在希农，直到诺曼底总管发誓，如果亨利二世驾崩，诺曼底总管只会将城堡交给约翰，杰弗里才可以离开。一切都照亨利二世的吩咐做了：杰弗里保卫了阿朗松，然后回来找父亲亨利二世。在萨维尼，杰弗里与父亲亨

威尔士的杰拉尔德

利二世会面,按父亲亨利二世的意思将亨利二世带到希农。两个星期以来,腓力二世的军队没有受到任何阻碍一直向前推进。亨利二世到索米尔与香槟家族的伯爵们会面。亨利二世没有精力,甚至明显没有意志做愤然一击,或者做出保证当地和平的承诺。原定于1189年6月30日在阿扎伊召开一次会议,但那天亨利二世病重,无法参加会议。腓力二世和理查大声嚷着说这是虚假的借口。就在同一天,腓力二世来到图尔,香槟家族的伯爵们又试图使腓力二世放松对亨利二世的逼迫,但腓力二世置之不理。1189年7月3日,腓力二世率军占领图尔。亨利二世虽然已经奄奄一息,但依然做了最后一次努力。亨利二世从索米尔来到阿扎伊,在阿扎伊的科洛米耶平原上与两位主要对手法兰西国王腓力二世和自己的亲生儿子理查会面。

亨利二世曾两次试图与腓力二世和理查交谈,但都被一场可怕的雷雨打断。亨利二世被仆人们扶着立在马背上,接受腓力二世开出的条件,宣布无条件投降。他只要求一件事,即看到腓力二世和理查同谋者的名单。为此,亨利二世被迫答应必须宽恕所有同谋者。名单被交给亨利二世。亨利二世不情愿地低声责备着,也许还诅咒着,给了理查和平之吻。他回到阿扎伊,路上还在处理一些小事,因为坎特伯雷教士和坎特伯雷大主教福德的鲍德温吵架,坎特伯雷教士抢到亨利二世面前,甚至在那时还引起了一些尖刻的责备。然后,亨利二世打开叛乱者名单,看到的第一个名字是心爱的小儿子约翰。这伤透了亨利二世的心。亨利二世转向墙说:"我已经一无所有了,随他去吧。"

亨利二世再也没有从打击中恢复过来。他被抬上轿子运到希农。亨利二世为失败的耻辱和所爱之人的背叛而恼怒。杰弗里坐在他旁边,在闷热的空气中扇着扇子,驱赶追逐着亨利二世的苍蝇。亨利二世向杰弗里交代了自己的遗愿。亨利二世推荐杰弗里为约克大主教,将最珍爱的黑豹章戒指交给杰弗里,让他转送给女婿卡斯蒂尔国王阿方索八世。然后,亨利二世命令仆从从床上将自己抱起放在城堡礼拜堂的祭坛前。在祭坛前,亨利二世接受最后的圣餐,并且在科洛米耶会议两天后,即1189年7月6日驾崩。

在英格兰历史上,几乎没有比这更令人震惊的灾难了,也没有比这更令人感动的场面了。深刻的苦难,巨大的堕落,从起初的庄严沦落到最后的屈辱,压垮人的痛苦,失去一切值得拥有的东西,失去了力量、和平和孩子们的爱。最终,亨利二世一无所有。在生命的最后时刻,或许亨利二世开始宽恕。理查再也没有见到父亲亨利二世在世时的身影。在丰泰夫罗的葬礼上,理查来到父亲亨利二世的棺材前时,血从亨利二世的鼻孔里流出来,仿佛他的灵魂对理查的到来感到愤怒。①

---

① 此后,理查改称理查一世。——译者注

第 6 章

理查一世

精彩看点

理查一世即位——阿基坦的埃莉诺摄政——理查一世加冕——迫害犹太人——理查一世的性格——皮普维尔会议——约翰聘礼——提拔威廉·德·朗香——1190年理查一世开始参加第三次十字军运动——第三次十字军运动——腓特烈·巴巴罗萨的十字军之旅——理查一世的行程——抵达墨西拿的国王们——理查一世和坦克雷德——理查一世从墨西拿起航——1191年十字军攻陷阿科——理查一世在巴勒斯坦的战斗——理查一世的征途——1192年远征耶路撒冷——撤退与签订和解协议——理查一世准备班师回朝——理查一世去十字军运动时的英格兰——达勒姆主教休·德·皮塞——伊利主教威廉·德·朗香——摄政人员的互相斗争——威廉·德·朗香至高无上的地位——约翰的地位——威廉·德·朗香收回王室城堡——杰勒德·德·坎维尔——战争与和平——沃尔特·德·库坦塞斯——约克大主教杰弗里回到英格兰——罢免威廉·德·朗香的行政职务——1192年腓力二世和约翰合谋——谋求释放理查一世——释放理查一世被拖延——约翰的反叛——理查一世的赎金——1194年理查一世得到释放——理查一世回国——理查一世第二次到英格兰——坎特伯雷大主教休伯特·沃尔特执政——1198年大委员会拒绝继续筹集资金——坎特伯雷大主教休伯特·沃尔特辞去行政方面的职务——埃塞克斯伯爵杰弗里·菲茨·彼得——理查一世最后几年——萨克森的奥托成为神圣罗马帝国皇帝——1199年理查一世驾崩

历史学家出于两种目的研究理查一世的统治时期。一个目的是理查一世丰富的个人经历，特别是历险经历。另一个目的是理查一世统治时期遗留一定数量包括宪法在内的法律材料。这些材料很容易整合成一篇普通的论文，这比历史学家搜集和寻找相关领域的线索容易。虽然如此，但整个理查一世统治时期，英格兰没有经历重大变革，没有得到明显的发展，没有爆发牵动各方利益的危机，也没有长期受到强大的外部政治力量的控制。亨利二世推行的强政府制度的影响正逐步增强。强政府制度首先要加强王权。实际上，王权确实越来越强大。从总体上说，英格兰正经历一个阶段。在这个阶段，强政府引导国家事务，是国家事务必要的指导。从现行政策中，国家正在受益。因此，国家必然会通过这一阶段进入下一阶段，受到强政府政策教育的国民迟早会找到方法医治滥用王权带来的恶果，甚至推翻强政府。到目前为止，王室的权力是由像政治家一样行使权力的人掌握的，国家的力量不会滥用在时机尚未成熟的与国王的斗争上。理查一世统治时期见证了一场伟大的个人历险。从细节上，人们也看到一些有趣的斗争。总体而言，理查一世统治时期的政治斗争和社会矛盾为多年以后在兰尼米德与约翰一世的斗争[1]埋下了伏笔。

理查一世的十字军运动、理查一世被俘及理查一世驾崩一直是浪漫

---

① 指签署《大宪章》。——译者注

想象的源头。实际上，英格兰与理查一世的所有经历都没有什么关系。除了作为理查一世的资金来源，理查一世几乎没怎么到过英格兰，更没怎么治理英格兰。对英格兰来说，理查一世不过是个政治符号。理查一世的存在成为一批有权有势的行政官员，包括威廉·德·朗香、沃尔特·德·库坦塞斯、休伯特·沃尔特和埃塞克斯伯爵杰弗里·菲茨·彼得斗争的根源。但由于理查一世的个人历程联系起英格兰的历史和欧洲大陆的历史，关乎其自身的利益，拥有自身独特的价值，所以即使在本章对历史的快速回顾中，我们也必须首先研究理查一世的个人经历。

理查一世没有被父亲亨利二世认定为继承人，也没有作为假定继承人接受贵族们的宣誓效忠，直到他迫使垂死的亨利二世在科洛米耶做出让步。事实上，理查一世即位没有什么阻力，也没有反对的声音。亨利二世驾崩的消息刚一传出，理查一世就被公认为诺曼底公爵、安茹伯爵和英格兰国王。理查一世毫无争议的即位证明世袭继承原则就算不是在理论方面，也在实践方面合法化了。理查一世即位同时证明亨利二世的改革已经直接影响到英格兰。因此，没有人敢利用新王还未即位这段空位期谋反，这也证明理查一世的朋友们的势力很强。

在理查一世强大的支持者中，头号支持者是他母亲阿基坦的埃莉诺。由于亨利二世驾崩，阿基坦的埃莉诺结束了长期被囚禁的生活。亨利二世驾崩后，阿基坦的埃莉诺成为英格兰的实际首脑，在理查一世的授权下，作为摄政者一直统治到理查一世来英格兰登基。另一位可能支持理查一世的是大法官雷纳夫·德·格兰维尔。雷纳夫·德·格兰维尔曾经是亨利二世的密友，有人怀疑他策划让亨利二世的小儿子约翰登上王位的阴谋。

理查一世将阿基坦的埃莉诺摄政的一个多月时间都花在与腓力二世的谈判上。几乎是在亨利二世驾崩，理查一世成为王位继承人的那一刻起，腓力二世就变成理查一世的仇敌。

1189年8月中旬，理查一世来到英格兰，约翰和他在一起。经过两个多星期的光荣行进，1189年9月3日，理查一世在威斯敏斯特教堂举行了盛大的加冕典礼。这是第一次有确切记录的加冕典礼，而且为以后所有类似场合的活动定下了规范。当然，理查一世加冕典礼上履行的宗教仪式比英格兰国王加冕礼的历史还要悠久。

不幸的是，理查一世的外国侍从煽动了一场反对犹太人的骚乱，使加冕礼蒙羞。虽然理查一世尽了最大的努力，但在约克、斯坦福德和圣埃德蒙，犹太人还是遭到迫害、抢劫和谋杀。

加冕时，理查一世已经三十二岁。如同父亲亨利二世和哥哥小亨利王一样，理查一世身材高大。理查一世面色红润，一头棕色头发，其身材已经显现出发福的迹象。不过，通过不断地锻炼身体，理查一世控制了体重。与父亲亨利二世不同，理查一世衣着华丽，派头阔气。在性格方面，理查一世与父亲亨利二世差别很大。理查一世挥霍金钱的能力堪比亨利二世节省金钱的能力。在搜刮钱财方面，理查一世肆无忌惮。相反，对搜刮钱财，亨利二世一直小心翼翼前思后想。此时，理查一世还没有明确的政治观点。作为王子时，理查一世接受了十字军运动的使命。当时，这十分罕见。理查一世是位狂热的十字军士兵。目前，理查一世还没有明确认识到英格兰国王的责任，也没有谋划过如何抗衡法兰西国王腓力二世。理查一世没有想到要掌控外交，亨利二世苦心经营的外交政策理查一世还没有梳理清楚。理查一世看不起他的朋友腓力二世。从理查一世对腓力二世的了解和他们长期共处的结果来看，理查一世本来完全不该看不起腓力二世。理查一世过于自信，其自信程度远超过任何对国王的权力和义务有认知的人应该拥有的。理查一世是位彻头彻尾的士兵。在个人能力方面，他英勇无畏，谨慎谋划，果决执行。在征战中，理查一世显示出自己在处理政治问题时不具备的品质，即思考周密、自我控制力强并为即将到来的战斗准备充分。理查一世更关心胜利的荣耀，而不是胜利的名号或胜利带来的利益。理查一世最高兴在战场上击败别人，而不是赢得名望或获得利益，虽然对名望和利益，他永不满足。他口若悬河，慷慨大方，但易冲动。在宗教方面，他或许比自己的家人更虔诚。理查一世每天都做弥撒。有三次，仅仅由于良心受到折磨，他就以一种不同寻常的方式忏悔。理查一世没有表现出安茹家族对待圣物时的粗心大意，更没有如同约翰那样亵渎宗教。理查一世虽然虔诚，但内心依然恶毒。实际上，他不是位好丈夫、好儿子。理查一世品质的败坏不像父亲亨利二世、兄长小亨利王或者约翰那样使公共政策变得复杂。他的邪恶是个人性格缺陷造成的。关于这一点，我们只能说，当理查一世表示忏悔时，他似乎是真心忏悔。理查一世性格最大的特点是愿意原谅他人，这点最明显的表现是他驾崩前对待约翰的态度。

　　人们很可能饶有兴趣地关注理查一世的登基。不过，英格兰民众并不熟悉理查一世。理查一世出生地成谜，可能是在牛津，可能是在伍德斯托克。带他长大的奶妈可能来自威尔特郡或牛津。幼时，理查一世就被带到英格兰以外的地方抚养长大。此后，理查一世只到过英格兰两三次，每次停留一个月左右时间。因此，理查一世虽然很有学问，还是位诗人，但可能连一句完整的英语都说不清。事实上，原本理查一世要被培养成未来的阿基坦公爵而不是英格兰国王。只有在兄长小亨利王死后，理查一世才成为英格兰关注的焦点。毫无疑问，人们期待着理查一世的执政带来新的变化。在某些方面，理查一世的统治确实发生了变化。执政初期，理查一世就免去雷纳夫·德·格兰维尔担任的大法官一职。在释放雷纳夫·德·格兰维尔前，理查一世还让他交了一笔很重的罚金。当然，这种行为出于贪婪而不是政策的可能性更大，因为理查一世渴望获得金钱，但不关心治国之道。雷纳夫·德·格兰维尔也注定要参加第三次十字军运动。此时，雷纳夫·德·格兰维尔年事已高，已经不可能管理英格兰。

由于缺钱，1189年9月，即加冕当月，理查一世就在皮普维尔召开了一次大会。在会上，理查一世几乎卖掉了能卖掉的一切东西，包括行政长官和法官的官位、教会土地，以及对各类官员的任命。理查一世向苏格兰国王"狮子"威廉出售解禁令，解除亨利二世在法莱斯和谈确定的苏格兰向英格兰承担的封臣义务。理查一世向达勒姆主教休·德·皮塞出售了诺森伯兰郡，还把大法官一职卖给达勒姆主教休·德·皮塞。由于达勒姆主教休·德·皮塞与威廉·德·朗香实际上共同担任大法官，所以理查一世向达勒姆主教休·德·皮塞出售了部分大法官职位。理查一世封理查德·德·卢奇的儿子戈弗雷·德·卢奇为温切斯特主教，向戈弗雷·德·卢奇出售汉普郡郡长一职，以及历史上曾经属于温切斯特教区的城堡和土地。许多教士花了大笔钱确保自己的权利和财产安全。教士的权利和财产已经属于教士自己，但在王权的保护下无疑更安全。承诺献给理查一世的钱财数目惊人，如果全部兑现承诺，理查一世会比以前所有英格兰国王都富有。理查一世将在主教辖区内安排满从亨利二世统治时期起退休的官员。理查一世提名同父异母的弟弟首席大臣杰弗里为约克大主教候选人，任命前大法官雷纳夫·德·格兰维尔的外甥休伯特·沃尔特为索尔兹伯里主教候选人，任命伊利教区老主教奈杰尔的儿子理查德·菲茨尼尔为伦敦主教候选人。奈杰尔曾担任司库，他的儿子理查德·菲茨尼尔也担任司库，并且是位历史学家。

理查一世为约翰预备下丰厚的聘礼。理查一世希望约翰能尽快与格洛斯特领地的女继承人哈维西娅结婚。约翰和哈维西娅订婚已久，虽然坎特伯雷大主教福德的鲍德温由于约翰和哈维西娅血缘关系太近而持反对意见。理查一世赐给约翰多塞特、德文、康沃尔、萨默塞特、德比和诺丁汉等地，以及其他地方的一些城堡，使约翰拥有荣誉。但理查一世坚决不承认约翰为自己的继承人，也不让约翰在政府占有一席之地。

理查一世将真正的权力交给出身卑微靠自己努力爬上高位的威

廉·德·朗香。在大法官法庭，威廉·德·朗香接受基本训练。威廉·德·朗香被理查一世任命为伊利教区主教和首席大臣。在埃塞克斯伯爵威廉·德·曼德维尔死后，伊利教区主教威廉·德·朗香还与达勒姆主教休·德·皮塞分担行政工作。理查一世原打算将埃塞克斯伯爵威廉·德·曼德维尔留在英格兰执政。在理查一世最后一次离开英格兰并前往参加十字军运动前，理查一世任命伊利主教威廉·德·朗香为唯一的大法官，从教皇克莱门特三世处获得教廷公使一职。

为消除和平进程中的两个最大障碍，理查一世命令自己的两个弟弟约翰和约克大主教杰弗里离开英格兰三年，为威廉·德·朗香治理英格兰留下空间。然后，理查一世准备离开英格兰参加第三次十字军运动。1189年12月，理查一世离开英格兰。在诺曼底和普瓦图安排好一切后，他动身前往韦兹莱。1190年仲夏后不久，理查一世和腓力二世开始参加十字军运动。可能理查一世没什么别的想法，只是单纯地带人与他一起东征。然而，假如东征的人留在英格兰无疑更妥当。理查一世带走坎特伯雷大主教福德的鲍德温、雷纳夫·德·格兰维尔、索尔兹伯里主教休伯特·沃尔特，留下约翰、约克大主教杰弗里、伊利主教威廉·德·朗香。留下的这些人骚动不安，愤愤不平，本来是最合适对付萨拉丁的军队。事实上，后来的历史证明了这一点。目前，我们将跟随理查一世，讲述他的冒险历程。

第三次十字军运动是十字军运动史中最有趣的一段历史，理查一世是第三次十字军运动历史上最主要的成员。伟大的场合、伟大的英雄、伟大的失败，使第三次十字军运动引人入胜。第三次十字军运动并不完全是一场失败，因为它阻碍了萨拉丁率军向西方挺进的脚步。在萨拉丁之后，伊斯兰世界再没有如同萨拉丁一样杰出的领袖。

1187年秋，耶路撒冷被萨拉丁的军队占领。1187年夏，耶路撒冷被占领前，耶路撒冷国王吕西尼昂的居伊已经被俘。在耶路撒冷被占领前

耶路撒冷国王吕西尼昂的居伊被俘

或被占领后,耶路撒冷境内几乎所有要塞都已经向萨拉丁的军队投降。除了提尔,安条克公国和的黎波里公国,法兰克家族的所有财产都已经丧失。只有几座山中的城堡还在无望地抵抗。十字军内部四分五裂,军事贵族和法兰克家族互相仇视。军事贵族、法兰克家族的成员,加上蒙费拉的康拉德①这样的西方冒险家,对萨拉丁的态度反复无常。他们背叛了基督教世界的利益,引发高贵的对手萨拉丁的不信任和轻蔑。这种不信任和轻蔑慢慢累积,直到有合适的机会完全爆发出来。

1189年8月,当被释放的耶路撒冷国王吕西尼昂的居伊开始围攻阿科城时,他可能已经意识到所有努力都将徒劳无功。耶路撒冷国王吕西尼昂的居伊显示出基督教世界的亲王没有察觉到的巨大勇气,并且立刻将所有十字军内敢于冒险的士兵都拉到自己身边。吕西尼昂的居伊如果能坚持足够长时间,就有希望最终战胜萨拉丁,夺回十字架和耶稣墓,因为神圣罗马帝国皇帝和西方的国王们都在前往巴勒斯坦的路上。然而,一个月又一个月过去了,基督教世界的君主们迟迟没有率军前来支援。

丹麦雇佣军和佛兰德斯的军队最早来到耶路撒冷,大君主们却奇怪地落在后面。伟大的英雄、神圣罗马帝国皇帝、霍亨施陶芬的腓特烈·巴巴罗萨通过陆路首先出发。在率军远征前,像他这样伟大的国王必然要先治理好自己的国家。早在1188年年初,腓特烈·巴巴罗萨已经在明茨一个被称作"上帝的庭院"的地方召集了自己的军队。直到1189年圣乔治节,他才率军从拉底斯邦出发。冥冥之中似有天定,腓特烈·巴巴罗萨像圣乔治一样踏上一段朝圣之旅,奔赴多瑙河和小亚细亚的蛮荒之地,与埋伏在当地等待他的恶龙和黑魔法师搏斗。恶龙即是腓特烈·巴巴罗萨军队遭遇的瘟疫和饥荒,黑魔法师幻化成拜占庭帝国②

---

① 蒙费拉的康拉德(1140—1187),曾为的黎波里伯爵(1152—1187)、耶路撒冷国王。——译者注
② 拜占庭帝国(395—1453),即东罗马帝国,是一个信奉东正教的帝国。——译者注

腓特烈·巴巴罗萨驾崩

的背叛行为和塞尔柱帝国①的诡计。真正完美的骑士无所畏惧地战胜一切邪恶势力，一往无前，却在奇里乞亚山中的一条小河里遇见一生的对手。因此，腓特烈·巴巴罗萨只有尸骨到达朝圣的地方②。神圣罗马帝国的民众寻找伟大的英雄，就像英格兰人寻找亚瑟王一样。他们不相信腓特烈·巴巴罗萨已经驾崩。根据传说，腓特烈·巴巴罗萨长眠在图林根山区的一个山洞中。他虽然活着，但沉睡不醒。据说，伟大的国王腓

---

① 塞尔柱帝国（1037—1194），11世纪塞尔柱突厥人建立的伊斯兰帝国。——译者注
② 1190年6月10日，腓特烈·巴巴罗萨在骑马渡萨列法河时溺亡。——译者注

士瓦本公爵腓特烈六世

特烈·巴巴罗萨会在日耳曼需要他时苏醒。神圣罗马帝国日渐衰弱的军队给围困阿科的军队带来饥荒和瘟疫。十字军的新统帅腓特烈·巴巴罗萨的儿子士瓦本公爵腓特烈六世也在饥荒和瘟疫中去世。在战争未结束时,神圣罗马帝国的十字军士兵就在奥地利公爵利奥波德五世的率领下班师回朝。

或许继神圣罗马帝国皇帝腓特烈·巴巴罗萨之后,十字军运动的成败就取决于西西里国王威廉二世。不幸的是,英格兰国王亨利二世驾崩四个月后,他的女婿威廉二世也驾崩了。

围攻阿科持续了漫长的两年。阿科战场上基督教军队与萨拉丁军队互相包围,设下双重围城:基督教军队将萨拉丁军队围困在阿科城内,萨拉丁军队在基督教军队的战壕外设置战壕包围了基督教军队。由于基督教军队与萨拉丁军队的补给渠道都是海路,所以两支军队的日子都不好过。

理查一世和腓力二世离开维兹莱前，围攻阿科已经持续了将近一年。理查一世和腓力二世从维兹莱一道来到里昂。然后，腓力二世动身前往热那亚，理查一世动身前往马赛。理查一世沿着意大利海岸航行，消磨时间，直到与自己的舰队会合。理查一世的舰队已经经过比斯开湾和直布罗陀海峡。在上述地区，理查一世的舰队卷入摩尔人与葡萄牙人的持续争斗。理查一世的舰队还浪费时间开往马赛，希望在那里能见到理查一世。虽然耽搁几日，但理查一世的舰队还是比理查一世提前来到墨西拿。腓力二世的舰队，即使是在马赛集结，也比理查一世的舰队早十天到达会合地点。

　　1190年9月23日，理查一世一来到墨西拿，腓力二世就准备从海路出发。不过，理查一世和腓力二世在墨西拿耽搁了很久。直到1191年春

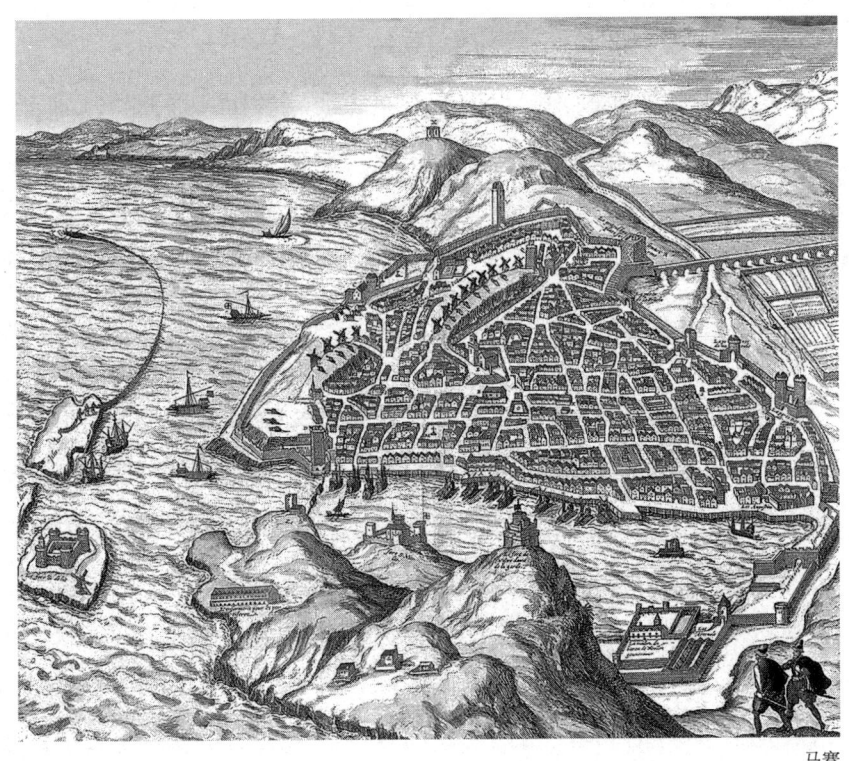

马赛

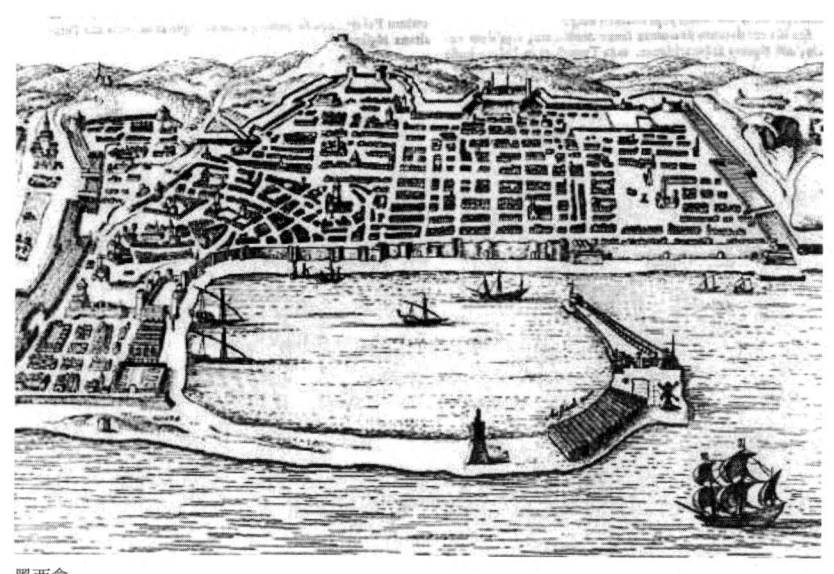

墨西拿

季以前,理查一世都没打算前往墨西拿以外的地方。这是一次不幸的耽搁,但绝对必要。围困阿科的十字军正因瘟疫和饥荒减员,即使舰队向他们运送补给,战斗物资也严重不足。如果英格兰和法兰西的军队也加入正走向灭亡的十字军,那么他们无异于自杀。然而,还是有些英格兰贵族去世了。雷纳夫·德·格兰维尔前往阿科围城,并且于1190年秋去世。坎特伯雷大主教福德的鲍德温和索尔兹伯里主教休伯特·沃尔特接管了英格兰特遣队的军事指挥权,在精神方面安定了英格兰军队。1190年11月,坎特伯雷大主教福德的鲍德温去世,索尔兹伯里主教休伯特·沃尔特的主要工作是安定即将饿死的士兵的心。法兰克王室现任继承人耶路撒冷女王西比拉及其孩子也死了。耶路撒冷女王西比拉驾崩后,她的妹妹伊莎贝拉一世自动成为法兰克王室的继承人。蒙费拉的康拉德将耶路撒冷女王西比拉的妹妹伊莎贝拉一世和年幼的丈夫托伦的汉弗莱四世分开,劝服耶路撒冷王国的各派势力将她许配给自己。这么做既赶走了耶路撒冷国王吕西尼昂的居伊,又进一步分裂了已经四分五裂的十字军。最终，当腓力二世和理查一世赶来时，蒙费拉的康拉德与耶路撒冷国王吕西尼昂的居伊已经竭尽全力互相争斗起来。

1190年冬和1191年春，理查一世与腓力二世都在墨西拿。起初，理查一世和腓力二世彼此猜忌。理查一世已经与腓力二世的姐姐法兰西的艾丽斯订婚，腓力二世怀疑理查一世想解除婚约。理查一世的妹妹西西里前任国王威廉二世的遗孀琼还在西西里。理查一世想将琼及其财产掌握在自己手中，不让坦克雷德①染指。坦克雷德通过各种手段自封为西西里国王，虽然西西里国王本来应该是霍亨施陶芬家族的亨利六世。亨利六世娶了西西里国王罗杰一世的女儿康斯坦丝为妻。②

霍亨施陶芬家族的亨利六世

---

① 坦克雷德（1138—1194）是西西里国王罗杰二世长子普利亚公爵罗杰三世的私生子。西西里诸侯反对亨利六世继承西西里王位，因而推举坦克雷德并得到教皇克莱门特三世承认。——译者注

② 依据詹姆斯·拉姆齐1903年所著《安茹帝国：亨利二世、理查一世和约翰王》一书，西西里国王威廉二世驾崩时没有留下继承人。因此，西西里王国归于威廉二世的姑姑康斯坦丝和康斯坦丝的丈夫亨利六世。——译者注

直到此时，霍亨施陶芬家族和法兰西王国一直是盟友。由于姐姐玛蒂尔达与萨克森"雄狮"亨利联姻，理查一世与韦尔夫家族有着密切联系。在腓特烈·巴巴罗萨的政策下，韦尔夫家族的财产被没收，成员遭到驱逐。理查一世自然也是坦克雷德的盟友，坦克雷德视理查一世为诺曼骑士的精神领袖。为保护妹妹琼，理查一世发现有必要迫使坦克雷德妥协。当理查一世与坦克雷德谈判时，墨西拿民众起来反抗外来军队。与此同时，外来势力内部争斗不休。腓力二世谋划对付理查一世，并且想将坦克雷德拉拢到自己的计划中，但坦克雷德将腓力二世的阴谋告诉了理查一世。最后，向东方进发的国王们的内部争斗一触即发。腓力二世无法实现自己的阴谋，战争的阴云渐渐散去。坦克雷德放弃了琼和她的财产，为自己的女儿和布列塔尼公爵阿瑟一世①订立婚约。当时，布列塔尼公爵阿瑟一世被认为是理查一世的继承人。不久，阿基坦的埃莉诺带着纳瓦拉的贝伦加丽娅②来到那不勒斯，准备与理查一世成婚。于是，在佛兰德斯伯爵菲利普的建议下，腓力二世解除了理查一世与腓力二世姐姐法兰西的艾丽斯的婚约③。最终，1191年3月月底，法兰西军队远航阿科。

过了几天，理查一世从墨西拿出发。一场风暴将理查一世的部分战船吹到塞浦路斯，他发现自己不得不与塞浦路斯国王艾萨克·科姆内努斯作战。随后，理查一世征服并改革了塞浦路斯，还在塞浦路斯与纳瓦拉的贝伦加丽娅喜结连理。1191年6月8日，抵达阿科后，理查一世与腓力二世一同病倒。耽搁几星期后，理查一世终于可以加入包围阿科的战斗。

阿科城内的守军又坚持了一段时间。最后，阿科城被十字军攻陷，

---

① 亨利二世的四子布列塔尼公爵杰弗里二世的遗腹子，因为其母是布列塔尼女公爵康斯坦丝得名，根据法语发音，他又被叫作阿蒂尔。——译者注
② 纳瓦拉的贝伦加丽娅与理查一世有婚约，此行是为与理查一世完婚。——译者注
③ 传言腓力二世的姐姐法兰西的艾丽斯已经被亨利二世诱奸并产子。——原注

纳瓦拉的贝伦加丽娅

城内守军投降,西欧的军队再次控制了阿科城。阿科被攻陷后,腓力二世并没有继续履行朝圣誓言,立即动身返回法兰西。理查一世留下来完成本次十字军运动。

  这段历史的苦难和残酷令人不快。萨拉丁、勃艮第公爵休三世和理查一世残酷杀害俘虏的故事流传下来。受法兰西人支持的蒙费拉的康拉德和受理查一世支持的吕西尼昂的居伊争斗不休。在悲伤的故事里,人们成批死去,勇敢而高贵的骑士们以卑微的工作谋生。更精彩但同样令人悲伤的故事是理查一世从阿科海到雅法的大行军。在雅法逗留七个星期后,理查一世一路行军前往耶路撒冷,一直推进到拉姆拉。理查一世的行军每一步都被萨拉丁尾随,每一个掉队的士兵都被杀害,每一座

十字军攻打阿科城

十字军残杀阿科城的俘虏

营地都要通过血战获得。1191年圣诞节，理查一世的军队离耶路撒冷只有几英里，但理查一世从来没有接近过耶路撒冷。理查一世如果知道耶路撒冷城内的情况，那么可能已经占领了那里。当时，耶路撒冷陷入恐慌，萨拉丁第一次因惊慌而不知所措。但对此，理查一世一无所知。法兰克人坚持要在攻占耶路撒冷前保卫好阿什凯隆的安全。于是，他们错过了攻占耶路撒冷的有利时机。

理查一世怀着沉重的心情离开耶路撒冷，前去重建阿什凯隆。在阿什凯隆未完成重建前，法兰西军队又开始从阿什凯隆撤军。蒙费拉的康拉德和吕西尼昂的居伊的斗争再次爆发。1192年复活节，萨拉丁全副武装，精神饱满。

理查一世向耶路撒冷挺进

1192年复活节前几个月里，理查一世完成自己一生中最勇敢的壮举，即占领苏丹南部的堡垒。理查一世用一支小型的精锐部队，以迅雷不及掩耳之势在沙漠边界拦截了穿越沙漠的大篷军队。此举提高了他的名声，但几乎无助于十字军运动。

1192年6月，理查一世觉得有必要进一步采取行动。当时，法兰西军队仍然坚持进攻耶路撒冷，但理查一世已经学会谨慎行事。十字军运动的委员会建议远征埃及，以保护圣城南部，因为阿科城已经在北部形成防守的壁垒。最终，理查一世屈服于法兰西人的压力。尽管缺水，并且在盛夏率领一支庞大的军队经过圣城却无法休息是荒唐可笑的，但理查一世还是带领军队再次前往离耶路撒冷有四个小时路程的贝努巴。然后，法兰西人改变主意。1192年7月4日，十字军又开始撤退。

理查一世已经离开法兰西很久。1192年，腓力二世已经回到法兰西。同样，理查一世也离开英格兰太久，约翰一直留在英格兰寻找时机谋求得到英格兰王位继承权。理查一世开始为停战与萨拉丁展开谈判。1192年9月，理查一世在雅法进行了一次大胆的军事行动，将雅法从几乎肯定会被萨拉丁军队占领的危险中解救出来。随后，理查一世与萨拉丁达成和平协议，获得和平。这次和平恰好维持了三年三个月零三天。

1192年10月月初，理查一世离开巴勒斯坦，留下索尔兹伯里主教休伯特·沃尔特带领剩下的军队在萨拉丁的保护下展开朝圣之旅。对长久留在耶路撒冷，理查一世感到不耐烦，甚至认为自己不配参观耶路撒冷这座圣城，因为他没有力量和风度为基督教世界赢回圣城耶路撒冷。理查一世离开自己的舰队，将普通船作为自己的交通工具。在与海盗和走私者讨价还价求得通行，并且由于不必要的匆忙浪费时间后，理查一世在亚得里亚海沿岸的阿奎利亚附近遭遇海难。随后，理查一世乔装行经弗留利和萨尔斯堡的部分地区。1192年12月，在维也纳，理查一世被主要对手奥地利公爵利奥波德五世抓获。1193年3月，奥地利公爵利奥波德

雅法战役中的理查一世

理查一世离开阿科回国

五世将理查一世移交给神圣罗马帝国皇帝亨利六世。亨利六世与理查一世的另一位重要对手法兰西国王腓力二世互有交流,腓力二世与理查一世的弟弟——一直密谋王位的约翰也有串通。理查一世被囚禁了一年多。我们可以借此机会回头看看他离开期间英格兰的情况。

1189年12月月初,当理查一世开始参与十字军运动时,他将摄政权交给达勒姆主教休·德·皮塞和伊利主教威廉·德·朗香,以及联合法官委员会。理查一世的弟弟约翰和约克大主教杰弗里发誓远离英格兰三年。实际上,早在1190年1月,理查一世离开英格兰时,达勒姆主教休·德·皮塞和伊利主教威廉·德·朗香的斗争就开始了。事实上,摄政人员互相水火不容。

达勒姆主教休·德·皮塞是香槟家族的大领主,斯蒂芬的侄子,理查一世的表兄。他富有,年长,是名门望族的掌门人。达勒姆主教休·德·皮塞的侄子布沙尔·德·皮塞是约克郡财务官。达勒姆主教休·德·皮塞是伟大的舵手、精明的猎人、杰出的政策规划师。他不是典型的神职人员,但在亨利二世后期和理查一世初期近五十年的历史上,他是一位举足轻重的人物。

伊利主教威廉·德·朗香的对手说威廉·德·朗香出身低微。实际上,威廉·德·朗香出身并不卑微。当然,站在达勒姆主教休·德·皮塞身边,威廉·德·朗香肯定像个暴发户。威廉·德·朗香很不受欢迎:他野心勃勃,桀骜不驯,以自己的方式得罪了所有政治派别。威廉·德·朗香以自己的诺曼血统为荣,却被诺曼贵族嘲笑为暴发户。威廉·德·朗香不喜欢英格兰人,并且以最粗俗的方式表示出对英格兰人的蔑视。他既不说英语也宣称自己对英语一窍不通。伊利主教威廉·德·朗香不能容忍任何一个与他分享权力的人不择手段地使用权力。尽管如此,我们可以肯定伊利主教威廉·德·朗香对理查一世是忠心耿耿的。威廉·德·朗香所做的一切都是为巩固和增加理查一世的权力。伊利主教威廉·德·朗香最恶毒的对手就是理查一世的对手。理查一世深知威廉·德·朗香忠心不二,从未抛弃威廉·德·朗香,尽管威廉·德·朗香的不受欢迎曾危及理查一世的王位。实际上，连理查一世都认为最好将威廉·德·朗香赶出英格兰以确保自己王位的安全。威廉·德·朗香一生都担任大臣，是理查一世的心腹、大臣、法官及未来的教廷公使。事实上，达勒姆主教休·德·皮塞根本不配与伊利主教威廉·德·朗香争斗。

理查一世刚刚离开英格兰并奔赴法兰西时，休·德·皮塞和威廉·德·朗香就在国库争吵起来。威廉·德·朗香向理查一世递交诉状，紧跟着休·德·皮塞也向理查一世陈情，休·德·皮塞得到了更有利的回复。当休·德·皮塞将理查一世的回信交给威廉·德·朗香时，威廉·德·朗香关押了休·德·皮塞。在理查一世还没有明确支持约翰还是布列塔尼伯爵阿瑟一世前，休·德·皮塞一直被软禁。理查一世或许早就知道威廉·德·朗香的这次突袭行动，但理查一世已经通过威廉·德·朗香获得所有可能得到的财物。因此，理查一世其实越来越信赖威廉·德·朗香，并且以这种信赖奖赏威廉·德·朗香的行为。1190年6月，威廉·德·朗香担任罗马教廷驻英格兰的使者和唯一的英格兰大法官。

休·德·皮塞败给威廉·德·朗香后，威廉·德·朗香获得几个月的实权管理英格兰。作为教会和国家最高领袖，威廉·德·朗香以王室规格的仪仗出行。作为大法官和教皇公使，威廉·德·朗香双重剥削宗教机构。威廉·德·朗香加固了伦敦塔，惩罚了约克郡袭击犹太人的暴徒，使这些暴徒自取灭亡。威廉·德·朗香还将自己的兄弟提拔到位高权重、收入丰厚的位置上，让侄子侄女与王室重臣联姻。伊利主教威廉·德·朗香规定他家的仆人只能跪着服务。行为失德，管理不当，桀骜不驯，伊利主教威廉·德·朗香的行为让所有人都无法忍受。

此时，约翰已经从留在欧洲大陆三年的誓言中解脱出来，并且回到英格兰。马尔伯勒和兰开斯特是约翰的王室领地。使约翰成为比休·德·皮塞主教更可怕的对手的原因可能不是约翰的能力而是约翰的地位。约翰对威廉·德·朗香的敌意不是毫无缘由的。在理查一世继承人的问题上，威廉·德·朗香支持布列塔尼公爵阿瑟一世。不过，理查一世的想法是什么我们不得而知。我们可能无法轻易看透理查一世究竟真心打算让布列塔尼公爵阿瑟一世做自己的继承人，还是仅仅拿他当棋子制衡约翰。当时，布列塔尼公爵阿瑟一世还被视作王位继承人。在一段时间内，威廉·德·朗香的方针是要保证布列塔尼公爵阿瑟一世顺利继位。有一段时间，约翰保持沉默，对自己没有得到应有的权力感到愤怒。约翰没有发怒，原因或许是他的母亲阿基坦的埃莉诺，或许她的建议阻止了约翰进一步采取行动。当然，阿基坦的埃莉诺从未想过要用布列塔尼公爵阿瑟一世取代约翰。然而，早在1191年，阿基坦的埃莉诺就与纳瓦拉的贝伦加丽娅一同前往墨西拿，此行的一个目的可能是为让儿子理查一世清楚威廉·德·朗香的轻率行为。就这样，约翰摆脱了阿基坦的埃莉诺的影响。在阿基坦的埃莉诺离开的短暂时间内，约翰找到机会表明自己反对威廉·德·朗香的暴政，是英格兰的保护者。

为维护王权，理查一世忠心耿耿的大臣威廉·德·朗香精心策划了一项计划。亨利二世驾崩后，很多王室城堡没有得到妥善照管。威廉·德·朗香希望掌控王室城堡。从斯蒂芬和亨利二世统治时期的历史中，我们可以充分清楚地看出这一措施的重要性。实际上，国王应该采取严厉措施妥善照管城堡。距离人们向理查一世支付大量金钱保住当时被威廉·德·朗香剥夺的城堡只有一年半时间，两次被剥夺城堡的时间间隔是如此之短，以至各座城堡的所有者根本想不到威廉·德·朗香会有如此迅速和直接的行动。约翰知道，在威廉·德·朗香的行动中，本来属于自己的城堡被剥夺。于是，他决定利用这次机会迫使哥哥理查一世承认自己为王位继承人。因此，当威廉·德·朗香在英格兰西部忙于剥夺约翰的城堡时，约翰采取一系列措施稳固了自己在蒂克希尔和诺丁汉的城堡。蒂克希尔和诺丁汉是在王室领地中，约翰认为自己可以得到的两座最坚固的城堡。机会很快就来了。

林肯城堡的看护兼林肯郡郡长杰勒德·德·坎维尔拒绝遵照威廉·德·朗香的命令交出林肯城堡，向约翰请求成为他的封臣。约翰拿起武器，夺取了诺丁汉和蒂克希尔。威廉·德·朗香北上与约翰交锋，但没有发生武装冲突。1191年4月月底，在温切斯特，威廉·德·朗香和约翰达成和平协议，虽然这份协议只维持了很短的时间。

林肯城堡

第 6 章 理查一世

和平协议签署后不久,约1191年仲夏节时分,战争爆发了。蒂克希尔和诺丁汉的城堡再次属于约翰,这导致一场战争迫在眉睫。此时,一位新演员登上了历史舞台。

从母亲阿基坦的埃莉诺那里,理查一世听说了英格兰内部的纷争。于是,他在墨西拿派鲁昂大主教沃尔特·德·库坦塞斯前来调停这场纷争。鲁昂大主教沃尔特·德·库坦塞斯资历很深,曾经在亨利二世统治时期担任副首席大臣。鲁昂大主教沃尔特·德·库坦塞斯一定带着理查一世的指示,虽然指示内容我们不清楚。不过,或许这份包含两到三条可供选择的条款,其中一项条款就是罢免威廉·德·朗香的官职。与此同时,教皇克莱门特三世去世,其继任者西莱斯廷三世是否会延长教廷使者的任期还不

西莱斯廷三世

清楚。鲁昂大主教沃尔特·德·库坦塞斯及时赶到英格兰避免了一场流血冲突，但他没有执行罢免威廉·德·朗香的指示。对此，他秘而不宣。1191年7月，第二次休战协议在温切斯特签订，理查一世和约翰的城堡被妥善安置。

两个月飞逝而过，约翰与威廉·德·朗香的第三次争斗爆发了。与约翰一样，约克大主教杰弗里也兑现了离开英格兰三年的承诺，从献祭地图尔离开，并且于1191年9月在多佛登陆后回到英格兰。威廉·德·朗香惧怕约克大主教杰弗里的权势，担心约克大主教杰弗里会和约翰合作。于是，威廉·德·朗香试图阻止约克大主教杰弗里登陆。约克大主教杰弗里被威廉·德·朗香的手下拖出避难所，并且遭到拘禁。约翰立刻利用伊利主教威廉·德·朗香关押约克大主教杰弗里这件事大做文章。伟大国王亨利二世的儿子杰弗里被如此对待，遭到这样的亵渎，主教和贵族会义愤填膺。于是，他们迫使威廉·德·朗香撤销这一行为并释放遭到关押的约克大主教杰弗里。获释后，约克大主教杰弗里立即前往伦敦。约翰和鲁昂大主教沃尔特·德·库坦塞斯召集贵族，威廉·德·朗香不得不躲进温莎城堡。贵族要求威廉·德·朗香下台，主教要将威廉·德·朗香逐出教会，威廉·德·朗香交的许多朋友几乎没有一位支持他。

最终，贵族与主教一致同意让威廉·德·朗香于1191年10月月初在雷丁附近的洛登桥与全体贵族会面。贵族如期抵达洛登桥，但威廉·德·朗香失约。威廉·德·朗香没有勇气与贵族会面，而是选择迅速逃往伦敦。抵达伦敦时，威廉·德·朗香发现在市民中，自己的朋友是少数派。于是，他选择在伦敦塔内避难。威廉·德·朗香刚来到伦敦，约翰和贵族就全速追赶上来。第二天，约翰和贵族举行隆重集会。鲁昂大主教沃尔特·德·库坦塞斯展示了理查一世罢免威廉·德·朗香的指示。鲁昂大主教沃尔特·德·库坦塞斯被任命为大法官，约翰成为理查一世的代表。威廉·德·朗香被迫交出自己的城堡并遭到流放。这次行动与其说是正式罢免不合格的官员,不如说是革命性的斗争。从本质上说,这次行动明确了一个观念,即借国民之手惩罚和罢免不合格的官员。因此,官员不是只对君主负责。

1191年圣诞节前,腓力二世结束十字军运动,回到法兰西,并且为仍肩负拯救巴勒斯坦基督教世界重担的理查一世设下天罗地网。约翰撒下了第一张网。约翰认为最近战胜威廉·德·朗香的胜利果实都被鲁昂大主教沃尔特·德·库坦塞斯摘走。对此,他愤愤不已,并且因被母亲阿基坦的埃莉诺控制而感到愤怒。约翰已经准备好背叛理查一世。首先,他尝试与威廉·德·朗香合谋,因为威廉·德·朗香希望回到自己的封地。于是,约翰接受了威廉·德·朗香和腓力二世的贿赂。1192年,没有别的大事发生,只有约翰谋划的各种阴谋,虽然谋划这些阴谋只是徒劳。当理查一世在维也纳被捕的消息传来时,约翰立即与腓力二世联系。腓力二世与约翰的联系充满诚意,因为他们都想确保约翰的王位继承权,阻止理查一世获释回国。一旦听闻理查一世获释,约翰和腓力二世的阴谋就会导致公开的战争。

现在,我们必须将注意力放在被囚禁的国王理查一世的命运上。1193年2月,理查一世被囚禁的消息震惊整个欧洲,整个基督教世界随之震惊。大法官沃尔特·德·库坦塞斯大主教做的第一件事就是派两位修道院院长前往神圣罗马帝国尝试寻找理查一世。在巴伐利亚的奥克森富特,修道院院长们遇见了理查一世。当时,理查一世正在前往沃尔姆斯的路上,他要在棕枝主日①在沃尔姆斯求见神圣罗马帝国皇帝亨利六世。起初,理查一世与亨利六世谈判的氛围比较友好,尽管理查一世与坦克雷德结成联盟,并且理查一世与韦尔夫家族关系密切,使霍亨施陶芬家族很不开心。释放理查一世需要数目惊人的赎金,但理查一世并不是拿不出合适的礼物作为

---

① 棕枝主日是复活节前的星期日。——译者注

补偿，如小小的普罗旺斯王国。腓特烈·巴巴罗萨曾经试图得到普罗旺斯王国，而且亨利六世只是名义上统治普罗旺斯。理查一世将成为阿尔勒国王。但与此同时，理查一世要将英格兰王位拱手让给神圣罗马帝国皇帝亨利六世。这样，亨利六世就会成为欧洲之主。当然，这只是名义上的。亨利六世会将英格兰作为神圣罗马帝国的附属国赠予理查一世。英格兰的历史学家说，实际上，英格兰王位易主已经完成了，尽管亨利六世临终前免除了理查一世作为封臣的义务。

不过，得知这桩交易的性质很公平，腓力二世和约翰试图阻止亨利六世履行协议。神圣罗马帝国内各方不同的立场使腓力二世和约翰对实现自己的目标充满希望。由于不知何故亨利六世被卷入列日主教鲁汶的阿尔贝的谋杀案，亨利六世与神圣罗马帝国的低地诸侯公开发生冲突。

列日主教鲁汶的阿尔贝

温莎城堡

亨利六世的大部分政策被低地诸侯抵制。为对付低地诸侯,亨利六世觉得有必要获得腓力二世的帮助。于是,亨利六世听从腓力二世的建议。

到目前为止,约翰成功地拖延了解救理查一世的行动,保住了自己的城堡,甚至将温莎城堡纳入自己囊中。约翰故意放出消息说理查一世再也不会回来了。约翰还声称解救理查一世的赎金由他收取,并且他收的酬金源源不断流进他私人的金库内。好在阿基坦的埃莉诺和法官们对约翰态度强硬。

索尔兹伯里主教休伯特·沃尔特也从巴勒斯坦回到英格兰。索尔兹伯里主教休伯特·沃尔特和大法官沃尔特·德·库坦塞斯一道前往监狱看望理查一世。经理查一世推荐,休伯特·沃尔特当选为坎特伯雷大主教。坎特伯雷大主教休伯特·沃尔特开始筹集赎金并设法对付约翰。当时,全英格兰的民众表现得很高尚。休伯特·沃尔特筹集了大量捐款。其中,为赎回自己的领主,骑士们支付了什一税,熙笃会修士交出了羊毛,全英格兰民众,无论僧俗,都上交了相当于自己动产四分之一的税赋,虽然所有筹集到的钱是否都进入国王的金库值得怀疑。1194年2月，理查一世的赎金终于准备好了。

理查一世获得自由前，必须先收买低地诸侯。随后，低地诸侯以放弃效忠亨利六世为由威胁亨利六世履行诺言。亨利六世虽然违抗教皇西莱斯廷三世的命令，在驾崩前被逐出教会，但无法承受低地诸侯放弃效忠自己的压力。于是，理查一世获释了，并且在1194年3月13日抵达英格兰。

回国后，理查一世发现英格兰陷入战乱。1193年圣诞节，坎特伯雷大主教休伯特·沃尔特成功担任大法官，他不得不正视约翰背叛这件事。作为大主教，休伯特·沃尔特将约翰逐出教会。作为大法官，休伯特·沃尔特没收了约翰的财产。作为理查一世军队的副统帅，休伯特·沃尔特率领军队打击约翰的势力，并且一个接一个地攻陷约翰的城

理查一世被囚禁期间，纳瓦拉的贝伦加丽娅王后为丈夫的安全呼吁

堡。理查一世登陆时，只有蒂克希尔城堡和诺丁汉城堡还没被攻陷。在接到理查一世登陆的消息时，蒂克希尔城堡的守军宣布投降。诺丁汉城堡一直坚持到理查一世的军队兵临城下。约翰的支持者如鸟兽散，理查一世再一次获得至高无上的地位。

这是理查一世第二次也是最后一次以英格兰国王的身份出现在英格兰。1194年3月13日到1194年5月12日，理查一世待在英格兰，完成了大量工作。攻克诺丁汉城堡后，理查一世立即召集大议会，亲自担任了三天的大法官、金融家和政治家。理查一世向自己的支持者征税，谴责自己的对手，为国家的安全与安宁制订新计划。理查一世通过出售郡长一职、罚款和征税筹集到资金。然后，他立即开始对抗腓力二世的势力。理查一世惩罚了威廉·德·朗香的对手和约翰的朋友，特别是考文垂主教休·诺南。作为主教和治安官，休·诺南触犯了世俗和教会的法律。理查一世并不是铁石心肠。再次离开英格兰前，理查一世不仅调和了约克人主教杰弗里和首席大臣威廉·德·朗香的矛盾，还打消了他人对自己的疑虑，打击了四分五裂的党派政治。根据委员会的建议，离开英格兰前，理查一世在温切斯特再次戴上庄严的王冠。理查一世已经竭尽所能，展示被囚的经历无损于他的骄傲、尊严和能力。平定一切后，1194年5月12日，理查一世离开英格兰驶向巴夫勒尔。从此，他再没有踏上英格兰的土地。不过，英格兰依然不时感受到理查一世的压力。

从那时起，理查一世所有个人经历都与英格兰无关。1194年到1198年，坎特伯雷大主教休伯特·沃尔特负责治理英格兰。与威廉·德·朗香一样，休伯特·沃尔特既是教廷公使又是大法官。威廉·德·朗香保留了首席大臣的头衔及薪酬，但他再没有踏足英格兰。1194年到1198年的历史仅仅是在亨利二世的政策激励下采取司法和财政措施的记录。坎特伯雷大主教休伯特·沃尔特曾是亨利二世的秘书，也是雷纳夫·德·格兰维尔的外甥。坎特伯雷大主教休伯特·沃尔特受过良好的教育，既能成为出色的律师和金融家，又能成为出色的主教和成功的将军。另外，他还是位强硬的大臣。作为优秀的英格兰人，坎特伯雷大主教休伯特·沃尔特尽可能不让英格兰民脂民膏被理查一世搜刮干净。作为优秀的大臣，坎特伯雷大主教休伯特·沃尔特试图从民众处获取尽可能多的财富献给理查一世。筹集资金和执行法律时，休伯特·沃尔特努力做出大量工作引导民众养成自治的习惯。坎特伯雷大主教休伯特·沃尔特教英格兰民众如何通过陪审团制度评估税收，如何为巡回法庭选举大陪审团，如何挑选骑士代表从事司法工作。事实上，骑士代表制度为后来的议会议员制度开了先河。在坎特伯雷大主教休伯特·沃尔特的治理下，整个选举机构和骑士代表机构的工作都取得巨大的成就。经坎特伯雷大主教休伯特·沃尔特指导的民众为更好时代的到来做好了准备。然而，坎特伯雷大主教休伯特·沃尔特搜刮了大量钱财。据说，1194年到1198年，坎特伯雷大主教休伯特·沃尔特搜刮到的钱财比正常的财政收入多一百一十万英镑。坎特伯雷大主教休伯特·沃尔特没办法逃避大肆搜刮钱财的罪责。理查一世注视着坎特伯雷大主教休伯特·沃尔特的一举一动。坎特伯雷大主教休伯特·沃尔特威胁要进行改革，加大对叛国者的惩罚力度，并且尝试开展全国性调查。在蛊惑人心的威廉·菲茨·奥斯伯特的鼓动下，伦敦民众坚持采用一种新的税收评估方式，即根据纳税人收入水平按比例收税，而不是继续简单地收取人头税。这个计划也许是公正的，但要用革命手段推动。休伯特·沃尔特立即恐吓暴乱者，使伦敦暴乱者向自己屈服。坎特伯雷大主教休伯特·沃尔特走到为理查一世服务的极端。最终，坎特伯雷大主教休伯特·沃尔特屈服于种种原因，终于厌倦了无论是谁都无法胜任的大权在握的职位。

值得纪念的时刻到了。1198年春，理查一世像往常一样缺钱。此时，其他常见的敛财方式都用光了。因此，理查一世传令坎特伯雷大主教休伯特·沃尔特。坎特伯雷大主教休伯特·沃尔特向贵族和主教们提议,在理查一世参战期间,贵族和主教应该按照三百骑士每人每日三先令的饷银维持一支军队。令坎特伯雷大主教休伯特·沃尔特吃惊的是,这一要求在英格兰历史上第二次遭到质疑,也是1163年起的第一次。反对者甚至由主教领导。上一次反对活动由坎特伯雷大主教托马斯·贝克特领导,这次由林肯主教圣休领导。林肯主教圣休,原来是勃艮第的加多森会修士,曾获得亨利二世的支持,并且得到亨利二世的平等对待。此时,圣休不是代表自己的祖国勃艮第公国,而是代表后来加入的英格兰表达抗议。亨利二世时期的老臣伊尔切斯特的理查德的儿子索尔兹伯里主教赫伯特·普尔也以圣休为榜样。林肯主教圣休和索尔兹伯里主教赫伯特·普尔说,除不列颠群岛以内,教会的财产没有义务为政府的军事行动服务,也

林肯主教圣休

不会为对外战争购买武器。反对理查一世的人占了上风,主教们的言论引起贵族们的共鸣。反对理查一世的势力比以前强大,理查一世的反对者由对诺曼底毫无兴趣的人组成。在感情方面,或者血缘方面,这些人比亨利二世统治时期的民众更接近英格兰人。

大委员会拒绝继续筹集资金导致另一个后果。坎特伯雷大主教休伯特·沃尔特辞去大法官职务。坎特伯雷大主教休伯特·沃尔特的辞职也许并不仅仅是因为这次事件,他早就厌倦了担任行政职务。新教皇英诺森三世说,坎特伯雷大主教没必要担任世俗法官和监工。坎特伯雷大教堂的教士们不断骚扰坎特伯雷大主教休伯特·沃尔特,说他下令将威廉·菲茨·奥斯伯特从避难所带走并处以绞刑是亵渎神灵的行为。罗马

威廉·菲茨·奥斯伯特被带往刑场

的律师们威胁说，坎特伯雷大主教休伯特·沃尔特如果不拆掉为纪念托马斯·贝克特在兰贝斯建造的宏伟的新学院，就会被逐出教会。坎特伯雷大主教休伯特·沃尔特已经达到权力的巅峰，也承担了所有骂名。

于是，1198年7月，坎特伯雷大主教休伯特·沃尔特让位给新任大法官埃塞克斯伯爵杰弗里·菲茨·彼得。与休伯特·沃尔特不同，埃塞克斯伯爵杰弗里·菲茨·彼得不需要有那么多顾虑，也不会有教会中人的尴尬。埃塞克斯伯爵杰弗里·菲茨·彼得以严厉的森林巡回审判开始自己对英格兰的管理，并且用他的严厉让整个英格兰意识到休伯特·沃尔特虽然缺点缠身，但依然是位伟大的朋友。随后，埃塞克斯伯爵杰弗里·菲茨·彼得一直担任大法官。我们将会看到埃塞克斯伯爵杰弗里·菲茨·彼得死于约翰一世统治的关键时期。

在生命最后几年，理查一世忙于戳穿腓力二世的阴谋，组织反对腓力二世的欧洲大陆国家的联盟。互相拜访、作战、签订条约或为可能签订的条约谈判、休战和破坏休战协议相互交织，构成理查一世统治后期多年的历史。这段历史只能引起军事和地理研究者的兴趣。总的来说，腓力二世实力增强不代表理查一世实力下降。理查一世如果活得更长，那么很可能全面击败腓力二世。不过，与以前相比，理查一世的实力和腓力二世的实力更接近。腓力二世积累了与理查一世斗争的经验。对腓力二世来说，斗争经验比强大的军事力量更有价值。

1198年，理查一世取得了巨大的胜利。理查一世确保自己的外甥萨克森"雄狮"亨利的儿子奥托登上神圣罗马帝国的皇位。在历史上，奥托被称作奥托四世。奥托四世自幼成长在英格兰宫廷，自然会与理查一世结成最亲密的联盟。在奥托四世的帮助下，理查一世团结了所有佛兰德斯的贵族和低地德意志人。这些人不但憎恨霍亨施陶芬家族，还憎恨霍亨施陶芬家族的盟友法兰西国王腓力二世。佛兰德斯贵族和低地德意志人不但认为腓力二世是位坏邻居，而且视他为霍亨施陶芬家族皇帝的

奥托四世

盟友。如果理查一世能一直活着并引导反对腓力二世的各派势力，那么最终，这个联盟可能会形成。后来，理查一世以耐心、宽容和仁慈之心将约翰从腓力二世身边拉开。与此同时，理查一世成功影响了苏格兰国王"狮子"威廉。

1199年春，与往常一样，理查一世表面展开和谈，实际可能在酝酿突袭腓力二世。理查一世听说利摩日子爵阿德马尔五世发现了一件埋藏在地下的宝藏，即一件以国王和贵族围坐在圆桌旁为形象的由黄金打造的精美的艺术品。一听到金子，理查一世立刻精神抖擞，要求分到最大的那份。

利摩日子爵阿德马尔五世只送给理查一世部分藏品。于是，理查一世包围了利摩日子爵阿德马尔五世的所有城堡。在围攻利摩日子爵阿德马尔五世的一处城堡沙吕-沙布罗尔时，理查一世肩部受伤，外科医生拙劣的医术使理查一世生命垂危。将自己的家事全部处理完后，理查一世驾崩。理查一世将全部珠宝留给奥托四世，宣布约翰为英格兰王位继承人，并且命令贵族向约翰宣誓效忠。①理查一世要求母亲阿基坦的埃莉诺来接受临终遗言，下令释放为他带来致命伤的人，宣布宽恕所有曾经与他作对的人。然后，在痛苦中，理查一世做了十分庄严和悲痛的忏悔。据说，理查一世已经七年没有忏悔了，因为他自称不愿与腓力二世和好。此外，他还有许多事情要请求宽恕。在接受最后的圣礼后，1199年4月7日，理查一世结束了辛劳的一生。理查一世被林肯主教圣休埋葬在丰泰夫罗的修道院教堂里，与父亲亨利二世长眠在一起。理查一世十分坚强，虽然他知道自己需要怜悯。

---

① 从此，约翰改称约翰一世。——译者注

第 7 章

约翰一世

精彩看点

约翰一世与布列塔尼公爵阿瑟一世——约翰一世巩固诺曼底领主地位——英格兰内部的争斗——约翰一世即位——加冕誓词——阿基坦的埃莉诺——布列塔尼公爵阿瑟一世在法兰西领地的继承权问题——1200年约翰一世与腓力二世和解——约翰一世的婚姻——法兰西国王腓力二世没收诺曼底领地——布列塔尼公爵阿瑟一世之死——失去诺曼底和安茹——诺曼底与英格兰分离——坎特伯雷大主教休伯特·沃尔特去世——选举坎特伯雷大主教产生争议——坎特伯雷修道院副院长当选坎特伯雷大主教——约翰一世任命约翰·德·格雷接任坎特伯雷大主教——教皇英诺森三世的处理方式——1207年斯蒂芬·兰顿当选坎特伯雷大主教——1208年约翰一世遭受禁绝令——约翰一世固执己见——教皇英诺森三世固执己见——约翰一世不知所措——政治影响——约翰一世与贵族的斗争——贵族拒绝履行义务——约翰一世北伐——引用亨利一世法典——1214年约翰一世前往法兰西——贵族党联盟——贵族党进军——《大宪章》——约翰一世试图废除《大宪章》——法兰西路易王太子谋求英格兰王位——约翰一世胜利——法兰西王太子路易大获成功——约翰一世驾崩

理查一世的驾崩使约翰一世获得了心心念念很久的英格兰王位，但就继承王位之事，约翰一世并非没有竞争者。布列塔尼公爵杰弗里二世的遗腹子布列塔尼公爵阿瑟一世也有权继承英格兰王位。在随后的斗争中，布列塔尼公爵阿瑟一世之死对约翰一世的统治是个致命的打击，因为布列塔尼公爵阿瑟一世之死导致约翰一世统治的一半领土被法兰西王国夺走。1199年，即理查一世过世那年，布列塔尼公爵阿瑟一世年满十二岁。布列塔尼公爵阿瑟一世的母亲布列塔尼女公爵康斯坦丝在布列塔尼公爵阿瑟一世出生前已经成为寡妇。布列塔尼公爵阿瑟一世出生后，布列塔尼女公爵康斯坦丝与切斯特伯爵雷纳夫·德·布伦德维尔结婚，但布列塔尼女公爵康斯坦丝不喜欢现任丈夫切斯特伯爵雷纳夫·德·布伦德维尔。婚后多年，切斯特伯爵雷纳夫·德·布伦德维尔发现自己无法控制布列塔尼女公爵康斯坦丝。于是，切斯特伯爵雷纳夫·德·布伦德维尔按照亨利二世的先例，囚禁了妻子布列塔尼女公爵康斯坦丝。一方面，布列塔尼女公爵康斯坦丝行事草率。从她后来的行为中，我们可以看出她或许内心邪恶。从另一方面看，布列塔尼女公爵康斯坦丝率领布列塔尼公国不遗余力地抵抗理查一世实行的亨利二世统治时期的中央集权政策，是民族独立运动的优秀领袖。无论如何，布列

布列塔尼公爵阿瑟一世

塔尼女公爵康斯坦丝使自己变成布列塔尼公国独立的捍卫者,但她的行动危及儿子布列塔尼公爵阿瑟一世继承英格兰王位的权利。布列塔尼女公爵康斯坦丝似乎一直反对理查一世,也反对前婆婆阿基坦的埃莉诺。本来,理查一世驾崩后,光凭阿基坦的埃莉诺一人就可以决定布列塔尼公爵阿瑟一世是否拥有英格兰王位的继承权。或许正是这个原因,在理查一世结束十字军运动归来后,我们再没有听说布列塔尼公爵阿瑟一世是王位继承人。因此,虽然约翰一世不讨理查一世喜欢,但英格兰的贵族和主教认为约翰一世继承英格兰无可争议。当布列塔尼公爵阿瑟一世长大到可以独立行动时,却由于肆意攻击祖母阿基坦的埃莉诺而毁了自己的前途。

约翰一世似乎已经知道英格兰是自己的囊中之物。1191年,约翰一世就让贵族宣誓同意自己继承王位。约翰一世忠实的朋友是坎特伯雷大主教休伯特·沃尔特。坎特伯雷大主教休伯特·沃尔特将对理查一世的一贯忠诚转向约翰一世，同意担任约翰一世的大法官。坎特伯雷大主教休伯特·沃尔特愿意做出任何承诺，确保未向自己做出承诺的大贵族的安全。因此，登基后的六个星期内，约翰一世待在法兰西，稳固诺曼底的局势，努力维持与腓力二世的和平关系。与此同时，约翰一世派坎特伯雷大主教休伯特·沃尔特前往英格兰，为自己登基铺平道路，为加冕做准备。

坎特伯雷大主教休伯特·沃尔特遇到的困难并不是王位继承权问题，而是大贵族对王权的态度。如果约翰一世改变1163年起实行的压制贵族的政策，那么这项政策可以使所有大贵族获益。另外，一些贵族曾经领导反对约翰一世的行动。此时，他们担心约翰一世会秋后算账。一群正期待有所作为的封建领主、一群满怀私仇的人，以及一帮野心勃勃的谋利者如果团结起来支持布列塔尼公爵阿瑟一世，那么可能会给约翰一世带来很多麻烦。不过，这些人只满足于说出自己的不满。与此同时，坎特伯雷大主教休伯特·沃尔特得到约翰一世的授权，愿意为安抚这些人而妥协。当时，英格兰全境不如上回王位过渡期那样平静。扰乱社会秩序者利用贵族的态度展开掠夺和破坏活动，坎特伯雷大主教休伯特·沃尔特铁腕镇压所有掠夺和破坏。经过坎特伯雷大主教休伯特·沃尔特与诺曼贵族的正式辩论，英格兰恢复和平状态。因此，约翰一世的承诺暂时具有决定性。

1199年5月25日，恰逢耶稣升天日，约翰一世成为英格兰王位合法继承人。人们在威斯敏斯特教堂举行了盛大的仪式，为约翰一世涂圣油，举行加冕礼。在形式和内容方面，约翰一世的加冕不折不扣地遵循古老的选举仪式。这点可以从马修·帕里斯的作品中略知一二。马修·帕里斯是位历史学家，生活的年代经历约翰一世时期及其后的时期。对约翰一世，他怀着刻骨仇恨，导致后人怀疑他作品记录的并不完全是史实，认为他的作品有虚构的成分。借坎特伯雷大主教休伯特·沃尔特之口，马修·帕里斯发表了一篇典雅庄重的演说，宣称英格兰国王通过选举而非世袭产生。因此，约翰一世即位是选举的结果，因为在英格兰王室成员中，约翰一世名声最大。约翰一世通过选举登上王位确有其事，因为1216年，法兰西王太子路易来到英格兰试图夺取英格兰王位时也引用过类似的话。不过，我们不知马修·帕里斯在其作品中说约翰一世通过选举当上国王是否真有其事。坎特伯雷大主教休伯特·沃尔特是否真有先知先觉，预见了约翰一世将来会实施暴政。因此，在约翰一世的加冕典礼上，他强调了约翰一世通过选举登上王位的身份，从而为将来废黜约翰一世埋下伏笔？无论如何，约翰一世当选为英格兰国王，布列塔尼公爵阿瑟

法兰西王太子路易

一世的继承权是被拒绝还是被大贵族置之不理并不重要。重要的是13世纪时,选举国王是以合法的方式进行的。根据当时英格兰广泛接受的王位继承原则,布列塔尼公爵阿瑟一世无疑是他叔叔约翰一世的王位继承人。约翰一世当选为英格兰国王应该是,或者被理解成,重新实行更古老的规则。实际上,古代的规则是选举王室中最能干、最年长,或者最有声望的成员担任君主。

约翰一世的加冕礼虽然有详细的记录,但没有记录表明约翰一世签发了亨利二世和斯蒂芬加冕时签发的《加冕宪章》。理查一世虽然没有签发《加冕宪章》,但在加冕誓词中,他做出三项庄严承诺,即保护教会、维持正义、废除邪恶传统制定更好的法律。约翰一世应该与理查一世一样没有签发《加冕宪章》,只有加冕誓词。根据1213年约翰一世和坎特伯雷大主教斯蒂芬·兰顿达成和平协议后,约翰一世再次发布加冕誓词,我们可以毫不犹豫地推断出在加冕时,约翰一世并没有签发《加冕宪章》。

坎特伯雷大主教斯蒂芬·兰顿

我们可以很容易地将约翰一世统治时期分成三个时期。这三个时期几乎按照时间顺序排列。在统治的第一个时期，约翰一世卷入外事纷争。约翰一世与腓力二世的争斗、布列塔尼公爵阿瑟一世去世、约翰一世失去诺曼底都发生在这一时期。在统治的第二个时期，约翰一世与教士阶层展开了争斗。最终，约翰一世遭到罗马教廷的禁绝令。于是，他不得不向教士妥协。在统治的第三个时期，约翰一世统治前期的所有事件影响力叠加，导致签署《大宪章》。签署《大宪章》又引发了一系列事件的发生。通过约翰一世统治的三个时期，我们能看到有人走到历史舞台的中央成为主角，成为约翰一世政权的中流砥柱。然而，主角的谢幕立即使约翰一世的政权陷入绝境。

约翰一世统治的第一个时期，重要的政治人物是他母亲阿基坦的埃莉诺。阿基坦的埃莉诺带给约翰一世在欧洲大陆的权势，是维护约翰一世在欧洲大陆地位的支柱。我们已经花了很多笔墨描述阿基坦的埃莉诺的性格。阿基坦的埃莉诺政治生涯的黄金时代是第二任丈夫亨利二世驾崩后，她已经年迈时。我们看到，阿基坦的埃莉诺虽然年过七旬，但仍奔走在欧洲大陆。她从一方赶往另一方，签订和约，寻求和平，平息半个世纪前由于自己的善变和内心的阴谋引发的战争。阿基坦的埃莉诺与首任丈夫路易七世吵到1150年[①]，与自己第二任丈夫亨利二世吵到1173年[②]。1200年，阿基坦的埃莉诺筹划让自己和第二任丈夫亨利二世的外孙女卡斯蒂尔的布朗歇公主[③]嫁给自己首任丈夫的孙子路易王太子，以此作为路易七世和亨利二世的儿子们，特别是英格兰国王约翰一世和法兰西国王腓力二世和好的象征。阿基坦的埃莉诺没有过世前，约翰一世在欧洲大陆的外交上并不是完全被动的。

---

① 1150年起，阿基坦的埃莉诺与路易七世合谋对付自己第二任丈夫亨利二世。——译者注
② 1173年起，阿基坦的埃莉诺被第二任丈夫亨利二世软禁。——译者注
③ 卡斯蒂尔的布朗歇公主是英格兰的埃莉诺与卡斯蒂尔国王阿方索八世的女儿。——译者注

卡斯蒂尔的布朗歇公主

在与法王腓力二世和平协商时,理查一世突然驾崩。约翰一世在理查一世驾崩后立即即位,不存在王位空档期。这点与亨利二世驾崩后理查一世立即即位一样。与理查一世即位时一样,约翰一世即位时在继承了英格兰国王的所有领地的同时,也继承了五十多年累积下来的所有领地纷争与王室之间的仇怨。布列塔尼公爵阿瑟一世的继承权问题是新仇旧怨中最突出的一个问题。当然,腓力二世会抓住时机介入这一问题。约翰一世加冕前,布列塔尼公爵阿瑟一世继承理查一世王位的所有问题已经浮出水面。腓力二世决定抢占先机。因此,一得知理查一世驾崩,

第 7 章 约翰一世 | 205

腓力二世就占领了埃夫勒城。与此同时,安茹、曼恩和图赖讷的贵族宣称布列塔尼公爵阿瑟一世为安茹、曼恩和图赖讷的领主。布列塔尼女公爵康斯坦丝亲自护送布列塔尼公爵阿瑟一世到腓力二世处,希望得到腓力二世的庇护。出于报复,约翰一世摧毁勒芒的城墙,囚禁了勒芒的居民,因为约翰一世认为勒芒是布列塔尼公爵阿瑟一世支持者的大本营。加冕礼结束后,约翰一世直接返回诺曼底。1199年6月20日,约翰一世与腓力二世达成长达两个月的停战协议。在停战协议生效期,腓力二世接受布列塔尼公爵阿瑟一世向自己效忠,接管了布列塔尼公爵阿瑟一世以家族名义献上的其在整个欧洲大陆的领地,自封为布列塔尼公爵阿瑟一世的保护者。停战协议刚失效,腓力二世和约翰一世再次会面。腓力二世提出解决方案,即约翰一世可以保留其在诺曼底的封地,布列塔尼公爵阿瑟一世拥有在欧洲大陆的其他领地。作为不遗余力调停的回报,腓力二世得到韦克辛。然而,约翰一世拒绝了腓力二世的提议,约翰一世与腓力二世的战争再次爆发。在这场战争中,腓力二世更担心自己利益受损,而不是为布列塔尼公爵阿瑟一世争取权力,导致布列塔尼公爵阿瑟一世不得不转而投奔约翰一世寻求庇护。当然,布列塔尼公爵阿瑟一世立刻发现了自己错误,立即从约翰一世的朝廷逃到昂热。逃亡时,布列塔尼公爵阿瑟一世有母亲布列塔尼女公爵康斯坦丝做伴。最终,借此机会,布列塔尼女公爵康斯坦丝摆脱了第二任丈夫切斯特伯爵雷纳夫·德·布伦德维尔。布列塔尼女公爵康斯坦丝甚至没等到正式离婚就与图阿尔的居伊订婚。

布列塔尼公爵阿瑟一世出逃后,约翰一世和腓力二世签订了一份新的停火协议,布列塔尼公爵阿瑟一世的所有权利被牺牲。停火协议生效后,英格兰王室与法兰西王室联姻,巩固了两国的和平。约翰一世的外甥女卡斯蒂尔的布朗歇公主被许配给腓力二世的儿子和法兰西王位继承人路易王太子。1200年5月,路易王太子与卡斯蒂尔的布朗歇公主正式成婚。由于

丹麦公主英厄堡

要抛弃第二任妻子丹麦公主英厄堡，腓力二世正面临被教皇英诺森三世判处禁绝令的危险。腓力二世应该十分清楚，同时与英格兰国王约翰一世和教皇英诺森三世作对十分不明智。

约翰一世从腓力二世的婚姻官司中受到启发，意识到有关婚姻的法律有空子可钻。于是，约翰一世利用当年坎特伯雷大主教福德的鲍德温对自己婚姻的反对，希望与格洛斯特的哈维西娅解除婚约。不知是爱情的魔力还是对领土的渴望，约翰一世娶了昂古莱姆的伊莎贝拉。昂古莱姆的伊莎贝拉是昂古莱姆家族的女继承人。这场婚姻得罪了英吉利海峡两边的大贵族势力——英格兰历史悠久势力庞大的格洛斯特家族和法兰西军功显赫的吕西尼昂家族。吕西尼昂的休九世[①]与昂古莱姆的伊莎贝拉自幼订婚。格洛斯特伯爵家族和格洛斯特的哈维西娅女士也深受冒犯。1214年，格洛斯特的哈维西娅嫁给约翰一世的一位重要对手，埃塞克斯伯爵杰弗里·菲茨杰弗里·德·曼德维尔。

约翰一世与腓力二世的和平没有维持多长时间。腓力二世一旦同意接回丹麦的英厄堡，解决国内问题，约翰一世与腓力二世的和平就

昂古莱姆的伊莎贝拉

[①] 约翰一世驾崩后，吕西尼昂的休九世的儿子吕西尼昂的休十世娶了昂古莱姆的伊莎贝拉。——译者注

结束了。1201年，腓力二世与约翰一世的矛盾爆发。位于诺曼底边境的休·德·古尔奈在约翰一世与腓力二世之间左右逢源。在普瓦图伯国，休·德·吕西尼昂带领着贵族反抗约翰一世的暴政。1202年，为回应普瓦图贵族对约翰一世的指控，腓力二世命令约翰一世出席法兰西贵族组成的法庭，但约翰一世没有出席。约翰一世的缺席导致腓力二世宣布没收约翰一世在法兰西的领地。

1202年，布列塔尼公爵阿瑟一世十五岁。1201年，其母布列塔尼女公爵康斯坦丝刚刚去世。听到约翰一世的领地被没收的消息，布列塔尼公爵阿瑟一世认为自己的机会来了。布列塔尼公爵阿瑟一世立即召集人马，试图抓住当时在米拉贝勒城堡的祖母阿基坦的埃莉诺。不过，布列塔尼公爵阿瑟一世没有成功。相反，他被约翰一世击败，并且遭到囚禁，成为俘虏。最终，1203年4月3日，布列塔尼公爵阿瑟一世被约翰一世害死，过程不详。腓力二世没有片刻的犹豫，立即宣称约翰一世是杀害布列塔尼公爵阿瑟一世的刽子手，再次召集法庭宣布没收约翰一世的封邑。

这次，腓力二世亲自执行判决令。腓力二世率军攻城拔寨，入侵诺曼底。约翰一世甚至没有一点抵抗。最终，1203年11月，约翰一世失去了整个诺曼底公国。1204年，安茹和其他金雀花家族的领地落入腓力二世手中。随后，吉耶讷也被腓力二世占领。1204年4月1日，阿基坦的埃莉诺薨逝，约翰一世没有机会扭转战局。当然，约翰一世几乎没做过任何努力。1206年，约翰一世试图收复普瓦图。不过，最终，他被迫签订协议，放弃自己在法兰西北方各领地的权益。1214年，约翰一世对腓力二世发动进攻。这次，约翰一世得到弗拉芒人和神圣罗马帝国的帮忙。然而，这次攻击又带来一份协议。在这份协议中，只有阿基坦的埃莉诺传给孙辈们的零星领地被保存下来。

经历长达一百四十年的统一后，最终，诺曼底与英格兰永久分离。

布列塔尼公爵阿瑟一世被约翰一世俘虏

布列塔尼公爵阿瑟一世被杀

这一百四十年的统一从威廉·鲁弗斯和亨利一世的统治时期开始,到约翰一世失去诺曼底为止。虽然诺曼底和英格兰的管理者不同,但为两地相同的利益,管理者一直依据相同的规矩管理。英格兰民众一直处在诺曼贵族的统治下,英格兰的法律、政府机构、风俗都受到诺曼人的影响。一旦英格兰民众与诺曼人联合起来,诺曼贵族会给英格兰民众力量,使英格兰更有秩序,加速英格兰文明的进程。一旦英格兰民众不服从诺曼人的统治,诺曼人的暴政使英格兰民众更有耐心和毅力,塑造出英格兰民众从来没有的民族感情。英格兰民众不得不与诺曼族的国王并肩战斗反抗诺曼贵族,多年来一直如此,直到英格兰民众成为英格兰王室不可或缺的支柱。诺曼的贵族也逐渐意识到,在诺曼族王室的训练下,他们受到良好的教育,与英格兰民众融为一体。对诺曼贵族和英格兰民众来说,当王权过于强大时,他们会及时联合起来遏制王权。诺曼贵族变得越来越像英格兰人。从血统上,他们不仅越来越靠近英格兰人,并且拥有越来越多的英格兰土地。与此同时,他们原来持有的在诺曼底的领地逐渐移交给其他人。因此,一旦失去在诺曼底的领地,诺曼贵族就会成为地道的英格兰人。当在诺曼底和英格兰都有土地的贵族需要在英格兰国王约翰一世和法兰西国王腓力二世之间做出选择时,他们不需要多加考虑就可以做出选择。诺曼贵族和教士放弃了自己在英格兰的土地,英格兰的贵族和教士①放弃了自己在诺曼底的土地。诺曼底内部几乎没有分裂。鲁昂大主教沃尔特·德·库坦塞斯曾是理查一世的首席大臣和法官,死时成为腓力二世的忠实臣民。对英格兰而言,英格兰和诺曼底的分离有着巨大的影响。此后,国王主要是英格兰国王,英格兰事务是英格兰议会的主要事务。受到领主更换的影响,诺曼底失去了从约翰一世处可以获得的利益。不过,由于罗洛家族早期统治诺曼底时的政策,多年来,诺曼底一直比法

---

① 从此,在英格兰的诺曼贵族改称自己为英格兰人。——原注

兰西王国的其他地方自由。实际上，罗洛家族的部分政策促使诺曼人与英格兰民众合作。详细说明诺曼底和英格兰分离的所有利弊能很好地预见后来的历史。

刚失去诺曼底，约翰一世与教会的争斗就开始了，并且是以最危险的方式开始的。1205年7月12日，坎特伯雷大主教休伯特·沃尔特去世。休伯特·沃尔特的离世使约翰一世失去自己唯一的顾问。实际上，休伯特·沃尔特本可以引导约翰一世避开所有教会带来的风险。作为三朝元老，坎特伯雷大主教休伯特·沃尔特的政治生涯可以追溯到亨利二世统治时期。他首先是亨利二世的专属神父。然后，他成为索尔兹伯里主教，是第三次十字军运动的顾问、上尉和随军神父。理查一世统治时期，他是位法学家，并且担任英格兰大法官、坎特伯雷大主教。在理查一世的领导下，他分别制定法律和教规，领导军队，主持司法及税收工作。最终，约翰一世加冕时，他担任首席大臣，直到去世。

多年来，任命坎特伯雷大主教一直是个棘手的问题。坎特伯雷大教区内的教士们主张自己有权自由选举主教，因为他们是坎特伯雷大教区的分会，理应和其他教区分会一样有权选举主教。选举主教是教会法明确承认的权利，是斯蒂芬颁布的宪章赋予教士的一项权利。到目前为止，英格兰国王在教会政策上做的每一项调整都以这种权利为首要条件。因此，他们必须进行某种形式的选举，以保证任命坎特伯雷大主教的合法性。奉坎特伯雷大主教为首脑和法官的坎特伯雷总教区内的主教们也要谋得一份选举权，部分原因是他们要求一定程度上的平权，部分原因是根据以往选举坎特伯雷大主教的规则。根据盎格鲁-撒克逊议会的先例，从亨利一世统治时期起，主教们在政治方面就很有影响力。除了教士们和主教们的诉求，英格兰国王也有自己的打算。坎特伯雷大主教是英格兰国王的首席宪法顾问。只有废除宗教习俗和传统，英格兰国王才可能摆脱坎特伯雷大主教。诺曼征服以来，英格兰国王通常亲自任命坎特伯雷大主教。有时，任命坎特伯雷大主教需要英格兰国王与其他两大势力①合作。有时,三方无法合作。实际上,任命坎特伯雷大主教总是由国王下达命令完成的。亨利一世和坎特伯雷大主教安瑟尔姆的和解包含一种承认,即坎特伯雷大主教候选人需要效忠于英格兰国王。这对英格兰国王充分行使宪法权力十分必要。通常情况下,教会法和宪法相互对立或重叠。因此,最妥善的处理方法是坎特伯雷大主教的精明处置能暂时维护各方的权益。这次纷争就是由坎特伯雷教区的教士们引发的。

由于树立自己反对暴政的勇敢形象,著名的坎特伯雷修道院曾不止一次受到赞扬。坎特伯雷修道院内部机构设置杂乱无章,里边都是野心勃勃的教士。休伯特·沃尔特大主教去世前,教士们逼迫休伯特·沃尔特大主教拆掉在兰贝斯新建的宏伟教堂。这令教士们,或者他们中的一部分人,沉迷在不切实际的幻想中。对坎特伯雷的教士们来说,教士可以出任坎特伯雷大主教一直是件大事。实际上,这样的领导人会扩大教士们的特权,培养教士们的独立意识。因此,在大主教休伯特·沃尔特去世当晚,占教士中大多数的年轻的教士们推选坎特伯雷修道院副院长雷金纳德为坎特伯雷大主教,并且在没有征得王室同意的情况下,立即将雷金纳德派往罗马请求罗马教廷的册封。雷金纳德刚跨过英吉利海峡,就忘记了对选举自己的教士做过的保密承诺,放出消息称自己是新任坎特伯雷大主教。这个消息传回了英格兰。

约翰一世很生气。他原本打算让诺里奇主教约翰·德·格雷接替休伯特·沃尔特的职务。主教们也很生气,因为教士们选举坎特伯雷大主教忽视了公平和相关规则。高级教士们也很生气,因为年轻的教士背叛了他们。年轻的教士也很生气,因为雷金纳德的轻率和虚荣导致他们的计划过早地暴露。于是,各方都向教皇英诺森三世请愿。约翰一世没等

---

① 指坎特伯雷总教区内的主教和神职人员。——译者注

英诺森三世裁决，就任命约翰·德·格雷为坎特伯雷大主教，并且将坎特伯雷总教区的财产据为己有。

我们几乎不能怀疑，如果约翰一世有像坎特伯雷大主教休伯特·沃尔特那样的顾问，那么可能已经妥善解决了这一事件。然而，约翰一世越陷越深，最后完全失去了立足点。教皇英诺森三世故意将上诉拖延很长时间。英诺森三世让请愿各方白费力气和金钱，并且尽可能让请愿各方深陷此事，最终互相妥协。1206年12月20日，坎特伯雷大主教休伯特·沃尔特过世一年半后，教皇英诺森三世拍板定案。教皇英诺森三世认为坎特伯雷总教区内的主教们的诉求没有理由，因为教会认可的选举人应该是教区分会的教士。坎特伯雷修道院副院长雷金纳德的坎特伯雷大主教一职不被承认，因为他不是通过正规选举选出来。约翰·德·格雷的请愿被驳回，因为他是在上诉期被任命为坎特伯雷大主教的。因此，判决结果清楚明白。教士是选举人且教士的代理人现在在罗马教廷，代理人可以有充分的权利选举新任坎特伯雷大主教。约翰一世答应遵从教士选举的结果，却暗中与教士达成协议，授意只能选出约翰·德·格雷，因为约翰一世想借此蒙骗教皇英诺森三世。与此同时，约翰一世还向教皇英诺森三世的顾问们送去大笔金钱，蒙蔽他们的双眼。教皇英诺森三世十分清醒。约翰一世的不真诚使自己处在教皇英诺森三世的掌心。教皇英诺森三世说没有必要浪费时间，请愿各方即使都回到英格兰选举坎特伯雷大主教，但最终还是要回到罗马，因为罗马教廷要确认选举结果，并且献上坎特伯雷大主教受封的礼物。教皇英诺森三世说教士们既然有完全的选举权，那么就应该运用好选举权，愉快地选举。另外，这样做不用英格兰的教士们奔来跑去。目前，坎特伯雷大主教有一位现成的人选，即13世纪初期最杰出的学者，来自英格兰的枢机主教斯蒂芬·兰顿。在其他场合，教皇英诺森三世不止一次谈到斯蒂芬·兰顿的德行。如果教士们选斯蒂芬·兰顿做坎特伯雷大主教，教皇英诺森三世一定会赞同这个决定并册封斯蒂芬·兰顿为坎特伯雷大主教。这样，所有问题都会得到解决。我们不知道教皇英诺森三世是否真的期待约翰一世屈服，或许他并不指望约翰一世的屈服。最终，英诺森三世册封斯蒂芬·兰顿为坎特伯雷大主教。

只有一名教士反对教皇英诺森三世的提议，并且提醒其他教士对约翰一世的誓约。其余的教士虽然仰仗约翰一世和修道院的权力，但被教皇英诺森三世的威严和权势吓倒，也选举斯蒂芬·兰顿为坎特伯雷大主教。教皇英诺森三世立即写信给约翰一世，告知斯蒂芬·兰顿当选为坎特伯雷大主教，要求约翰一世接受斯蒂芬·兰顿为坎特伯雷大主教。约翰一世震怒，拒绝接受这一决定，并且做出一个个威胁。作为回应，教皇英诺森三世宣布，他不过是履行自己对无人照看的教会的职责。1207年6月，教皇英诺森三世册封斯蒂芬·兰顿坎特伯雷为大主教。

约翰一世依然固执己见。他做出一个个提议，许下一个个承诺，写下一封封书信，派出一名又一名的大使。约翰一世强占了坎特伯雷总教区的教产，威胁要报复教士。对约翰一世，教皇英诺森三世以牙还牙，他宣布如果约翰一世不承认斯蒂芬·兰顿为坎特伯雷大主教，那么整个英格兰都将会处在自己的禁绝令下。禁绝令一旦施行，在教堂内做礼拜就属于非法行为，死者将无法安葬，圣礼将不再进行，或者只能私下进行。于是，人们会因为精神世界的匮乏迫使约翰一世顺从教皇英诺森三世。尽管如此，约翰一世还是固执己见。最终，1208年3月，教皇英诺森三世宣布禁绝令。随后，约翰一世宣布要向主教们复仇，迫使许多主教逃走。约翰一世夺取了教会领地。过了一段时间，约翰一世和罗马教廷的谈判重启。斯蒂芬·兰顿来到多佛迎接约翰一世，约翰一世不愿会见斯蒂芬·兰顿。于是，教皇英诺森三世又威胁将约翰一世逐出教会。如果将约翰一世逐出教会仍无法逼约翰一世就范，接下来，教皇英诺森三世应该会发布教皇诏书废除英格兰国王约翰一世，免除英格兰民众向约翰一世应尽的义务。如果教皇英诺森三世真的按照前文推测的方法判决，那么执行判决的将是这样一个人：他十分乐意将英格兰纳入自己的领土，他胸中多年的仇恨也将释怀。这个人甚至可以是已经从约翰一世手中夺走诺曼底和安茹的法兰西国王腓力二世。

很长一段时间内，约翰一世的表现令人费解。约翰一世似乎很满意整个英格兰重回斯蒂芬统治时期的状态。他似乎认为自己的臣民应该被剥夺参与圣礼的权利，神职人员应该遭到流放，整个英格兰应该陷入瘫痪的境地。教皇多次以逐出教会威胁各国国王，导致国王们对逐出教会的恐惧没有太深感受。在教皇英诺森三世愤怒的逐出教会的威胁下，法兰西国王腓力二世的日子照样很滋润。在苦难中，约翰一世还有他的外甥神圣罗马帝国皇帝奥托四世做伴。废除一国君主可能只是一种威胁，奇怪的是教皇英诺森三世宁愿支持法兰西国王腓力二世而不是英格兰国王约翰一世。如果教皇英诺森三世真的支持法兰西国王腓力二世，那么约翰一世也不怕。约翰一世自认为有强大的海陆军队，可以打赢任何战争。

如果约翰一世认为教皇英诺森三世的行为只是出于教皇的使命或战略动机，那就大错特错。教皇英诺森三世树立了自以为是的正义的宏伟目标。他准备重新扶植霍亨施陶芬家族，压制韦尔夫家族。为达到这一目的，教皇英诺森三世不惜将霍亨施陶芬王朝的盟友、丹麦公主英厄堡的丈夫法兰西王腓力二世的地位置于西欧其他国家国王的地位之上。教皇坚持自己的主张。教廷的使者们公开警告约翰一世，如果约翰一世被教皇英诺森三世废除，那么请约翰一世想想会出现怎样的结果。最终，使者们的话成为现实。

约翰一世发现或想象自己正卷入一张阴谋网。来自威尔士和苏格兰的消息警告约翰一世，他的反对者正在周围制造阴谋，约翰一世和他的孩子将被赶下王位，新的家族将登上英格兰王位。约克郡的隐士韦克菲尔德的彼得预言说，下一个耶稣升天节前，约翰一世将丢掉王位。接着传来消息，腓力二世正在为自己的舰队装备武器。因此，约翰一世没有被精神上的威胁和现实中攻击打败,却被骗子的预言欺骗,降旗投降,做出其他英格兰国王都不曾做出的最卑劣的屈服。

1213年5月15日,在多佛附近的尤厄尔,约翰一世会见教皇英诺森三世的副执事兼使者潘道夫,宣誓效忠教皇英诺森三世。此外,约翰一世同意接受斯蒂芬·兰顿为坎特伯雷大主教,恢复主教们和坎特伯雷总教区教士们的地位,补偿主教们和坎特伯雷的教士们。约翰一世愿意做所有教皇要求他做的事,甚至愿意将英格兰当作罗马教皇的主教教区,以臣属领地头领的身份向罗马教廷进贡。

英格兰贵族和普通民众竟然惊奇地默许了。对约翰一世的举动,贵族和普通民众似乎都没有立刻意识到约翰一世让步背后的耻辱,也没有意识到自己已经成为教皇附庸的附庸。这等于在政治自由和宗教自主方面倒退了一大步。贵族和普通民众的默许可能意味着有些人高兴地欢迎任何解决困难的办法,有些人带着悲伤和羞愧。约翰一世与教会的纷争这出好戏收场了。

从此,约翰一世和教皇英诺森三世成为朋友。约翰一世与教皇英诺森三世的斗争使教会采取反对王权的态度,这是自诺曼征服以来从未发生过的。此前,神职人员和普通民众一直支持王权反抗贵族。当王室权力过大,达到危险境地时,神职人员被迫放弃支持王权,几乎被迫与贵族和普通民众站在同一阵线上。突然,神职人员、普通民众和贵族都意识到为共同行动,他们需要相互忍耐,最终达到团结一致。这就是斗争的结果。此后,教会与贵族和普通民众联合起来,帮助限制教会曾经努力加强的王权。

就在教会纷争结束的那一刻,一场新的纷争开始了。这场纷争以签署《大宪章》为代表性事件,是约翰一世与贵族的纷争,为捍卫民众自由和巩固宪法开辟了新的道路。为理解约翰一世与贵族纷争的全貌,我们必须回顾约翰一世的统治初期。当时,在贵族同意拥立约翰一世为英格兰国王以前，坎特伯雷大主教休伯特·沃尔特曾与贵族谈判并承诺满足贵族所有合法要求。我们无法确切地说出这些要求是什么。贵族们或许想要拿回城堡监护权，可能想要拿回被理查一世推行的强政府政策剥夺的其他特权。毫无疑问，理查一世找到所有借口限制贵族在王室森林狩猎、捕鱼、砍伐等特权，扩大王室的监管权。正是《大宪章》，而不是当时的历史学家告诉后世当时民众遭受王室的深重压迫。约翰一世于1199年在北安普敦做的承诺从没有兑现。1201年，当贵族重新提出诉求时，为确保贵族不敢轻举妄动，约翰一世回复要夺走贵族的城堡并强迫贵族的继承人做国王的人质。此后，约翰一世与贵族的关系越来越糟。约翰一世不满足于贵族承担的封臣对封建领主的义务，加重了犁头税和义务兵役免除税——两项对整个英格兰有极大影响的税。约翰一世还增加了交税的次数。年复一年，约翰一世集结军队仿佛要与法兰西王国开战。约翰一世不惜重金在英格兰沿海地区集结军队，然后向贵族索要军队遣散费。事实上，约翰一世没有带领军队作战，反倒让诺曼底脱离了自己的控制。约翰一世掠夺贵族，令贵族蒙羞。由于约翰一世的懦弱，贵族提出的中肯建议没能实现。年复一年，税收增加了，约翰一世和英格兰却更无助，因为英格兰人都憎恨约翰一世的雇佣军，不相信约翰一世建立一支比任何民兵更听命于自己的舰队的计划。直到1207年，约翰一世开始掠夺神职人员。这给普通民众和贵族喘息的机会。当可以通过掠夺神职人员，没收神职人员的财产维持自己的统治时，约翰一世暂时放弃了没收和掠夺普通民众和贵族的财产。在一定程度上，这解释了禁绝令施行期间英格兰内部的平静。人们默许宗教权利的丧失，只要他们能得到某种免税补偿。禁绝令使整个英格兰的行动陷入瘫痪。只要禁绝令还存在，约翰一世就不能对外发动战争。当然，约翰一世可以对爱尔兰、苏格兰或威尔士作战，但无法对法兰西发动战争。禁绝令施行期间，约翰一世没有闲着，甚至还取得了几次屈指可数的军事胜利。这些军事胜利都是攻打爱尔兰时取得的。对英格兰来说，这种不作为的状态没有战争状态那样具有破坏性，也没有战争花费巨大。因此，直到1213年危机来临前，贵族们一直没有采取任何行动。然而，贵族中没有杰出的领导人，因为作为贵族最信任的政治家，埃塞克斯伯爵杰弗里·菲茨·彼得是约翰一世的首席大臣和大法官。因此，约翰一世在尤厄尔与教廷使者潘道夫的和解标志着全国性瘫痪的结束和教会权力的恢复。约翰一世与腓力二世抗争的成功，更标志着英吉利海峡两岸恢复王权。

  约翰一世与贵族争斗的第一个标志性事件立刻出现了。在取消禁绝令以前，这一事件总会被拖延。根据自然法则，受重伤的人在被包扎固定前都必须保持原有姿势。因此，斯蒂芬·兰顿必须在约翰一世得到赦免前被约翰一世任命为坎特伯雷大主教，主教们必须在禁绝令取消前得到赔偿，但约翰一世没有意识到这一点。约翰一世知道腓力二世正在为入侵英格兰做准备。因此，他要求封臣们支持自己对法兰西王国的战争。封臣们的回答是他们不愿跟随已经被逐出教会的国王约翰一世作战。约翰一世震怒，但不得不等待时机。1213年7月，登陆英格兰后，坎特伯雷大主教斯蒂芬·兰顿在温切斯特赦免了约翰一世。坎特伯雷大主教斯蒂芬·兰顿带来的赦免条件是约翰一世发誓遵守加冕典礼上的誓言，维持法律秩序，废除恶习。

  此时，约翰一世也得到了教皇英诺森三世的赦免。他重新向贵族下达命令，但贵族拒绝参加远离英格兰的远征军。贵族受封臣义务的约束，可以在不列颠群岛内服役，但不会在不列颠群岛外履行封臣义务。贵族不信任约翰一世，也不相信有收复诺曼底的可能。约翰一世勃然大怒。随着时间不断流逝，腓力二世的势力越来越强。虽然腓力二世的舰队已经被摧毁，教皇英诺森三世也撤销了对约翰一世的禁绝令，但引发约翰一世仇恨情绪的原因很多，最主要的可能是复仇的欲望。约翰一世总是为自己的冤屈向无罪和持中立立场的人复仇。约翰一世决定，让大臣们安排撤销禁绝令的程序和仪式，自己前往英格兰北部惩罚北方贵族，因为北方贵族拒绝跟随约翰一世。约翰一世全速行军，坎特伯雷大主教斯蒂芬·兰顿紧跟着他，劝他不要诉诸武力。

在北安普敦，坎特伯雷大主教斯蒂芬·兰顿追上约翰一世，说服约翰一世采用战争手段威胁北方贵族是愚蠢的。约翰一世率军向北，一直行进到达勒姆，然后迅速返回伦敦。1213年10月，约翰一世会见教皇英诺森三世的使者图斯卡卢姆主教尼古拉。图斯卡卢姆主教尼古拉此行的目的是代表教皇英诺森三世接受约翰一世的正式效忠，并且作为教皇英诺森三世的代表向约翰一世表达敬意。

这次匆忙的达勒姆之旅之后，英格兰历史上一件值得纪念的大事发生了。1213年8月4日，大法官埃塞克斯伯爵杰弗里·菲茨·彼得在圣奥尔本斯举行盛大的委员会会议，出席会议的不仅有大贵族，还有来自所有王室领地内城镇的民众代表。委员会的目的是确定向主教们支付的赔偿金额。毫无疑问，在这次会议中，普通民众和贵族有充分的机会交流对约翰一世的不满。大法官埃塞克斯伯爵杰弗里·菲茨·彼得以主人约翰一世的名义做出承诺，保证亨利一世时期颁布的法律有效。这不是说与会者都了解亨利一世时期制定的法律，而是普遍存在的滥用王权问题被认为是亨利二世巩固强政府体系时颁布的法律造成的。圣奥尔本斯会议的代表们追溯了约翰一世统治以前的政治状况，就像亨利一世统治时期的民众试图追溯"忏悔者"爱德华统治时期的政治状况和司法制度一样。

1213年8月25日，坎特伯雷大主教斯蒂芬·兰顿在圣保罗大教堂召开会议，提出亨利一世在加冕典礼上颁布的宪章，建议约翰一世将亨利一世的《加冕宪章》作为约翰一世维护政治制度的承诺。在此基础上，贵族党起草出《大宪章》。1213年10月，几乎就在起草出《大宪章》之后，大法官埃塞克斯伯爵杰弗里·菲茨·彼得去世。当年，坎特伯雷大主教休伯特·沃尔特去世时，约翰一世十分开心，觉得自己终于摆脱了不受欢迎的顾问。如今，对大法官埃塞克斯伯爵杰弗里·菲茨·彼得的去世，约翰一世大肆嘲讽，称其为下地狱与坎特伯雷大主教休伯特·沃尔特欢聚，因为他们都不支持约翰一世实施专制统治。大法官埃塞克斯伯爵杰弗里·菲茨·彼得的最后一次公开行动就是让约翰一世做一件他决心不做的事。

贵族党的行动并不迅速。1214年，一年多时间过去了，我们才听到贵族们提过更多的要求。虽然英格兰北方的贵族仍然拒绝服兵役，但新任的教廷使者潘道夫想让约翰一世满意。因此，他设法阻止北方贵族与约翰一世公开爆发战争。1214年2月，约翰一世前往普瓦图。直到1215年10月，他才返回英格兰。与此同时，向主教们赔偿的金额得到确认。1214年6月29日，教皇英诺森三世的禁绝令废止。此时，欧洲大陆的战争花去约翰一世的大量精力。1214年7月27日，腓力二世在布汶战役中战胜了佛兰德斯、神圣罗马帝国和英格兰联军。在普瓦图，约翰一世也没有做任何让北方贵族后悔不追随他的决定。由理查一世设计、约翰一世一直努力实施的反对腓力二世的联盟被击败，法兰西国王腓力二世暂时成为欧洲实力最强大的君主。

约翰一世失望而羞愧地回到英格兰，决心打压贵族势力，却发现贵族不但已经下定决心反抗王权，而且已经形成贵族党，准备有组织地反抗自己的统治。或许约翰一世的失败鼓舞了贵族党。贵族党的部分成员视坎特伯雷大主教斯蒂芬·兰顿为领袖。因此，他们愿意让其他贵族党成员知道坎特伯雷大主教斯蒂芬·兰顿的高贵品行。贵族党成员拥有各种各样的背景，有的成员仅仅出于个人目的加入贵族党，有的成员只是随波逐流，但有的成员受过良好的教育，自我要求很高，并且怀有爱国主义的同情心。按照派别，贵族党的成员一般可分为三类：第一类是挑起争端的北方贵族，第二类是1214年11月在圣埃德蒙举行的一次盛大会议中加入的立宪党成员，第三类是1214年11月圣埃德蒙会议后因对约翰一世彻底失望才加入的其他贵族。

约翰一世从法兰西回到英格兰几个星期后，北方贵族和立宪党向约翰一世提出请求，希望约翰一世尽快签发《大宪章》。约翰一世立即拒绝了贵族们的请求，开始千方百计地分割贵族党。首先，约翰一世试图通过要求全英格兰的贵族重新向自己效忠及交出城堡使贵族失去抵抗能力。接着，约翰一世试图通过发布赋予教士拥有选举主教权利的宪章分离神职人员。另外，约翰一世还试图与个别贵族达成协议。约翰一世不时推迟与抵抗者会面。约翰一世随身携带十字架。因此，如果有任何人试图攻击约翰一世，那么这种行为就属于亵渎圣物的行为。约翰一世赶紧写信向教皇英诺森三世求助，要求教皇英诺森三世谴责贵族党的主张，要求将贵族党的成员逐出教会。与此同时，贵族党在罗马教廷表达自己的不满情绪，拒绝约翰一世所有甘言劝诱，拒绝就自己某一项主张妥协或放下对约翰一世的戒备。

1215年复活节前后，贵族党与约翰一世的谈判停止，双方的战争一触即发。贵族党的联盟军在斯坦福德会合，然后向布拉克利、北安普敦、贝德福德、韦尔等地进军。1215年5月24日，贵族党联盟军到达伦敦。贵族党联盟军攻入伦敦的消息使少数仍然依附于约翰一世的人变节。约翰一世几乎没有自己的武装力量，身边只有几位内心已经支持贵族党的顾问和少数几位依附者。约翰一世的依附者不受欢迎，很少或根本没有政治影响力。

然后，约翰一世被迫让步，同意用承诺约束自己的行为。然而，除了不情愿做出的让步，约翰一世的承诺没有任何诚意。1215年6月15日，作为亨利一世统治时期的宪章精神的体现，大主教和贵族提出的《大宪章》在兰尼米德获得批准。

《大宪章》是约翰一世和英格兰民众共同缔结的和平条约，也是完整的国家法案。不同于亨利一世、斯蒂芬和亨利二世统治时期颁布的宪章，《大宪章》是第一部国家法案。这种不同不仅体现在《大宪章》的

布汶战役

布汶战役获胜后的腓力二世

内容更完整更明晰，而且有明确的执行机制。二十五位贵族得到提名，强迫约翰一世履行自己的职责。因此，这并不像人们有时说的，《大宪章》是贵族和主教维护自身特权的自私企图的产物。《大宪章》规定，英格兰王国的平民应该享有贵族和教士赢得的所有利益，并且规定贵族对待封臣必须如同国王对待贵族。在《大宪章》总共六十三条的条款中，有的条款为个人自由提供了保障，如非经同级贵族依法审判，不可拘捕、监禁和伤害任何自由民。另外，自由民的财产不经同级贵族审判不可被没收或剥夺。另一些条款确定封臣对领主上交税的税率。一些条款提出国家税收和组织国家议会的原则，以及未经议会同意国王不得征税的原则。另外，还有条款下令驱逐约翰一世身边的外籍官吏。《大宪章》虽然不是保障英格兰自由的基础，但依然是第一部，而且是最清晰的一部，以及最团结民众的一部宪章。因此，它是最具有历史意义的一部宪章。《大宪章》向整个中世纪的欧洲解释了自由的可行性。《大宪章》颁布以后，维护《大宪章》就成为维护英格兰自由的基石。

1215年7月到1216年10月，约翰一世统治时期剩下的十六个月，英格兰完全处于无政府状态。我们很难找出英格兰处于无政府状态的所有原因。其中，最主要的原因可能是约翰一世为自己被贵族击败，被《大宪章》约束而怒不可遏。另一个原因是教皇英诺森三世蛮横干涉英格兰内部事务。1215年8月25日，教皇英诺森三世颁布教皇诏书，宣布《大宪章》无效。1215年12月16日，他又单独或集体开除部分贵族的教籍。另外，教皇英诺森三世还专横地勒令坎特伯雷大主教斯蒂芬·兰顿停职，原因是坎特伯雷大主教斯蒂芬·兰顿参与促成《大宪章》的颁布。

我们不能将后来发生的一切都归咎于约翰一世。危机爆发后几星期，约翰一世不再假装谦恭。对自己取得的胜利，贵族党十分欢欣鼓舞，对自己的行为几乎没有什么节制。贵族党不再信任约翰一世，正如约翰一世从不信任贵族党一样。贵族党重新划分英格兰的土地，将其分封给军队的首领们。有的人这么做是为执行《大宪章》，但很多人这么做无疑是为羞辱约翰一世。坎特伯雷大主教斯蒂芬·兰顿前往罗马，使贵族党失去一位审慎、诚实的支持者。坎特伯雷大主教斯蒂芬·兰顿的存在可以成功地证明贵族的反抗行动是充满正义的全国性行为。然而，坎特伯雷大主教斯蒂芬·兰顿的离开使公报私仇、谋取私利者在贵族党中占据首要地位。因此，联合起来制定《大宪章》的伟大力量被分裂成原先的几个组成部分，一些贵族回到约翰一世身边，更崇尚暴力的贵族开始与法兰西王国和苏格兰王国的势力合谋对抗约翰一世。

约翰一世没能利用贵族党分裂的时机。约翰一世第一任妻子格洛斯特的哈维西娅的现任丈夫埃塞克斯伯爵杰弗里·菲茨杰弗里·德·曼德维尔领导贵族党。两位二流政治人物罗伯特·菲茨沃尔特和尤斯塔

罗伯特·菲茨沃尔特

斯·德·维西和腓力二世结成联盟。在罗伯特·菲茨沃尔特和尤斯塔斯·德·维西的影响下，腓力二世宣布约翰一世非法继承英格兰王位。于是，路易王太子被选为英格兰的国王①。英格兰内战爆发，贵族党开始围攻位于北安普敦和牛津的城堡，约翰一世率领雇佣兵围攻罗切斯特。此时，罗切斯特城堡被贵族党盟军以不在英格兰的坎特伯雷大主教斯蒂芬·兰顿的名义占领。约翰一世第一次有了获胜的可能。虽然贵族党试图保卫罗切斯特，但约翰一世还是占领了罗切斯特，并且对罗切斯特的保卫者表现出政治方面的仁慈。然后，约翰一世率领雇佣军穿过英格兰南部，一路确保当地民众归顺自己。约翰一世在诺丁汉度过了1215年的圣诞节。然后，他向北进军，占领了伯威克，震惊了苏格兰人。

罗切斯特城堡

---

① 依据詹姆斯·拉姆齐1903年著的《安茹帝国——亨利二世、理查一世和约翰王》，约翰一世背叛了理查一世，不配获得英格兰王位继承权。因此，作为理查一世的继承人，卡斯蒂尔的埃莉诺的继承权传给她的女儿卡斯蒂尔的布朗歇及卡斯蒂尔的布朗歇的丈夫路易王太子。——译者注

亨利二世的一位私生子，约翰一世同父异母的弟弟索尔兹伯里伯爵威廉·朗格斯佩指挥约翰一世的军队取得胜利。英格兰中部区域和伦敦成为贵族党最后唯一的避难所。1216年3月，科尔切斯特被约翰一世的军队攻陷。最终，约翰一世表现出自己的军事谋略和军事才能。这表明他并非完全没有其父亨利二世和兄长理查一世的品质。

一位新演员登场了。经过长时间的耽搁，1216年5月，法兰西王太子路易抵达英格兰，立即为自己的支持者带来了精神力量和持续作战的理由。约翰一世按兵不动，在温切斯特找到一席之地。路易王太子经过坎特伯雷前往伦敦。在伦敦，路易王太子受到朋友们的尊敬和爱戴。尽管新来的教廷使者瓜拉·比基耶里将路易王太子及其追随者们逐出教会，但路易王太子还是率军继续向温切斯特进军。与此同时，约翰一世依然无所作为。路易王太子占领了温切斯特，包围了温莎和多佛。英格兰北方的贵族加入路易王太子的阵营。然后，大贵族，甚至索尔兹伯里伯爵威廉·朗格斯佩也加入了路易王太子的阵营。

约翰一世内心彻底绝望。如同强盗头目一般，约翰一世率领一群盗匪在乡间游走，烧杀抢掠。与此同时，路易王太子每小时都在积聚力量，获得朋友的支持。1216年10月19日，约翰一世在纽瓦克驾崩。从此，路易王太子的势力开始消亡。路易王太子的力量建立在人们对约翰一世普遍巨大仇恨的基础上。路易王太子势力消亡的速度与其势力积聚的速度一样快。1217年，约翰一世驾崩后不到一年，路易王太子被迫离开英格兰。这样，约翰一世结束了一生的耻辱。他的所作所为登峰造极，在历代君主中无人能及。我们没有必要详尽分析约翰一世的性格。历史给约翰一世打上的烙印比为其他任何国王打上的烙印更黑暗、更深刻。在各方面，约翰一世都是君主名单上最坏的君主。他最恶毒、最残暴、最虚伪、最短视、最无耻。

古老的预言描述安茹家族祖先富尔克的梦境。当时，富尔克怀有

科尔切斯特遗址

约翰一世在乡间游走

善心，将一位麻风病乞丐扛在肩上，走了两英里路来到马尔穆捷教堂。在梦中，天使告诉富尔克，他的第九代继承人会扩大统治疆域，直到其领地无比广阔。对安茹帝国的预言已经实现了：曼恩、诺曼底、阿基坦和英格兰都被纳入安茹家族的疆域，甚至巴勒斯坦也由富尔克的后代统治。最后，神圣罗马帝国皇帝奥托四世达到尘世权势的顶峰。传说中规定的时间到了。约翰一世是安茹家族末代人的代表。安茹家族的福气在末代代表约翰一世的手中断绝。从此，安茹帝国转入他人手中。

第 8 章

亨利三世

精彩看点

亨利三世的性格——亨利三世统治时期的划分——亨利三世即位——亨利三世的支持者——重新签发《大宪章》——与路易王太子斗争——1217年林肯战役——路易王太子离去——颁布《大宪章》——第一代彭布罗克伯爵威廉·马歇尔的工作——新政府——亨利三世的第二次加冕礼——休伯特·德·伯格业绩——1225年第三次重新签署《大宪章》——1227年的亨利三世——不善治理英格兰——罗马教皇的要求——外交事务——1258年危机——亨利三世成年——教皇供奉——休伯特·德·伯格倒台——彼得·德·罗什的胜利——彭布罗伯爵理查德·马歇尔——亨利三世的治理计划——外国人涌入——宪政上的反抗——议会的讨论——全国性消极的无作为——教皇与亨利三世——坎特伯雷大主教——教皇敲诈勒索——亨利三世从教皇处获得西西里王国——亨利三世在法兰西做交易

亨利三世统治时期不但是英格兰现有历史上单个君主统治最长[①]的时期，而且是最艰难的一段时期。亨利三世统治时期，发生了不止一次的巨大危机。他的统治时期恰好遇到一段飞速发展的历史时期。亨利三世统治时期面临众多关键节点，导致这一时期的发展速度和发展方式只适合做细枝末节的研究，不适合展开说明。

13世纪的一大半时间内，英格兰都处在亨利三世的统治下。13世纪是世界史中最波诡云谲、波涛汹涌的一个世纪，并且因一些最伟大的君主、最杰出的学者、最睿智的政治家的行动而闻名。在建筑艺术方面，13世纪取得辉煌的成就。十字军最后一次东征发生在13世纪，罗马教皇与神圣罗马帝国的力量也在13世纪展开最后一次争斗。事实上，欧洲大陆正经历的这一切并不是没有影响到英格兰。

13世纪的英格兰也拥有伟大的建筑、伟大的律师和伟大的教士。在欧洲事务中，英格兰同样拥有影响力。英格兰同样与教皇做斗争，尝试

---

① 亨利三世在位时间长达五十六年。本书出版时，维多利亚女王尚未离世，伊丽莎白二世尚未出生。除了乔治三世，其他英格兰国王的统治时间均没有亨利三世的统治时间长。然而，乔治三世统治后期已经完全丧失执政能力，需要威尔士亲王——后来的乔治四世辅佐。因此，作者认为亨利三世统治时期是英格兰现有历史上单个君主统治最长的时期。——译者注

建立健全政府体系。13世纪英格兰史的真正吸引人之处在其宪法的每个微小进步。在13世纪，英格兰宪法的每一个微小的进步并没有明显体现出其真正价值。事实上，这些进步的真正价值体现在多年后，因为在13世纪，英格兰缺乏主持大局治理国家的天才。亨利三世不但不缺少祖先独特品质，而且还拥有先王没有的好品质。总的来说，作为伟大祖先的平凡后代，亨利三世虽然没有像先王那样犯下大错，但欠缺先王的能力。

或许与任何一位先王相比，亨利三世都是更好的丈夫和父亲、更虔诚的基督教教徒。亨利三世的性格并不残忍，也不漠视他人的生命。因此，亨利三世不热衷于争战，对获取领土没有贪得无厌的欲望。因此，他不会像先王那样，为获取或保全领土，付出巨大的牺牲。在很大程度上，亨利三世只满足于成为英格兰国王，并且成功地保住了自己在部分欧洲大陆的统治权。与其说这是由于亨利三世的野心、谋略或能力，不如说是由于他对手的诚实。在保全领土方面，在亨利三世统治时期，英格兰王国可能比在约翰一世、理查一世或亨利二世统治时期表现得更好，甚至比在爱德华一世统治时期表现得更好。但实际上，很难说在亨利三世统治下，英格兰比在其他安茹家族君主的统治下好。在漫长的统治期内，亨利三世充满各种烦恼、痛苦和不安。

我们没有理由认为亨利三世不够勇敢或不擅长使用兵器。在野外生存和攻城拔寨时，勇敢的骑士必须足够勇敢并熟练使用各种武器，但勇敢的骑士未必能成为伟大的领袖。我们也没有理由认为亨利三世并不希望成为光辉灿烂的伟大君主。事实上，两个原因导致亨利三世被认为缺乏君主才能。一个原因是亨利二世的政治遗产使亨利三世受益，另一个原因是亨利三世比同时期的伟大君主们活得更长。本来其他君主的权势、性格和事业都使亨利三世相形失色。在亨利三世整个统治时期，除了针对亨利三世，英格兰上上下下没有做过任何其他重要的事。亨利三世没有伟大的计划，没有雄心壮志。亨利三世还没有强大到足以令人相信他的真诚，虽然他已经强大到可以执拗地行事，坚定到可以欺骗他人。亨利三世虚荣奢侈。除了虚伪，虚荣奢侈已经是对亨利三世的最坏评价。因此，亨利三世虽然不能引起他人对自己的爱和忠诚，但能激发他们对自己的仇恨。通常，人们在仇恨一个比国王地位低的人时还带着轻蔑。亨利三世这样的国王可能既被人痛恨又被人轻蔑。与此同时，他道德上的缺点和犯下的罪行又被人看不起。由于国王拥有极大的权力实施罪行，所以对国王的种种不满不可能立即表露出来。虚荣奢侈本来是强者的小弱点，但由于亨利三世没有其他恶意或不良动机，所以虚荣和奢侈被恶化成激发他人仇恨亨利三世的主要原因。英格兰举国上下都痛恨亨利三世。无论好坏，他的生命都没有任何亮点。亨利三世的一生绝不光辉灿烂。有些国王就算被人们害怕，受人们责备，但至少人们尊敬这类国王的真实和忠于自我。然而，亨利三世身上连这种闪光点都找不到。亨利三世做事没有目的，也不值得信任。

　　亨利三世于1216年到1272年在位，统治长达五十六年。亨利三世统治时期发生的事情几乎完全依赖于当时历史学家的记录，但没有相关文字记录佐证，英格兰历史发展的关注点只能在亨利三世身上。如果读者的关注点只放在亨利三世或者以亨利三世为中心的一系列事件上，那么无疑，这将太过乏味。为打破阅读的枯燥乏味，我们可以将亨利三世统治的时期粗略划分成四个统治时期。

　　年仅九岁时，亨利三世继位，成为英格兰国王。亨利三世统治的第一个时期是他羽翼未丰的时期。1227年，亨利三世亲政，第一个时期大概结束。然而，这一阶段的划分并不清晰，因为亨利三世掌权后，他幼年时期的监护者们还继续影响朝政一段时间。第二个时期是亨利三世个人执政时期。1258年，这一时期结束。这一时期，亨利三世独立掌握政权，将英格兰王国治理得一团糟，直到亨利三世被迫同意接受基于《牛津法令》建立的新型政府的监管。第三个时期从1258年到1265年，是亨利三世重新崛起的时期，也是贵族政府权力失色时期。由于在伊夫舍姆战役中获胜，亨利三世重获国王的权力。最后一个时期是伊夫舍姆战役后到亨利三世驾崩前的时期，在历史上，这一时期有重要影响，因为这一时期见证了贵族政府失势后各派势力的重组。

首先，我们将回溯1216年的历史。在纽瓦克，约翰一世刚刚结束自杀般的最后一段生命旅程。我们发现，在很大程度上，英格兰落到了路易王太子的支持者手中。法兰西王国毫不犹豫地为路易王太子封上"狮王"或"狮心王"的称号。路易王太子的支持者几乎包括所有英格兰贵族，因为在1216年犯下的罪行使约翰一世众叛亲离。实际上，《大宪章》颁布后，约翰一世曾获得一定的支持。但最终，甚至亨利二世的私生子、约翰一世同父异母的弟弟索尔兹伯里伯爵威廉·朗格斯佩都投靠了路易王太子。

路易王太子身上的凝聚力只来自对约翰一世的仇恨和不信任。一旦约翰一世驾崩，路易王太子的支持者立刻作鸟兽散。驱逐路易王太子只是时间问题。显然，从情感方面，英格兰人无法接受外国人成为英格兰君主。在少年国王亨利三世身上，人们似乎能更好地实现对自由的所有渴望，以及对古代政治制度的憧憬和对良治的期待。坚持封建领主制的贵族甚至认为通过亨利三世而非路易王太子能获得更好的机会，重新展现自己的影响力。虽然有这些利好因素，但起初，亨利三世继位看起来希望渺茫。约翰一世已经将所有强大的支持者变成对手。坎特伯雷大主教斯蒂芬·兰顿本来可以担负振兴英格兰的重任，但此时，坎特伯雷大主教斯蒂芬·兰顿身在罗马，被暂时免职。可以说，如果不是教廷使者瓜拉·比基耶里坚决支持亨利三世[①]，以及新任教皇洪诺留三世维护金雀花王朝，没有继续将英格兰变成自己的领地，那么路易王太子可能已经获胜，英格兰

---

① 教廷使者瓜拉·比基耶里将路易王太子逐出教会，路易王太子无视此教令。——译者注

教皇洪诺留三世

将不得不与法兰西展开艰苦卓绝的斗争以赢得自由。瓜拉·比基耶里立场坚定，行动坚决，最终帮助亨利三世赶走了路易王太子。

教皇英诺森三世刚刚过世。与教皇英诺森三世不同，新任教皇洪诺留三世对将国家变成教会的领地没什么兴趣。教廷使者瓜拉·比基耶里看出这一点，明白不管从自己晋升出发还是为罗马教廷的声誉着想，自己在英格兰的调停一定要成功。与瓜拉·比基耶里站在一条战线上的还有温切斯特主教彼得·德·罗什。埃塞克斯伯爵杰弗里·菲茨·彼得去世后，彼得·德·罗什得到约翰一世的任命，成为大法官。彼得·德·罗什是普瓦图人，直接从骑士变成主教，在教会资历很浅，声望不够。彼得·德·罗什忠于约翰一世及约翰一世的儿子，还是英格兰宫廷内的外国人代表。由于与金雀花王朝国王私人的关系，这类外国人即使不是绝对效忠于英格兰国王，也基本上全部效忠于亨利三世。此外，两位在约翰一世时期获得一席之地的主教也支持并效忠于亨利三世。这两位是：切斯特伯爵雷纳夫·德·布伦德维尔，他差不多是尚在人间的最后一位诺曼征服时期的遗老；第一代彭布罗克伯爵威廉·马歇尔也上了年纪，年轻时，第一代彭布罗克伯爵威廉·马歇尔是小亨利王的密友，理查一世统治时期，他是法官和摄政人员。第一代彭布罗克伯爵威廉·马歇尔曾帮助约翰一世登上王位。虽然他的儿子们都支持路易王太子，但对约翰一世，第一代彭布罗克伯爵威廉·马歇尔一直忠心耿耿。

1216年10月28日，温切斯特主教彼得·德·罗什、切斯特伯爵雷纳夫·德·布伦德维尔和第一代彭布罗克伯爵威廉·马歇尔组成的小团体在格洛斯特拥戴亨利三世为英格兰国王。1216年11月12日，他们以亨利三世的名义在布里斯托尔重新签发《大宪章》。重新签发的《大宪章》有几处重要的省略，因为在关键时刻，还纠缠一些细枝末节的问题，如是否应该更新税收由国家委员会收取的条款，或者明确国家委员会的职责，显然不合适——不能在生死攸关的时刻还纠缠细枝末节的问题导致全局受到影响。《大宪章》最后一部分明确：由于时间紧迫，上述问题将暂时延缓讨论。第一代彭布罗克伯爵威廉·马歇尔是监国，亨利三世的守卫者，并且替亨利三世看管仅存的一点国家。第一代彭布罗克伯爵威廉·马歇尔的监国一职由国家委员会任命，得到教廷使者瓜拉·比基耶里的默许。第一代彭布罗克伯爵威廉·马歇尔的名号是"国王和王国执政"。主教和贵族向亨利三世效忠。当时，人们将亨利三世称为温切斯特的亨利，国王约翰一世之子。虽然年幼的国王亨利三世需要有人辅佐，但在英格兰历史上，从来没有监国，至少是从"决策无方者"埃塞雷德[①]后没有监国。我们可能设想，亨利三世的母亲昂古莱姆的伊莎贝拉本来可以成为监国。不过，麻烦的是没有亲近的男性亲戚替亨利三世执政。根据一些合理的原因，捍卫

[①] "决策无方者"埃塞雷德（约976—1016）。由于宫廷政变，978年，"决策无方者"埃塞雷德登上王位，年约两岁。因此，他必须由摄政人员辅佐。——译者注

年幼继承人的工作应该由与继承人血缘最亲近但没有继承权的男性亲属承担。由于母亲昂古莱姆的伊莎贝拉和男性近亲都无法担任监国一职，监护工作交由委员会，委员会选出监国。由于任何人都无法在年龄、威望、经验和忠诚度方面与第一代彭布罗克伯爵威廉·马歇尔相比，所以第一代彭布罗克伯爵威廉·马歇尔成为监国当之无愧。

1216年，亨利三世统治第一年，与路易王太子的争斗花去大量时间。布里斯托尔会议召开时，冬季已经来临，不可能再展开激烈的战争。1216年圣诞节期间，亨利三世方面与路易王太子方面达成停战协议。停战协议通过让给路易王太子一些王室城堡换取。1217年新年开始前，路易王太子方面有两名带头人物去世，即旧贵族代表埃塞克斯伯爵杰弗里·菲茨杰弗里·德·曼德维尔和尤斯塔斯·德·维西。尤斯塔斯·德·维西与苏格兰王国和法兰西王国都有勾结，导致当时的复杂局面。路易王太子早期的成功及其傲慢的英格兰追随者已经令贵族们感到恶心。那些可能从亨利三世处得到宽恕的人正考虑投靠亨利三世。迅猛的军事行动拉开了1217年的帷幕。亨利三世的支持者聚集在牛津，路易王太子及其支持者聚集在剑桥。在军事力量方面，路易王太子及其支持者占据压倒性优势。为了休战，亨利三世方面与路易王太子的使者们正在谈判。与此同时，路易王太子正率军攻城拔寨。1217年四旬期①以前，路易王太子削弱了亨利三世在除林肯郡之外的整个英格兰东部的势力。在尼古拉·德拉·哈耶的领导下，林肯郡的守军坚定不移地与路易王太子的势力作战。尼古拉·德拉·哈耶是杰勒德·德·坎维尔的妻子，正是杰勒德·德·坎维尔导致约翰一世与伊利主教威廉·德·朗香的斗争。1217年四旬期中期，路易王太子被召回法兰西。几星期后，路易王太子立即重返英格兰。此时，路易王太子的部分支持者已经改变立场。

---

① 四旬期，旧称严斋期，是基督教教会年历一个节期。英文写作Lent，西方教会称Quadragesima，意即四十天，即四旬（不计六个星期日）。——译者注

索尔兹伯里伯爵威廉·朗格斯佩已经投靠他的侄子亨利三世。教廷使者瓜拉·比基耶里正在游说向不忠者路易王太子和被逐出教会者发动一场战争。效忠亨利三世的贵族虽然各怀鬼胎，但至少为保障亨利三世的地位，仍积极努力地谋划。

斯蒂芬统治末期，林肯战役斯蒂芬的失利导致命运的天平向玛蒂尔达倾斜，林肯成为决定命运的战场。1217年，当年的场景重现，命运做出抉择。亨利三世的军队从英格兰西部进军。回到英格兰时，路易王太子心情极差。他下定决心征服英格兰，但他的小计谋很快被英格兰贵族发现了。于是，英格兰贵族一个接一个抛弃了路易王太子。1217年圣灵降临节来临时，亨利三世的军队在第一代彭布罗克伯爵威廉·马歇尔、切斯特伯爵雷纳夫·德·布伦德维尔和教廷使者瓜拉·比基耶里的带领下前来解救林肯郡。解救林肯郡是场恶战，路易王太子的主将佩尔什伯爵托马斯阵亡，反对约翰一世的领军人物温切斯特伯爵萨尔·德·昆西

佩尔什伯爵托马斯

路易王太子的援军被英格兰舰队击败

和罗伯特·菲茨沃尔特也被俘虏。路易王太子并不在林肯郡，而是参与围攻当时还没被攻陷的多佛城堡。一听到林肯郡战役已经战败，路易王太子一头躲进伦敦，在伦敦等待外国救援。路易王太子的援军最近到达萨尼特岛。1217年圣巴塞洛缪节，路易王太子的援军在萨尼特岛被英格兰舰队击败并被驱散。这至少证明约翰一世为建海军经历的痛苦和昂贵的花费还算合理。

路易王太子的援军在萨尼特岛战败意味着亨利三世方面取得决定性胜利。1217年9月，路易王太子同意讲和并返回法兰西。在这件事上，教廷使者瓜拉·比基耶里表现出自己的谋略。教廷使者瓜拉·比基耶里将叛乱者的行为视为冒犯教会的行为，允许叛乱者寻求宽恕并自我忏悔。第一代彭布罗克伯爵威廉·马歇尔并不急于宣布叛乱者的谋反罪行。实际上，谋反很难被明确定义，并且严厉的惩罚必将疏远朋友。另外，第一代彭布罗克伯爵威廉·马歇尔的家族成员也牵涉其中。1217年圣米迦勒节，英格兰恢复和平的状态。经过修改，《大宪章》重新颁布。

《大宪章》的颁布可以视作围绕《大宪章》开展的第一阶段斗争的结束。此后，《大宪章》永远成为英格兰宪法自由的守护神。《大宪章》被认为是约翰一世和英格兰王国的救赎，教廷使者瓜拉·比基耶里并没有诅咒它，转而祝福它。直到1219年年初去世，第一代彭布罗克伯爵威廉·马歇尔一直担任监国。表面上，英格兰处于和平状态。约翰一世与贵族党的斗争持续了四年多时间。经过长时间的无序状态，恢复秩序并不容易，而且这场争斗本身就是长期错误管理的结果。在获得和平后的权力斗争中，并非总是最聪明或最优秀的人最终获得优势地位。显然，起初，皇家顾问中就有一些人既不理解也不支持坎特伯雷大主教斯蒂芬·兰顿的政策。因此，重新发行的《大宪章》省略了部分约翰一世试图废止的条款，重新修改了国王放弃违宪征税的条款，重新设计了国民议会章程。许多曾在兰尼米德当过贵族党领袖的人要么与法兰西串通叛国，要么战死。第一代彭布罗克伯爵威廉·马歇尔被迫将过多的权力分给约翰一世的朋友，外国人和雇佣兵，或者如同切斯特伯爵雷纳夫·德·布伦德维尔和第三代阿尔伯马尔伯爵威廉·德·福兹这样曾为自己封地独立地位奋战的人。因此，我们会理解法尔克斯·德·布雷奥泰的权势。法尔克斯·德·布雷奥泰在被迫把城堡交给亨利三世前剧烈的抵抗，几乎导致英格兰内战再次爆发。因此，或许休伯特·德·伯格还能继续担任大法官。虽然后来他证明自己是个伟人，但目前为止，人们还只知道他是约翰一世的宠臣。因此，彼得·德·罗什保留了显赫的地位，尽管作为温切斯特主教，他已经享有主教的尊严和权力。进一步说，第一代彭布罗克伯爵威廉·马歇尔去世后，贵族对休伯特·德·伯格的统治充满猜疑。他们不断以少年国王亨利三世的名义反对王室宠臣和过于强势的政府。这些麻烦几乎构成了亨利三世未掌权时期的全部历史。

驱逐法兰西势力，重建秩序，以及通过连续而庄严的重新签发确保《大宪章》的效力，这些工作都必须归功于第一代彭布罗克伯爵威廉·马歇尔。只要第一代彭布罗克伯爵威廉·马歇尔活着，他就能减轻教皇使者的工作压力，管理好亨利三世的外籍官吏。1219年年初，第一代彭布罗克伯爵威廉·马歇尔去世。第一代彭布罗克伯爵威廉·马歇尔去世前几个月，瓜拉·比基耶里辞去教廷使者一职，回到罗马。瓜拉·比基耶里辞职的起因是一次本来可以达到良好效果的行动，但在这次行动中，瓜拉·比基耶里表现出的严厉和贪婪引起英格兰贵族的反感。

摄政者的位置不容易填补，没有一位候选人具有同样的才干。温切斯特主教彼得·德·罗什成为王室成员的监护人。1213年的教廷使者潘道夫代替瓜拉·比基耶里，再次成为教廷使者。彼得·德·罗什、潘道夫和最高政法官休伯特·德·伯格组成"三巨头"或最高摄政委员会。当时，坎特伯雷大主教斯蒂芬·兰顿已经流亡归来。切斯特伯爵雷纳夫·德·布伦德维尔、索尔兹伯里伯爵威廉·朗格斯佩和德比伯爵威廉·德·费勒斯二世都参加了十字军运动。在一段时间内，亨利三世的执政似乎进展顺利。

1220年，在教皇洪诺留三世的明确命令下，亨利三世在威斯敏斯特教堂再次庄严加冕。此次加冕礼由坎特伯雷大主教斯蒂芬·兰顿亲自主持，上次在格洛斯特匆忙举行的亨利三世加冕礼因陋就简，省略了很多仪式。这次，在威斯敏斯特教堂举行的加冕礼隆重盛大，补上了上次在格洛斯特举行的加冕礼省略的部分。另外，各大封建领主都按规定履行了自己的职责。与此同时，加冕礼是英格兰开始复苏的典型表现。亨利二世的第二次加冕典礼也有政治意图。当时，亨利三世如果已经完全拥有王室尊严，那么是时候将由于政策需要一直处在危险境地的王室城堡重新收归王室管理。如同过去学会服从亨利二世一般，封建领主必须学会服从亨利三世。另外，英格兰必须将外籍官吏赶下官位。外国冒险家虽然靠对王室的忠诚赢得了职位,但他们的行为导致了压迫和暴政。英格兰必须由英格兰人治理,即使是教廷使者,甚至是教皇,也不能阻碍英格兰走向内部统一,获得繁荣。

如同亨利二世统治初期一样,收复王室城堡的行动引发了亨利三世统治期内的第一次斗争。亨利二世统治时期,阿尔伯马尔伯爵威廉·勒·格罗斯拒绝交出斯卡伯勒城堡。亨利三世统治时期,第三代阿尔伯马尔伯爵威廉·德·福兹拒绝交出罗金厄姆。亨利三世的第二次加冕礼一结束,亨利三世方面立即开始围城。在亨利三世的军队挺进时,罗金厄姆的守军逃跑了。不过,第三代阿尔伯马尔伯爵威廉·德·福兹毫不气馁。1221年,第三代阿尔伯马尔伯爵威廉·德·福兹相继夺取比厄姆和福瑟林厄姆城堡。第三代阿尔伯马尔伯爵威廉·德·福兹

福瑟林厄姆城堡

不但对抗政府，而且反对教会方面将他逐出教会的教令。但最终，第三代阿尔伯马尔伯爵威廉·德·福兹还是被迫屈服。1222年和1223年，贵族的斗争在更可怕的地方爆发。最初支持政府的切斯特伯爵雷纳夫·德·布伦德维尔成为封建大领主的代言人。外国冒险家的首领是法尔克斯·德·布雷奥泰。切斯特伯爵雷纳夫·德·布伦德维尔和法尔克斯·德·布雷奥泰代表的势力尽最大努力逼迫休伯特·德·伯格下台。当时，休伯特·德·伯格差不多扮演了行政会议领袖的角色。最高摄政委员会内部的意见不合导致各种矛盾加剧。众所周知，彼得·德·罗什激起人们反抗休伯特·德·伯格，担当外籍官吏的保护神。彼得·德·罗什既不了解也不喜欢英格兰的制度，虽然他能干且富有政治斗争的经验。但他野心勃勃，肆无忌惮。1224年，双方争斗的结果已定。法尔克斯·德·布雷奥泰的暴力反抗行动被亨利三世方面镇压，法尔克斯·德·布雷奥泰的阴谋失败。虽然有彼得·德·罗什的秘密支持和教皇洪诺留三世的公开调解，但最终法尔克斯·德·布雷奥泰还是被赶出英格兰。法尔克斯·德·布雷奥泰的倒台使曾与他结盟的封建领主蒙羞，还导致他代表和领导的外国势力遭到驱逐。彼得·德·罗什不得不退居二线。

很久以前，英格兰就已经从教廷使者的存在中解放出来。1220年，坎特伯雷大主教斯蒂芬·兰顿从罗马教廷得到承诺，即只要他活着，就不应该将其他教廷使者送到英格兰。教廷使者潘道夫似乎认为这一承诺暗示了自己的命运。实际上，潘道夫厌倦了教廷使者一职。1221年7月，当选为诺里奇主教后，潘道夫辞去教廷使者一职。1224年年底前，休伯特·德·伯格已经摆脱了三种危险的影响，为英格兰人收复了英格兰。为实现这一目的，休伯特·德·伯格征收了高额赋税。英格兰人无法承受，也不愿意承受高昂的赋税。这时，法兰西拉响战争警报。1223年，路易王太子继承父亲腓力二世的王位，史称"路易八世"。

1225年，在休伯特·德·伯格的建议下，为获得一笔拨款支付各项开支及提升军队装备，亨利三世第三次签署《大宪章》。虽然在特殊情况才重新签署《大宪章》，但重新签署《大宪章》可以看作是典型的积极治国的好兆头。此时，亨利三世的世仇大多已经去世。所有英格兰外来的影响都已经消除。《大宪章》确保政府能运转良好。大众对统治政策的默许从接受亨利三世收取所有动产十五分之一的赋税中得到体现。对《大宪章》有条件的确认导致收取动产十五分之一的税成为可能。英格兰的统一可以由包含枢机主教[①]和贵族的长长的《大宪章》担保人名单证实。亨利三世将制定宪法的机构从"他的贵族的会议"改为"我的自发意愿"。这似乎不只是官方的批准，还是对宪法伟大之处个人真诚的遵守。

1227年，《大宪章》再次签署两年后，亨利三世成年了，开始执政。亨利三世贸然且不专业地干涉外交。作为制宪国王，人们发现亨利三世并没有比父亲约翰一世更有行动意愿，更有统治能力。从亨利三世成年开始执政时起，罗马教皇们和亨利三世不断向英格兰上上下下索取金钱。这些钱要么花在几乎不会引起英格兰民众兴趣的事情上，要么花在违背民族情感的目的上。亨利三世的执政总出现各种问题。这些问题导致的结果连同问题本身引发并加重了英格兰民众对亨利三世的疏离感。少年君主意味着成长和希望，亨利三世的成长与进步得到民众的密切关注。但民众对亨利三世的疏离感与日俱增。事实逐渐证明亨利三世不值得被信任、尊重和敬仰。亨利三世深信对自己权势的猛烈攻击可能最终导致自己被他人取代，甚至导致自己的统治被推翻。实际上，没人有上述想法。这些行为更没有实现的可能。亨利三世的这种想法不太可能只是未掌权的少年君主没有得到良好教育的结果。毫无疑问，期待拥有甚至拥有强大的权力是王室子弟受教育时跨不过去的槛。在英格兰历

---

① 枢机主教，教皇之下的最高圣职。——译者注

康沃尔的理查德

史上的每一位未掌权的少年君主身上，我们都发现了同样悲惨的故事。由于一直忽视如亨利三世一样的少年君主最重要的教育任务，少年君主们没能建立起对民众会处理好自己事务的信任。导致这一结果的部分原因可能是休伯特·德·伯格和彼得·德·罗什不得不在不友善的环境下工作。在约翰一世和昂古莱姆的伊莎贝拉的孩子亨利三世身上，我们不应该指望他有多少遗传下来的美德。然而，亨利三世的弟弟康沃尔的理查德与亨利三世截然不同。看来，期待和拥有强大的权力不能完全归咎于教育。对高尚的人来说，认识和掌控权力是一项痛苦的训练，但对亨利三世来说，这是致命的。亨利三世没有学到什么伟大的东西，身上残存的优点被忽视和扭曲了。

1227年到1258年，亨利三世个人执政期长达三十一年。这段时间由一长串没有原则的行为组成。这类不讲政治和没有原则的行为可能未必是亨利三世的个人行为。但我们不要忘记，这些行为的产生要归咎于一

第 8 章 亨利三世 | 249

个接一个软弱、自负的人或群体。所有不当行为导致英格兰内部各派产生对立情绪。最终，对立情绪高涨，形成颠覆亨利三世统治的浪潮。如果按时间顺序叙述亨利三世亲政三十一年内的故事，指出这一系列事件如何环环相扣，那么这是一件吃力不讨好的差事。因此，我们可以将亨利三世三十一年的统治期分为三个阶段叙述。第一阶段是亨利三世治理英格兰国内不善，第二阶段是亨利三世受到罗马教皇指使采取的十分可悲的外交政策，第三阶段是亨利三世对法兰西领地一贯的不幸政策。

亨利三世不善治理英格兰的起因是亨利三世不愿遵守《大宪章》。亨利三世不善治理英格兰的事件包括年复一年的重税、英格兰民众深深痛恨的外国宠臣官复原职、轻率地重用和任免大臣、通过神职人员而不是合适的大臣治国，以及上述事件在英格兰国内引起的一系列麻烦。

亨利三世统治的主要麻烦归咎于罗马教皇。教皇们不仅要求英格兰缴纳大量供奉，还要在英格兰教会提拔意大利人。罗马教皇们连续多次利用亨利三世。在欧洲，他们利用亨利三世手中的财富和身上的影响力试图消灭霍亨施陶芬家族。教皇们多次利用亨利三世导致亨利三世最终蒙羞。

亨利三世个人执政期第三阶段遇到的障碍归咎于几次远征法兰西、与圣路易的谈判、对加斯科涅的管理，以及康沃尔的理查德和第六代莱斯特伯爵西蒙·德·蒙福尔在加斯科涅的管理中扮演的角色。

三个阶段失误的共同作用导致1258年大危机的爆发。第六代莱斯特伯爵西蒙·德·蒙福尔引发了1258年的大危机，其关键和确定的外因是与教皇英诺森四世就西西里王国归属问题进行的谈判，内因是长时间的不当治理，形式是贵族党提出的制宪要求。当相同要点简单重复出现时，按时间顺序排列的概要就变得单调乏味。实际上，一份全面的概述就足以传达所有真正有价值的事件。

亨利三世的第一个举动就是个不祥预兆。1227年1月，亨利三世在

教皇英诺森四世

牛津召开的委员会上宣称自己已经成年,可以开始亲自治理国家。与此同时,亨利三世宣布自己不再接受彼得·德·罗什的监护,坚称除非用金钱换取确认条例和授权,否则所有条例和其他自己在成年前做出的授权都是无效的。亨利三世的宣言似乎是根据1218年通过的一项决议提出的。这项决议规定,成年前,亨利三世不应该做出任何永久性质的承诺。亨利三世的宣言引起人们的恐慌。当人们得知通过1225年《森林宪章》定下的森林边界将在亨利三世的指导下重新规划时,恐慌情绪持续蔓延。如果对王室控制的大片森林的使用和管理遭到王室的破坏,《大宪章》就会处于危险中。要么恐慌毫无根据,要么随之而来的兴奋弥补了恐慌。亨利三世通过签署各项条例筹集了大笔资金。根据某些贵族的陈述，亨利三世没有改变管理森林的方式，《大宪章》也没有受到威胁。亨利三世的宣言只被看作筹集资金的权宜之计。

人们和平地度过四五年时间。在这四五年间，如果有人对政府管理不善提出控诉，那么继续担任大法官的休伯特·德·伯格会立即采取行动加以纠正或让这些人不再提出控诉。1227年到1232年，休伯特·德·伯格担任首席大臣一职。如同休伯特·沃尔特和埃塞克斯伯爵杰弗里·菲茨·彼得一样，休伯特·德·伯格牺牲了自己的声望纠正君主亨利三世制造的麻烦，牺牲亨利三世对自己的好感减轻不负责任的政府苛政及其带来的影响。这段时间，除了对威尔士和苏格兰的战争，以及由这两场战争导致的军饷需要，我们不应该忽视一个事实，即教皇的贪得无厌索求无度会对亨利三世接下来多年的统治带来极坏的影响。

1228年，坎特伯雷大主教斯蒂芬·兰顿去世，亨利三世派往罗马的使者们向教皇格列高利九世许诺，英格兰将向教皇格列高利九世提供供奉，支持他与神圣罗马帝国皇帝腓特烈二世的战争，以此换取对坎特伯雷大主教继任者理查德·勒·格兰德的任命。这一许诺提交到委员会讨论，切斯特伯爵雷纳夫·德·布伦德维尔带头反对。虽然反对者不少，但委员会征税，征税引起民众强烈的情绪。替教皇格列高利九世收钱的官吏被洗劫，囤积的物品被烧毁。镇压民众暴行方式没有产生效果导致人们并非毫无理由的怀疑，而休伯特·德·伯格大法官默许民众粗暴的回应。

亨利三世已经厌倦了休伯特·德·伯格。亨利三世最强烈的感情是向教皇效忠，以及一有机会就毫不犹豫地搜刮民间的金钱。十字军运动中，温切斯特主教彼得·德·罗什离开英格兰多年。此时，他回到英格兰。温切斯特主教彼得·德·罗什不失时机地激发亨利三世对休伯特·德·伯格的厌恶，激起外国人揣摩亨利三世的弱点。

有人告诉亨利三世他收入的窘迫是因为他手下的大臣不诚实。大臣们越来越富有，这对亨利三世不利。亨利三世没有钱发动战争，休伯

教皇格列高利九世

特·德·伯格在兼并土地和与其他贵族结盟方面变得越来越强势，甚至利用自己的影响力清洗罗马教廷的反对者。很快，亨利三世学会了忘恩负义。休伯特·德·伯格曾亲自教导亨利三世必须抛弃父亲约翰一世最宠爱的仆人。休伯特·德·伯格以自己的亲身经历证明自己的教导是多么不公正。

1232年7月，休伯特·德·伯格下台。与坎特伯雷大主教托马斯·贝克特一样，他被判处完全无法推翻的莫须有罪名。经过几次徒劳的逃跑，1232年年底前，休伯特·德·伯格成为囚犯，身无分文。继任大法官的斯蒂芬·西格雷夫是彼得·德·罗什的傀儡。由于亨利三世的立场不坚定，彼得·德·罗什赢得早年丧失的影响力。彼得·德·罗什向宫廷及政府各个部门安排外国人，挤走所有英格兰籍的官吏。

休伯特·德·伯格的陨落本身足以引起人们的同情。曾在担任大臣时带头反对休伯特·德·伯格的切斯特伯爵雷纳夫·德·布伦德维尔，也被休伯特·德·伯格感动并为他求情。这不仅是亨利三世个人的耻辱，还扭转了亨利三世国内政策的走向，使贵族大臣十分震惊。1232年，天生的反对派领袖切斯特伯爵雷纳夫·德·布伦德维尔去世。康沃尔的理查德虽然身为亨利三世的亲弟弟，迄今为止一直表现出对国家的热爱，但他几乎不适合带头攻击他哥哥亨利三世的大臣们。曾经担任过亨利三世摄政的第一代彭布罗克伯爵威廉·马歇尔之子、与亨利三世妹妹英格兰的埃莉诺结婚的第二代彭布罗克伯爵威廉·马歇尔①的弟弟彭布罗克伯爵理查德·马歇尔成为国家利益代言人。彭布罗克伯爵理查德·马歇尔是当时最有成就的一位骑士，也是一位受教育程度最高的绅士。彭布罗克伯爵理查德·马歇尔必须与极富政治斗争经验且不择手段的彼得·德·罗什对抗。在彭布罗克伯爵理查德·马歇尔的建议下，贵族明确宣称不会在法庭或委员会上与温切斯特主教彼得·德·罗什见面，并且要求免除彼得·德·罗什在各个部门安插的外国人。亨利三世对贵族的回应是认为彭布罗克伯爵理查德·马歇尔是叛国贼。亨利三世向彭布罗克伯爵理查德·马歇尔出兵，迫使彭布罗克伯爵理查德·马歇尔与心怀不满的威尔士人结盟。彼得·德·罗什设下诡计诱使彭布罗克伯爵理查德·马歇尔越过英格兰边界，前往爱尔兰保卫爱尔兰领地。1234年，彭布罗克伯爵理查德·马歇尔受到彼得·德·罗什派出的间谍

---

① 后来第二代彭布罗克伯爵威廉·马歇尔的寡妻英格兰的埃莉诺嫁给第六代莱斯特伯爵西蒙·德·蒙福尔。——译者注

彭布罗克伯爵威廉·马歇尔

驱使,参加在爱尔兰领地的战斗。然后,彭布罗克伯爵理查德·马歇尔遭到背叛并受重伤阵亡。彭布罗克伯爵理查德·马歇尔阵亡后很长一段时间,贵族处于群龙无首的状态。

狡诈的彼得·德·罗什战胜了彭布罗克伯爵理查德·马歇尔,但这不足以确保他的地位。虽然在彭布罗克伯爵理查德·马歇尔离开时贵族失去了领袖,但贵族并不轻易屈从。在1234年被任命为坎特伯雷大主教的阿宾登的埃德蒙的指挥下,主教们坚持为彭布罗克伯爵理查德·马歇尔伸张正义,坚决要求罢免在英格兰宫廷担任职务的外国人。亨利三世被迫屈服。彼得·德·罗什奉命退出朝廷，他庇护的人也跟着从朝廷退出。要想公正对待彭布罗克伯爵理查德·马歇尔或停止毁灭彭布罗克伯爵理查德·马歇尔的诡计已经太迟。事实上，在彼得·德·罗什被解职前几天，远在爱尔兰的彭布罗克伯爵理查德·马歇尔已经阵亡。休伯特·德·伯格从这场变革中获利，并且在他的竞争对手彼得·德·罗什倒台时重新获得财产，尽管不是政治权力。

在某种程度上，休伯特·德·伯格及接替他的彼得·德·罗什的治国策略是摄政时期治国策略的延续。从此，亨利三世决定不但要做国王，而且要成为行政首脑。斯蒂芬·西格雷夫是休伯特·德·伯格担任的伟大的大法官一职十分不称职的继任者。此后，担任大法官的官员不再是国王的左右手，而是法庭的首席官员。亨利三世将最高权力掌握在自己无能的手中。当时，首席大臣掌管国玺。对希望为所欲为的亨利三世来说，首席大臣权力过大。1226年，经全国委员会建议和授权，奇切斯特主教拉尔夫·内维尔接受国玺。随后，拉尔夫·内维尔拒绝将国玺交给亨利三世，除非依照任命他担任首席大臣的大委员会的明确命令。1238年，亨利三世成功地从拉尔夫·内维尔手中夺取国玺。但直到1244年拉尔夫·内维尔去世，亨利三世一直保留着他的首席大臣头衔和年俸。

贵族认为应该选举或委派称职的大法官，首席大臣和司库必须经过国家委员会的许可。对此，贵族们不断请愿。这显示出亨利三世此次夺玺行动遭到贵族们的猜忌。贵族们心中已经萌发任人唯贤的思想。任人唯贤虽然并不一定能选出如同原坎特伯雷大主教托马斯·贝克特那类圣人，或者休伯特·德·伯格那样国王的忠臣，但能选出更多类似大委员会委员这类对国家负责的人。

这段时间的历史充斥着英格兰民众的各种抱怨、英格兰王室花样百出的借口、英格兰王室的各种缺陷，以及偶然爆发的战争和豪华的婚礼。1235年，亨利三世将妹妹英格兰的伊莎贝拉嫁给神圣罗马帝国皇帝

普罗旺斯的埃莉诺

腓特烈二世。1236年,亨利三世与普罗旺斯的埃莉诺结婚。这两场婚礼都是大手大脚花钱的活动,但英格兰民众越来越不愿意花钱了。他们的不满不仅由于税收。普罗旺斯的埃莉诺的亲戚们如同涌向新发现的金矿一般涌向英格兰领地,以及教会和国家的高级官职都被随意授予普罗旺斯的埃莉诺的法兰西亲戚们。谣言四起,有传闻说普罗旺斯的埃莉诺的亲戚们企图修改英格兰王国的宪法。

在普罗旺斯的埃莉诺的法兰西亲戚们的影响下,曾在彼得·德·罗什庇护下赶来但又被赶走的老外籍官吏重新回到英格兰的宫廷和议会,重新带回滥权和猜忌。1238年,亨利三世的妹妹第二代彭布罗克伯爵威廉·马歇尔的遗孀英格兰的埃莉诺嫁给第六代莱斯特伯爵西蒙·德·蒙福尔。这段婚姻及随后亨利三世与第六代莱斯特伯爵西蒙·德·蒙福尔的争吵加剧了朝堂上的猜忌和分歧。1242年，亨利三世对法兰西展开了一场昂贵的远征，并且在1243年返回英格兰。随着亨利三世来到英格兰的还有一大批新的陌生人，他们是普瓦图的贵族和亨利三世母亲昂古莱姆的伊莎贝拉的子女①。1241年，普罗旺斯的埃莉诺的舅舅萨伏伊的卜尼法斯被封为坎特伯雷大主教，接替前任坎特伯雷大主教阿宾登的埃德蒙。1244年，康沃尔的理查德娶了普罗旺斯的埃莉诺的妹妹普罗旺斯的桑奇娅。

亨利三世亲政时期的每一年，贵族和主教都会就税收问题在议会中与亨利三世展开斗争。在历史和以议会名义记录的卷宗中，我们都能发现这些斗争。这些斗争有时由主教带头，有时由贵族带头；有时关于教皇的供奉，有时王室的索求激起了反对税收的斗争。为确认征税的条件，《大宪章》被一遍遍重新签署。只要王室需要钱，《大宪章》就需要被重新签署。在与普罗旺斯的埃莉诺的妹妹普罗旺斯的桑奇娅结婚前，康沃尔的理查德不断出现在抗议者队伍中。只要坎特伯雷大主教阿宾登的埃德蒙还有耐心，他就会领导主教反抗亨利三世。同样领导反抗的还有伟大的圣人、学者、神父，林肯主教罗伯特·格罗斯泰特。作为领导者，他提出维持良好政府运作及减少王室压迫的计划。

在专制统治下，每个阶层都在受苦受难。伦敦市民，或许还有犹太人受苦最深，因为亨利三世不通过任何中间机构直接向伦敦市民强取金钱。征税通知总是突如其来，征税数额总是惊人，全国人民怨愤滔天。如果不是缺少领导人，那么英格兰一定会在真实革命爆发前很长时间爆发革命。1237年，国家委员会对控制开支及开支的用途列出明确条

---

① 这些子女是亨利三世的母亲昂古莱姆的伊莎贝拉在第二段婚姻中与吕西尼昂的休十世生下的孩子，与亨利三世同母异父。——译者注

林肯主教罗伯特·格罗斯泰特

款,但这些条款中的任何一条都没有得到遵守。1242年,国家委员会向亨利三世提交了一份长长的清单,列有他们出于善意帮助亨利三世提出的种种要求,但这些要求并没有得到落实。1244年,在威斯敏斯特教堂的休息室,亨利三世召集大贵族,亲自向大贵族索要钱财。在场的两大势力,即神职人员和世俗人士,经过各自内部辩论,决定联合起来,选出十二位代表与亨利三世协商。十二位代表的首领是康沃尔的理查德和第六代莱斯特伯爵西蒙·德·蒙福尔。十二人委员会要求批准宪章,选举大法官、首席大臣和司库。十二人委员会甚至开始商讨宪法的改革计划。根据这一计划，贵族将任命常设委员会料理亨利三世的事务，确保顺利实施体现在新宪章中的改革条款。然而，亨利三世断然拒绝反对派的要求。随后，借由教皇英诺森四世颁布的教令，亨利三世否决了贵族的计划。贵族虽然无法坚持原计划，但成功地拒绝向亨利三世拨出一大笔钱，并且投票表决通过一笔在法律上不能反对的拨款，支付亨利三世女儿婚事的费用。

伟大的历史学家马修·帕里斯在自己的著作中写满了类似的细节。不管各阶层是否同意拨款，亨利三世都继续索要更多的钱财。不管亨利三世是用无礼、承诺还是侮辱的方式回应英格兰民众的抱怨，亨利三世的恶行都没有得到纠正。当时，没有大臣会长期任职。亨利三世不时任命书记官或法官处理国家大事。凡是不能处理的重要事务，亨利三世就交由命运处理。一些良好的结果随之而来：英格兰民众了解到亨利三世其实依赖贵族和民众的支持，尽管对此，亨利三世本人并没有留下深刻的印象。每年评估和税收的机制越来越具有代表性，议会制度的形式与议会的精神都在迅速发展。不过，从这一阶段亨利三世统治期举行的无数次会议中，我们找不到任何连贯性，甚至找不到任何建立代议制政府的可能性。委员会更多地忙于获取权力而不是推行制度改革，而且行政代表机制虽然已经在处理公共事务时采用，但还没有在司法和中央税收领域采用。

这一时期，英格兰没有尝试设计伟大的政治制度。贵族看不到付给亨利三世巨额金钱的回报。法兰西国王路易八世参加了十字军运动，英格兰国王亨利三世以为十字军运动筹集资金为借口，将钱花在或浪费在其他目的上。历任教皇榨干了整个英格兰。英格兰只有窃窃私语，没有革命爆发，没有势力试图推翻亨利三世统治的阴谋，没有领袖领导革命。第六代莱斯特伯爵西蒙·德·蒙福尔专注于加斯科涅的行政事务，康沃尔的理查德只管好自己的事。英格兰又一次被交到普瓦图的贵族手上，但没有人有地位或能力领导普瓦图贵族。因此，贵族对亨利三世的抗争没有落到实处。1248年、1249年和1255年，贵族建立常设部门的要求得到确认。这时，大臣们由国民议会任命。1237年和1253年，《大宪章》被庄严修订，违反宪章者将被逐出教会。1254年，为筹集一笔资金，贵族建立常设部门的要求得到确认。对此，每个郡从每个县派出两名由县法院选举的骑士参加委员会。这是建立或发展议会制的重要一步。最后，1257年，贵族的耐心完全耗尽。亨利三世以一种胆大妄为的行为引发了一场巨大危机。

导致亨利三世的统治发生严重危机的第二个原因是亨利三世与教皇的关系和教皇政策。亨利三世紧紧依附教皇并不奇怪，因为正是教皇洪诺留三世的谋略才使亨利三世当上英格兰国王。因此，亨利三世的思想是在教皇的宗教思想影响下形成的。亨利三世得应付深谋远虑、精明强干的历任教皇，无条件地屈从于他们。亨利三世从不与任何教皇争论或争吵，因为在他看来，没有什么值得为自己辩护。在针对约翰一世的禁绝令没有废止前的最后一段时间，亨利三世已经开始记事。他知道教皇洪诺留三世支持他，反对法兰西国王腓力二世和路易八世。亨利三世目睹了教皇格列高利九世和英诺森四世如何长期羞辱神圣罗马帝国皇帝腓特烈二世。事实上，亨利三世从未见过一位软弱的教皇。

亨利三世本来可以反抗教皇的压迫，反抗教皇压迫可能会为他带来许多好处。这一时期的坎特伯雷大主教斯蒂芬·兰顿、理查德·勒·格兰德和阿宾登的埃德蒙是三位优秀的大主教。在爱国精神、独立性和神圣性方面，他们无可指摘。即使后来的坎特伯雷大主教萨伏伊的卜尼法斯既不是英格兰人，也不是圣人，但他曾勇敢反抗教皇的压迫。即使没有用法杖，萨伏伊的卜尼法斯也用剑加强了亨利三世的力量。然而，亨利三世基本上在阻挠坎特伯雷大主教们的行动。亨利三世远离坎特伯雷大主教的支持，耗尽他们的耐心。坎特伯雷大主教阿宾登的埃德蒙被亨利三世的暴政和敲诈勒索赶走，甚至坎特伯雷大主教萨伏伊的卜尼法斯有时也选择支持贵族党，而不是亨利三世。

　　由教皇引起的一系列问题始于1226年。教皇洪诺留三世要求分享每座大教堂、教堂及修道院的财产。1229年，教皇格列高利九世要求征收动产什一税，但只有切斯特伯爵雷纳夫·德·布伦德维尔有勇气拒绝上交这项税。1231年，罗马教廷的强征动产什一税引起公愤。由于亨利三世不满意休伯特·德·伯格处理此事的方法，所以亨利三世以莫须有的罪名指控休伯特·德·伯格并撤了他的职务。1237年，亨利三世邀请枢机主教奥索改革英格兰教会。枢机主教奥索一直在英格兰待到1241年。他访问了牛津大学，对牛津下禁绝令。1239年，枢机主教奥索访问苏格兰。1240年，枢机主教奥索索要大量钱财，而且禁止亨利三世在英格兰教会提拔英格兰神职人员，除非三百名意大利神职人员先在英格兰教会得到提拔。1244年，教皇英诺森四世派来一位更令人难以忍受的代表马丁大人。马丁大人在英格兰待了不到一年就不得不离开。亨利三世的议会不敢拒绝教皇的要求。除了直接向教皇上交供奉，英格兰人生活的很大一部分由外国人把持。林肯主教罗伯特·格罗斯泰特认为罗马教廷越权征税是在毁灭自己准备为之牺牲生命的教区民众。林肯主教罗伯特·格罗斯泰特宣称，1252年教皇提名的人在英格兰境内的收入是王室收入的三倍。此外，由于教区选举存在争议，不断有人向罗马教廷提出上诉。对此，教皇要么行使表决权，要么把裁决明码标价。

　　如果要了解教皇如何处理这些巨款，那么我们需要仔细阅读神圣罗马帝国皇帝腓特烈二世时期的历史。与腓特烈二世第一次争吵后，教皇格列高利九世就开始索要重金。亨利三世登基时最大的困难就是腓特烈二世与教皇亚历山大四世在西西里归属问题上的纠缠。然而，腓特烈二世是亨利三世的亲妹夫，也是一位君主。无论腓特烈二世犯有什么过失，教皇格列高利九世对腓特烈二世的敌意都与腓特烈二世的缺点无关。作为教皇政治斗争的牺牲品，腓特烈二世在英格兰受到人们的钦佩和同情。法兰西国王圣路易可以拒绝成为教皇侮辱他人的工具，但亨利三世似乎将自己绑在教皇的马车上。根据当时的说法，罗马教皇和亨利三世留给人们的任务只是辨别上磨盘和下磨盘哪个最重。

亨利三世与教皇格列高利九世和教皇英诺森四世的友谊对英格兰十分致命。最终，这段友谊结束了英格兰贵族长时间的忍耐。迫使英格兰贵族管住亨利三世双手的是教皇亚历山大四世的政策。1252年，教皇英诺森四世将西西里王国赐予康沃尔的理查德。然而，谈判一直持续到1255年才最终决定西西里王国的归属权。最终，接受西西里王国的不是

教皇亚历山大四世

埃德蒙·克劳奇贝克

康沃尔的理查德而是亨利三世次子埃德蒙·克劳奇贝克。人们可能会认为，由于争吵是教皇之间的事情，教皇亚历山大四世可能会雇亨利三世为自己作战。通过老练的军事谋略，教皇亚历山大四世改写了以前教皇雇佣国王作战的规则。教皇亚历山大四世指挥作战，并且希望亨利三世出资赞助自己作战。亨利三世软弱到接受教皇亚历山大四世的要求，甚至还将英格兰王国的信用担保给教皇亚历山大四世，抵偿狡猾的教皇亚历山大四世为维持自己的战争开销提出的宗教税。正是宗教税导致贵族要求颁布新的宪法条款，从而开启长期黑暗统治后的新时代。

在法兰西做的交易是亨利三世成年后三个主要事件中的第三个事件。对这件事，我们必须做十分简短的总结，因为在他的一生中，这件事本身并不重要。

约翰一世驾崩时，亨利二世统治时期的法兰西领地只残存阿基坦和加斯科涅。能保留阿基坦和加斯科涅这两块领地不是因为当地民众喜欢金雀花王朝的统治者①，而是因为当地民众恨所有政府。他们发现遥远的英格兰王国不如近处的法兰西王国那样雄心勃勃试图称霸欧洲南部地区。阿基坦和加斯科涅公国反抗亨利二世的统治，也反抗法兰西国王腓力二世和路易八世的统治。直到亨利六世统治时期，阿基坦和加斯科涅仍然臣服于英格兰国王，虽然臣属关系已经被削弱。在执政早期，亨利三世曾有收回阿基坦和加斯科涅的想法。

1225年，康沃尔的理查德前往波尔多，在加斯科涅重建政治秩序。1229年，在圣路易年幼未掌权时②，不仅加斯科涅人，甚至连诺曼人也向亨利三世提议恢复金雀花王朝在欧洲大陆的领地。1230年，亨利三世穿越布列塔尼和安茹，获得普瓦图伯国的效忠。与此同时，切斯特伯爵雷纳夫·德·布伦德维尔试图登陆诺曼底。1231年，英格兰王国和法兰西王国达成休战协议。直到1243年，没有英格兰人再提与法兰西王国的战争。然而，1242年，由于圣路易将自己的弟弟阿方索任命为普瓦图伯爵，普瓦图民众邀请亨利三世主持大局。于是，亨利三世谋划一场大规模远征，但组织得很失败。如果不是圣路易的怜悯，那么亨利三世差点被活捉。靠着圣路易的怜悯，亨利三世才得以维持自己在加斯科涅的领主地位。1243年，亨利三世回到英格兰后，加斯科涅民众的行为为亨利三世带来几年内唯一一场来自国外的麻烦。加斯科涅民众发现圣路易向自己施加压力。于是，加斯科涅民众鼓起勇气反抗圣路易，导致不断遭到镇压。从1249年开始，第六代莱斯特伯爵西蒙·德·蒙福尔前往加斯科涅维持秩序。虽然第六代莱斯特伯爵西蒙·德·蒙福尔对金钱的渴求是亨利三世内政出现问题的一项原因，但亨利三世对第六代莱斯特伯爵西蒙·德·蒙福尔的态度奠定了双方长期存在敌意的基础。对第六代莱斯特

---

① 实际上，阿基坦和加斯科涅民众痛恨金雀花王朝的统治。——原注
② 由于路易八世突然驾崩，圣路易仓促继位。即位时，圣路易只有十二岁。——译者注

伯爵西蒙·德·蒙福尔严厉的管理，加斯科涅民众怨声载道。第六代莱斯特伯爵西蒙·德·蒙福尔很容易相信自己在法兰西的工作只是让自己走向毁灭。1253年，第六代莱斯特伯爵西蒙·德·蒙福尔辞去在加斯科涅的职务。亨利三世第三次来到法兰西，在法兰西待了一年半时间。1254年年末，返回英格兰时，亨利三世负债累累，比以往任何时候都更绝望。

从此，英格兰国内的积怨，无论是宪法、宗教，还是政治方面的，都融合在一起。所有受压迫和被冒犯的人都站在一起。亨利三世的敲诈、不忠、轻率，以及他在内政外交方面的无能，迫使受压迫者去想补救的办法。每个阶级都曾受到侮辱和压迫，已经不缺少改革和报复的时机和支持者。

第 9 章

第六代莱斯特伯爵西蒙·德·蒙福尔

精彩看点

宪法危机推迟爆发的原因——亨利三世试图谋取贵族领地的政策——康沃尔的理查德——第六代莱斯特伯爵西蒙·德·蒙福尔——1258年的议会——牛津议会——《牛津法令》——贵族分裂——1263年贵族战争——圣路易判决——圣路易判决的动机——圣路易判决的影响——圣路易与贵族党的刘易斯战役——《刘易斯协定》——贵族政府的行为——第六代莱斯特伯爵西蒙·德·蒙福尔的议会——第六代莱斯特伯爵西蒙·德·蒙福尔儿子们的不明智举动——伊夫舍姆战役与第六代莱斯特伯爵西蒙·德·蒙福尔之死——《凯尼尔沃思宣言》——亨利三世驾崩——持续斗争

亨利三世统治的前四十年漫长而沉闷。这四十年的主要作用是帮助我们追溯一系列事件发生的原因和动机，在剩下的十六年内，这些原因和动机产生了更明显和复杂的结果。我们看到各阶级的反抗精神正在逐渐增强。亨利三世的政策反复无常、前后矛盾、毫无目的，不断显露出亨利三世怀有阴沉的、像父亲约翰一世那样实施专制统治的决心。亨利三世的外交政策也受罗马教廷的影响。这种影响逐渐使英格兰民众不能再容忍亨利三世了。我们不能不进一步认识到，亨利三世想要独揽大权的决心可能只有一个结果，即当清算时刻来临时，亨利三世只能独自承担所有后果。亨利三世找不到掩盖自己罪行的代理人，也不会有甘愿牺牲的代理人为亨利三世辩护。亨利三世性格柔顺、缺乏原则，或许推迟了清算日的到来。或许是亨利三世命中不幸，他活得太久，使人们的耐心被渐渐消磨掉。另外，人们还因为缺少合适的领导者而容忍亨利三世。实际上，这是一个很重要的原因。在亨利三世统治初期的困难时期，切斯特伯爵雷纳夫·德·布伦德维尔偶尔担任贵族党的领袖，但他的行为表露出他对统治英格兰的渴望强于对自由的热爱。切斯特伯爵雷纳夫·德·布伦德维尔去世后，更高尚、更有原则性的第二代彭布罗克伯爵威廉·马歇尔的弟弟彭布罗克伯爵理查德·马歇尔担任贵族党的领袖。第二代彭布罗克伯爵威廉·马歇尔的弟弟彭布罗克伯爵理查德·马歇尔去世后,很长一段时间里,没有一位世俗的大贵族能脱颖而出,担任反对派领导者的角色。主教们同样不满亨利三世的压迫,但他们不被允许拿起武器反对亨利三世。约翰一世统治时期的大领主已经慢慢离世,尚在人间的大领主在精神方面萎靡不振。此外,亨利三世可能已经找到让大领主的代表保持沉默或无所作为的办法。

  莱斯特伯爵的领地被一分为二。在统治初期,保留莱斯特伯爵头衔的领地一半归亨利三世所有,尽管蒙福尔家族声称对其拥有所有权。1237年,由于没有名正言顺的继承人,切斯特伯爵领地收归王室所有[①]。博恩家族拥有埃塞克斯和赫里福德,康沃尔归亨利三世的弟弟康沃尔的理查德拥有,索尔兹伯里归索尔兹伯里伯爵威廉·朗格斯佩所有,只有格洛斯特还归格洛斯特伯爵所有。因此,格洛斯特伯爵家族无法单独扛起反抗亨利三世的大旗。亨利三世很明智地看到这一点。因此,亨利三世将切斯特伯爵领地封给儿子爱德华王子,避免切斯特家族复兴。或许正是出于同样的目的,亨利三世才纵容妹妹英格兰的埃莉诺与第六代莱斯特伯爵西蒙·德·蒙福尔结婚。这样,莱斯特的继承权迟早也将归于王室。第二代彭布罗克伯爵威廉·马歇尔的领地转归[②]时,亨利三世将彭布罗克赐给自己同母异父的弟弟威廉·德·瓦朗斯[③]。如果亨利三世能随心所欲地将所有爵位赐给自己的近亲,那么贵族家族就没有天生的领导者,听凭亨利三世摆布。实际上,这是亨利三世计划的一部分。从亨利三世任命的主教中,我们可以推断出他的计划。毫无疑问,当王后

---

① 切斯特伯爵雷纳夫·德·布伦德维尔没有子嗣,切斯特伯爵财产归他的四个姐妹。1232年11月21日,亨廷登伯爵苏格兰的约翰以母亲玛蒂尔达的权益继承了切斯特伯爵领地。——译者注
② 指没有继承人,需要考虑转由他人继承。——译者注
③ 威廉·德·瓦朗斯与琼·德·蒙琴西结婚。威廉·德·瓦朗斯是亨利三世的同母异父的弟弟,是伊莎贝拉与吕西尼昂的休十世所生。琼·德·蒙琴西是监国第一代彭布罗克伯爵威廉·马歇尔的外孙女。——译者注

博恩家族的纹章

普罗旺斯的埃莉诺的舅舅萨伏伊的卜尼法斯受封为坎特伯雷大主教时，亨利三世认为自己已经稳操胜券了。亨利三世另一位同母异父的弟弟艾梅·德·瓦朗斯也当上温切斯特主教。另一位重要的主教，即赫里福德主教，也落在亨利三世的普罗旺斯的亲戚手中。亨利三世驾崩一百年后，爱德华三世也采取类似的措施，即通过让自己儿子和世袭爵位的女继承人联姻巩固王室的权力。在神圣罗马帝国早期，德意志诸侯不止一次采取这种形式巩固联盟。然而，不幸的是，这一计划很少奏效，因为人们对自己亲戚的憎恨可能比任何人都强烈。在一两代人的时间内，当个人仇恨与继承权交织在一起时，姑表亲们往往会自相残杀。最终，他们两败俱伤。即使在现在，我们也会遇到一两个这样的例子。亨利三世的治国方针使贵族党分裂无首，在他原本可以信任的人中间激起反对的声音。亨利三世处理加斯科涅事务的措施甚至一度将他的儿子爱德华王子与弟弟康沃尔的理查德也推到自己的对立面。早在1242年，我们看到康沃尔的理查德在贵族会议中占有重要地位。不过，亨利三世的王朝政策逼反朋友最主要和重要的例子是第六代莱斯特伯爵西蒙·德·蒙福尔。第六代莱斯特伯爵西蒙·德·蒙福尔是亨利三世的私人对手，反对派领袖，国家权力的捍卫者。由于政治能力拙劣，亨利三世直接地、坚持不懈地将第六代莱斯特伯爵西蒙·德·蒙福尔培养成自己的反对派，仿佛亨利三世一开始就有将第六代莱斯特伯爵西蒙·德·蒙福尔培植成自己反对派的目标。

在描述亨利三世统治时期最有影响力的两个人的性格时，历史学家分歧很大。康沃尔的理查德是约翰一世的次子。1257年，康沃尔的理查德获得德意志国王这一封号[①]。在任何场合，康沃尔的理查德一定都比兄长亨利三世更有精力，更具进取心。康沃尔的理查德在早期作战时取得的成就，在十字军运动中，以及他尝试并采用真正持续控制德意志领地的冒险方式都证明了这一点。康沃尔的理查德也是位优秀的管理者。亨利三世总是无可救药地高筑债台。相反，康沃尔的理查德总是手头宽裕，能大量借钱给亨利三世。这些钱使亨利三世可以维持一段时间，虽然没能完全帮助亨利三世摆脱困境。康沃尔的理查德的执政手段也更高明。他经常与贵族党合作，反对和规劝亨利三世的愚蠢计划，在法兰西和英格兰赢得很高的政治声誉。与此同时，我们必须明确，当时存在一种强大的舆论。这种舆论在英格兰和神圣罗马帝国不断回响。康沃尔的理查德很不受人喜欢。英格兰人不喜欢康沃尔的理查德对国外领地所有权的企图，将康沃尔的理查德描绘成愚蠢、奢侈、狡猾的人，并且以德意志国王的名义牺牲了自己的真正利益，危害了英格兰的利益。人们说康沃尔的理查德会让德意志人骗走所有财富，然后回到英格兰，站在不受欢

---

① 康沃尔的理查德并无实权，仅数次到访德意志，并且没有被教皇加冕为神圣罗马帝国皇帝。——译者注

迎的一边，如同康沃尔的理查德在贵族战争中的行为。德意志人总将英格兰出身的德意志国王康沃尔的理查德当作富有的傻瓜，不时摆布他以获取自己的利益。从康沃尔的理查德身上，德意志人榨取金钱，获得特权，通过模仿、嘲笑他表达自己心中的不屑。如果更仔细地审视康沃尔的理查德的一生，那么我们会得出这样的结论，即他的能力和成就都被低估。康沃尔的理查德不是伟大的君主，但以他能得到的机会来看，他本可能做得更糟。在罗马人的国王①里，康沃尔的理查德是最后几位想建立独立王朝的国王中的一位。为建立自己的帝国，康沃尔的理查德倾其所有。康沃尔的理查德不只利用现有的权力和地位增加自己的财富。在英格兰的贵族中，康沃尔的理查德总是扮演调解人和仲裁者的角色，从不敦促亨利三世采取专横和欺骗的政策。当英格兰真正处于战争状态时，康沃尔的理查德会将自己的命运托付给兄长亨利三世，而不是第六代莱斯特伯爵西蒙·德·蒙福尔。事实上，康沃尔的理查德不了解第六代莱斯特伯爵西蒙·德·蒙福尔，怀疑第六代莱斯特伯爵西蒙·德·蒙福尔，并且有充分理由不喜欢第六代莱斯特伯爵西蒙·德·蒙福尔。然而，这几乎不会使康沃尔的理查德受到严厉指责。康沃尔的理查德似乎是亨利三世的顾问中最聪明、最温和的一位，但亨利三世从来不喜欢别人给自己出主意。

与康沃尔的理查德不同，人们对第六代莱斯特伯爵西蒙·德·蒙福尔的评价大不相同。一方面，有人认为他是富含灵感的政治家、学者、圣人和殉道者。另一方面，有人认为他只是冒险家、煽动家、反抗者、叛徒、罪犯，充满自私的野心和个人仇恨。对第六代莱斯特伯爵西蒙·德·蒙福尔主要行动的简短回顾可能表明为什么人们对他会有差异巨大的两种看法。这两种看法似乎都有理由，又似乎都没理由，有时似乎只有一种看法有理由。

---

① 指法兰克家族是耶路撒冷和罗马名义上的国王。——译者注

第六代莱斯特伯爵西蒙·德·蒙福尔无疑是一位冒险家。他出身贵族家族。在没有多少资本的情况下，这一家族的成员投下很大的赌注。几个世纪以来，这一家族的成员一直出任要职。他的父亲第五代莱斯特伯爵西蒙·德·蒙福尔是同样出名的十字军士兵。第五代莱斯特伯爵西蒙·德·蒙福尔曾率领十字军镇压阿尔比教派，成为图卢兹伯爵。随后，第五代莱斯特伯爵西蒙·德·蒙福尔在图卢兹被杀。早在亨利一世统治时期，蒙福尔家族的远祖埃夫勒伯爵威廉·德·蒙福尔通过一桩幸

第五代莱斯特伯爵西蒙·德·蒙福尔

第五代莱斯特伯爵西蒙·德·蒙福尔被杀

运的婚姻走上政治道路。在法兰西国王路易六世统治时期，蒙福尔家族曾大胆地尝试，试图成为法兰西最高摄政。约翰一世将格洛斯特伯爵爵位及其庄园都授予埃夫勒伯爵阿莫里·蒙福尔，从而使埃夫勒归亨利二世统治。阿莫里·蒙福尔是格洛斯特的哈维西娅①姐姐梅布尔的丈夫。

第六代莱斯特伯爵西蒙·德·蒙福尔的父亲第五代莱斯特伯爵西

---

① 埃塞克斯伯爵杰弗里·菲茨·彼得的妻子，曾嫁与约翰王。——译者注

蒙·德·蒙福尔是博蒙特家族最后一位莱斯特伯爵罗伯特·德·博蒙特的外甥。莱斯特伯爵罗伯特·德·博蒙特去世后，当时的英格兰国王约翰一世将第五代莱斯特伯爵西蒙·德·蒙福尔的领地一分为二。作为联合继承人，温切斯特伯爵萨尔·德·昆西继承了温切斯特，第五代莱斯特伯爵西蒙·德·蒙福尔继承了莱斯特。第五代莱斯特伯爵西蒙·德·蒙福尔虽然是莱斯特伯爵，但与英格兰关系不大。第五代莱斯特伯爵西蒙·德·蒙福尔曾作为约翰一世的对手。据说有一次，贵族们确实动过脑筋想将第五代莱斯特伯爵西蒙·德·蒙福尔召来对付约翰一世。实际上，第五代莱斯特伯爵西蒙·德·蒙福尔讨伐阿尔比教派是针对约翰一世的姐夫图卢兹伯爵雷蒙六世[①]。由于约翰一世热衷于控制别人的财产，第五代莱斯特伯爵西蒙·德·蒙福尔没有得到多少莱斯特伯爵领地的收入。第五代莱斯特伯爵西蒙·德·蒙福尔有四个儿子。其中，两个儿子已经过世，长子阿莫里·德·蒙福尔继承了蒙福尔伯爵爵位，幸存的幼子是本章主人公第六代莱斯特伯爵西蒙·德·蒙福尔。蒙福尔伯爵阿莫里满足于自己在法兰西的遗产。根据马修·帕里斯的说法，1226年或1227年，西蒙·德·蒙福尔在布尔日会议上，试图重夺图卢兹伯爵之位。没有得到图卢兹伯爵之位后，西蒙·德·蒙福尔就来到英格兰，尝试夺取莱斯特伯爵之位。蒙福尔伯爵阿莫里同意将自己的权利转让给弟弟西蒙·德·蒙福尔。几年后，西蒙·德·蒙福尔获得莱斯特伯爵之位。亨利三世同意两兄弟之间的安排，授予西蒙·德·蒙福尔莱斯特伯爵爵位。

第六代莱斯特伯爵西蒙·德·蒙福尔曾两次试图通过婚姻提升地位。他试图与佛兰德斯女伯爵琼和布洛涅伯爵继承人玛丽联姻，但都以失败告终。他的第三段婚姻比较成功。据说，亨利三世默许第六代莱斯

[①] 琼在西西里国王威廉二世死后改嫁图卢兹伯爵雷蒙六世。——译者注

蒙福尔伯爵阿莫里

特伯爵西蒙·德·蒙福尔与亨利三世的妹妹英格兰的埃莉诺的非法婚姻。作为第二代彭布罗克伯爵威廉·马歇尔的遗孀,英格兰的埃莉诺曾在坎特伯雷大主教阿宾登的埃德蒙面前发誓守贞,永不再嫁,因此,英格兰的埃莉诺与第六代莱斯特伯爵西蒙·德·蒙福尔的婚姻应该不合法。1239年,两人婚后①不久,亨利三世授予西蒙·德·蒙福尔莱斯特伯爵爵位。对这一婚约,康沃尔的理查德和其他贵族很生气。新妹夫第六

---

① 1238年1月,第六代莱斯特伯爵西蒙·德·蒙福尔与亨利三世的妹妹英格兰的埃莉诺结婚。——译者注

代莱斯特伯爵西蒙·德·蒙福尔新婚不久，亨利三世开始与第六代莱斯特伯爵西蒙·德·蒙福尔发生争吵。第六代莱斯特伯爵西蒙·德·蒙福尔不得不离开英格兰。然后，第六代莱斯特伯爵西蒙·德·蒙福尔花了不少钱费了不少周折，才让他婚姻的合法性得到承认。

多年来，第六代莱斯特伯爵西蒙·德·蒙福尔似乎一直遭受冷遇，也许还在抚平内心的伤痕。到目前为止，第六代莱斯特伯爵西蒙·德·蒙福尔身上几乎没有什么东西能将他与其他云集在英格兰的外国人区分。实际上，第六代莱斯特伯爵西蒙·德·蒙福尔是怎样将自己培养成有英格兰贵族思想和地位的人，我们不得而知。然而，很明显，第六代莱斯特伯爵西蒙·德·蒙福尔做到了这一点。第六代莱斯特伯爵西蒙·德·蒙福尔同神职人员，特别是同林肯主教罗伯特·格罗斯泰特有过多次接触。林肯主教罗伯特·格罗斯泰特坚决反对王室苛政和教皇滥收动产什一税。为了后代教育，第六代莱斯特伯爵西蒙·德·蒙福尔倾注了大量精力。1244年，在议会中，教士和贵族选出常设委员会处理亨利三世的事务，第六代莱斯特伯爵西蒙·德·蒙福尔连同康沃尔的理查德的名字出现在常设委员会第一批人选名单中。一个令人不快的事实是第六代莱斯特伯爵西蒙·德·蒙福尔在自己的领地迫害过犹太人。这一点小小迹象可能表明，第六代莱斯特伯爵西蒙·德·蒙福尔多少有点第五代莱斯特伯爵西蒙·德·蒙福尔的精神——他的虔诚包含某种实施宗教迫害的激情。1244年，入选委员会后，我们发现第六代莱斯特伯爵西蒙·德·蒙福尔越来越多地出现在公共事务中，并且曾管理加斯科涅几年。在加斯科涅，对第六代莱斯特伯爵西蒙·德·蒙福尔的严厉和治理不当的抱怨很可能既是亨利三世欺骗性的国外领地政策，又是第六代莱斯特伯爵西蒙·德·蒙福尔的过错引起的。对加斯科涅的状况，我们不可能做出比较准确的判断。我们只知道第六代莱斯特伯爵西蒙·德·蒙福尔和亨利三世之间的仇恨越来越深。我们还知道康沃尔的理查德虽然有时不得不支持第六代莱斯特伯爵西蒙·德·蒙福尔，但康沃尔的理查德对第六代莱斯特伯爵西蒙·德·蒙福尔很反感。这种反感越积越多，在下一代产生可怕的后果。在加斯科涅，第六代莱斯特伯爵西蒙·德·蒙福尔一定获得了丰富的政治经验。他已经继承了政治谋略家的天赋，接受了军事训练，成为出色的军人和战术家。

这就是亨利三世培养和训练出的人才。亨利三世一定困惑自己怎么亲手培养出了这种人才。第六代莱斯特伯爵西蒙·德·蒙福尔才华横溢，笃信宗教，富有进取心，经验丰富，颇受欢迎。他是外国人、冒险家，出身于封建大领主家庭，精通下层贵族所有不服从上层贵族领导的计谋，并且使自己成为一场反对暴政斗争中英格兰贵族的领袖。第六代莱斯特伯爵西蒙·德·蒙福尔的伟大使同时期的其他历史人物黯然失色。1253年，林肯主教罗伯特·格罗斯泰特去世。他如果还活着，那么无疑会成为反对暴政斗争的主角。除了坎特伯雷大主教萨伏伊的卜尼法斯，当时，教士中唯一一位颇有名望的是伍斯特主教沃尔特·德·坎蒂鲁普。贵族中最有名的是格洛斯特伯爵理查德·德·克莱尔和德比伯爵威廉·德·费勒斯。自斯蒂芬统治时期以来，费勒斯家族一直在搞各种阴谋诡计。

1257年四旬期中，在威斯敏斯特宫举行的反抗暴政的议会开始。当时，亨利三世将次子埃德蒙成为西西里国王的消息宣布给贵族们，并且宣布自己已经向教皇亚历山大四世保证以十四万马克的供奉换取西西里王国。亨利三世要求援助，这笔援助包括教会全部收入的十分之一及所有闲置圣职五年供奉的总和。教士们提出抗议。历史学家说，所有人的耳朵都被刺痛了，所有人都心碎了，但亨利三世成功地获得了五万二千马克，并且打算再次要求议会拨款。1258年复活节后不久举行的议会上，亨利三世再次要求拨款。1258年4月9日，这次会议召开，一直持续到1258年5月5日。在会上，每位会议代表都对亨利三世不满，但亨利三世坚持要求拨款。教皇亚历山大四世发誓能向商人们筹到钱。亨利三世又向教皇亚历山大四世发誓可以筹集到供奉。基督教世界会破产吗？贵族不耐烦地听着亨利三世絮絮叨叨。最终，到改革时刻，亨利三世不得不让步。

1258年5月2日，亨利三世同意在圣灵降临节后一个月内在牛津召开议会，并且成立由二十四人组成的政府委员会。政府委员会已经从议会成员中选定十二人，另外十二人从贵族中选举产生。然后，如果贵族愿意尽最大努力通过金钱援助亨利三世摆脱困境，那么亨利三世会根据政府委员会二十四人的建议，制定出改革政府、王室和教会的措施。值得注意的是，1215年《大宪章》由二十五位贵族执行条款，他们有权约束约翰一世开展的必要改革。目前，在这种情况下，政府委员会的安排有些不同，虽然处理方法并没有很大不同。两者都为我们在爱德华二世和理查二世统治时期出现的政府委员会取代王权提供了先例。

1258年6月11日，牛津召开议会，贵族提起一长串必须改革的申诉。如果比较这份清单与《大宪章》起草时的申诉清单，那么我们会发现，这两份文件有许多共同点。因此，我们可以推断，尽管反复签署《大宪章》，但约翰一世和亨利三世经常通过暴力或欺骗逃避执行《大宪章》的条款。我们可以推断，约翰一世和亨利三世强制执行最具攻击性的封建领主权力，官员敲诈勒索几乎不受任何监管。城堡成倍增加。通过罚款，巡回法官利用职权索要大笔罚款，郡长也以同样的方式压迫这个国家的民众。英格兰的堡垒落入外国人手中，森林法也遭无视。另外，其他恶行也列举在牛津议会的申诉清单上。奇怪的是，没人提议恢复《大宪章》中缺失的条款。这些条款规定禁止未经全国委员会同意征税。

贵族的不满将在1258年年底前解决。然而，要迅速罢免担任要职的外国人并不是该会议最关键的部分。正如其名，《牛津法令》的意图不只是强制执行《大宪章》。最终，由亨利三世指派的十二人，和由贵族委任的十二人组成委员会解决冤情。在亨利三世的十二个人选

罗杰·莫蒂默男爵的纹章

中,最出名的是亨利三世三位来自吕西尼昂家族的同母异父的弟弟,以及亨利三世的侄子康沃尔的亨利,沃里克伯爵威廉·莫迪。在十二名贵族中,有伍斯特主教沃尔特·德·坎蒂鲁普、第六代莱斯特伯爵西蒙·德·蒙福尔、格洛斯特伯爵理查德·德·克莱尔、赫里福德伯爵博恩、罗杰·莫蒂默男爵、第四代诺福克伯爵罗杰·比戈和大法官休·勒·德斯潘塞。

下一步是恢复长期搁置的政府的三大重要使命。第四代诺福克伯爵罗杰·比戈被任命为最高军务官,国玺仍然掌握在应该已经宣誓就任首席大臣的执玺人手中。于是,亨利三世拥有由十五名顾问组成的议会。议会由二十四名委员任命。二十四人委员会分成两组,每组十二人。每组从另外一组十二名中选出两人,总共选出四人,这四人提名十五人组成议会,经议会成员提名由二十四名委员表决通过。议会的首领有坎特伯雷大主教萨伏伊的卜尼法斯、伍斯特主教沃尔特·德·坎蒂鲁普、格洛斯特伯爵理查德·德·克莱尔和第六代莱斯特伯爵西蒙·德·蒙福尔。每年2月、6月和10月，十五人议会将举行三次年度会议或议会，通过议会与另外十二人组成的委员会协商。还有另外一个机构，也由二十四名成员组成，负责谈判财政援助的特别任务。议会的二十四人还被授权改革教会。当然，这几个委员会的人员构成基本一样，即由第六代莱斯特伯爵西蒙·德·蒙福尔、格洛斯特伯爵理查德·德·克莱尔、第四代诺福克伯爵罗杰·比戈、罗杰·莫蒂默男爵，以及其他几位被选入各委员会的成员组成。这是一种重复的安排，几乎不可能长久维持，却被严肃地接受。议会每名成员都宣誓服从，下令采取几项小措施保障新宪法的顺利实施。在历史上，这一政府框架，即由十五人组成常设理事会，每年举行三次会议，通过十二位具有代表性的贵族代表英格兰社会的框架，被称为《牛津法令》。

亨利三世被迫一次次发誓遵循《牛津法令》的规定，并且在全国宣布。1259年10月，经历一系列麻烦后，为平息贵族不满，亨利三世又颁布了一系列名为《威斯敏斯特条款》的法令。此前，外国亲信和亨利三世的外国亲属逃离宫廷，被允许带着微薄的非法所得离开英格兰。外国人的离去使新一届政府中的保王派成员成为无望的少数派。

表面上看，当时，英格兰已经适应了一种新形式的政府，但显然，贵族之间派系斗争太多，雄心勃勃的领导人不少，互相无法合作。亨利三世立刻找到第一个借口否认承诺，甚至导致内战势在必行。临时政府平静地度过第一年。1259年1月，德意志国王康沃尔的理查德从德意志返回。他不得不宣誓遵守已经颁布的条例。1259年11月，亨利三世前往法兰西，直到1260年4月返回。亨利三世一回来，就开始策划推翻贵族政府的阴谋，并且派专使前往罗马，寻求教皇亚历山大四世废除《牛津法令》，准备开战。爱德华王子试图迫使亨利三世执行《牛津法令》，但在亨利三世开始行动前，格洛斯特伯爵理查德·德·克莱尔与第六代莱斯特伯爵西蒙·德·蒙

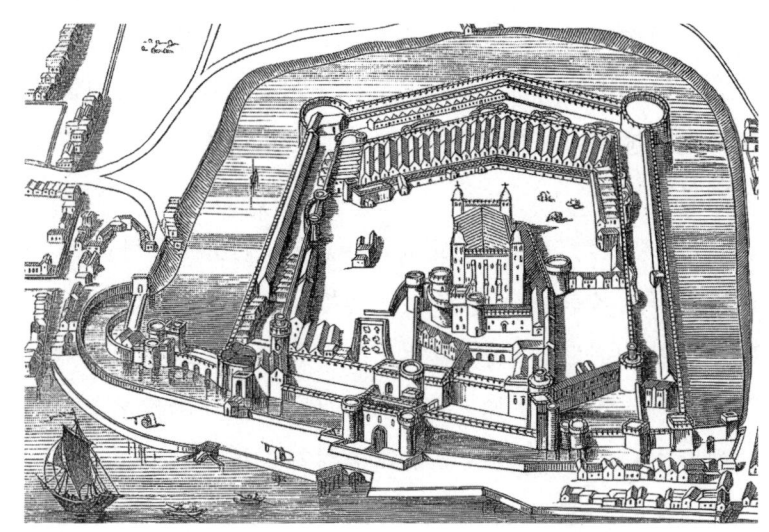

伦敦塔

福尔吵了起来，互相不能忍受对方。与往常一样，全面和解是全面斗争的前奏。1261年2月，亨利三世放弃承诺，占领伦敦塔。1261年6月，亨利三世求得教皇亚历山大四世的诏书，免除自己遵守《牛津法令》的誓言。贵族政府的主要领导第六代莱斯特伯爵西蒙·德·蒙福尔和格洛斯特伯爵理查德·德·克莱尔都拿起武器，虽然还没有发展到动武的地步。整个1261年夏，亨利三世和贵族都在做战斗准备。1261年冬，短暂和平出现。1262年，亨利三世再次前往法兰西，并且待了六个月。回到英格兰后，亨利三世再次签署《牛津法令》。1262年，格洛斯特伯爵理查德·德·克莱尔去世，爱德华王子开始亲近父亲亨利三世。此时，第六代莱斯特伯爵西蒙·德·蒙福尔没有对手。毫无疑问，这导致爱德华王子对第六代莱斯特伯爵西蒙·德·蒙福尔产生猜忌和不信任。这种猜忌和不信任再也没有离开爱德华王子的内心。

1263年，贵族公开开战。年轻的第七代格洛斯特伯爵吉尔伯特·德·克莱尔拒绝宣誓效忠爱德华王子，第六代莱斯特伯爵西蒙·德·蒙福尔坚持认为顽固的外籍官吏应该被再次驱逐。同年，亨利三世被迫两次甚至三次签署《牛津法令》。爱德华王子发现协定和条例流于形式，第六代莱斯特伯爵西蒙·德·蒙福尔几乎不加掩饰地扮演君主的角色。越来越多的人看到这一点。于是，贵族将整个问题提交给法兰西国王圣路易仲裁。

1263年12月16日，圣路易做出裁决。研究一下负责执行圣路易仲裁的两份保证人名单，审查其中出现的担保人姓名，我们就能发现，当时，第六代莱斯特伯爵西蒙·德·蒙福尔已经失去一些最重要的盟友。第七代格洛斯特伯爵吉尔伯特·德·克莱尔没有出现在这两份名单中，第四代诺福克伯爵罗杰·比戈和罗杰·莫蒂默男爵都支持亨利三世。除了第六代莱斯特伯爵西蒙·德·蒙福尔，没有任何伯爵出现在贵族党中，贵族党最重要的世俗支持者是大法官休·勒·德斯潘塞。毫无疑问，自从贵族战争爆发以来，在道义方面，保王党得到很多支持。看来，第六代莱斯特伯爵西蒙·德·蒙福尔很可能得罪了自认为与他地位平等的人，而不是试图拉拢他们。圣路易做出判决后，贵族们的行为似乎不太妥当，这表明，第六代莱斯特伯爵西蒙·德·蒙福尔的心态发生了变化。此时，他更野心勃勃、自私自利。原因可能是由于近期的经历，也可能是其他因素。对此，我们一无所知。在第一次诉讼中，贵族党明显更占优势。因此，贵族党在之后的诉讼中面临的困难局面毫无疑问与贵族党自身有关。亨利三世与贵族党都同样有义务遵守圣路易的仲裁。

亨利三世明智地参加了判决，并且带着儿子爱德华王子一起出席判决。一些贵族也亲临判决现场，但第六代莱斯特伯爵西蒙·德·蒙福尔没有出席。第六代莱斯特伯爵西蒙·德·蒙福尔正在支持威尔士酋长与罗杰·莫蒂默男爵的战争。继续斗争既不诚实也不爱国。在亚眠，圣路易听取各方陈述，没有长时间犹豫就在1264年1月23日做出裁决。圣路易完全废除了《牛津法令》及基于《牛津法令》的所有约定。不满足于此，圣路易禁止依据《威斯敏斯特条款》提出或实行新条例，命令向亨利三世交还王室城堡，恢复亨利三世对郡官员的提名权。依据《牛津法令》的规定，这一提名权已经被废除。圣路易废除了只有英格兰本地人才能统治英格兰的条令，并且补充说，在英格兰，英格兰国王应该像过去一样拥有绝对权力。对亨利三世，这是份有利判决。圣路易裁决补充说，在《牛津法令》规定时间前颁布的所有条例都应是有效的，各方应该宽恕由于最近的冲突产生的敌意和伤害。

圣路易提到他做出有利于亨利三世判决的主要动机是《牛津法令》已经被教皇亚历山大四世废除，受其约束的各方已经解除誓言。然而，我们不能认为圣路易完全受这种考虑的影响。可能圣路易不了解早在《大宪章》问世之初，宪法条款就对英格兰国王行使权力施加了诸多限制；可能亨利三世也没有察觉到，自己无耻地背弃诺言。或许圣路易很有理由将英格兰看作与法兰西一样的国家，认为对英格兰来说，加强王室权力——这在当时的法兰西绝对必要——也是必要的措施。圣路易或许被亨利三世的诉状打动，或者被爱德华王子在自己面前做的更有分量，但更温和的陈述打动。这可以很好地解释圣路易为什么关心恢复英格兰的和平并使保王党和贵族党恢复友善关系。实际上，圣路易虽然做出对保王党更有利的判决，但并不认为贵族党的观点是完全错误的。

然而，圣路易的判决完全有利于亨利三世。贵族党的政府已经做出让步，保王党和贵族党都应该且必然接受判决。亨利三世受到严厉的教训，可能不会再犯罪了。贵族党曾有扭转战局的机会，但我们发现贵族党没有统一目标，缺乏管理能力。保王党和贵族党都没有接受圣路易的劝告，但他们都将责任推到对方身上，互相指责对方无视本应坚守的判决。起初，战争主要在威尔士的沼泽地继续进行。爱德华王子的部队帮助罗杰·莫蒂默男爵，第六代莱斯特伯爵西蒙·德·蒙福尔继续支持罗杰·莫蒂默男爵的对手威尔士酋长卢埃林。当1264年2月，亨利三世从法兰西归来时，战火蔓延至英格兰。

毫无疑问，战火蔓延的责任归咎于第六代莱斯特伯爵西蒙·德·蒙福尔。第六代莱斯特伯爵西蒙·德·蒙福尔是否行事正义是另一个问题。第六代莱斯特伯爵西蒙·德·蒙福尔获得伦敦民众的支持，可能还获得英格兰其他大城市的市民，以及大学生和广大民众的支持。另外，第六代莱斯特伯爵西蒙·德·蒙福尔可能还获得了神职人员的支持。当然，神职人员不包括完全由罗马教廷指挥的神职人员。贵族党本可以单独与亨利三世会面，并且很可能会抛弃第六代莱斯特伯爵西蒙·德·蒙福尔。如果贵族党能摆脱非英格兰籍贵族的控制，将英格兰的问题留给英格兰人解决，那么贵族党情愿抛弃第六代莱斯特伯爵西蒙·德·蒙福尔，并且与亨利三世达成协议。然而，1264年3月31日，当谈判还在进行时，伦敦发生暴动反抗亨利三世，亨利三世愤怒地结束了协商。战争对亨利三世有利：北安普敦沦陷，诺丁汉打开城门欢迎亨利三世的军队，德比伯爵威廉·费勒斯的塔特伯里城堡守军向爱德华王子投降。与此同时，第六代莱斯特伯爵西蒙·德·蒙福尔取得一些胜利。他率军占领了沃里克。随后，两支军队都转向南方。第六代莱斯特伯爵西蒙·德·蒙福尔率军包围了罗切斯特，亨

塔特伯里城堡遗址

通布里奇城堡遗址

利三世的军队前去解围。亨利三世的军队还占领了第七代格洛斯特伯爵吉尔伯特·德·克莱尔的城堡通布里奇，因为当时，年轻的格洛斯特伯爵吉尔伯特·德·克莱尔支持贵族党。然后，1264年5月的第一个星期，亨利三世到达了刘易斯城堡。在那里，他集合了自己的军队。

刘易斯城堡属于自始至终都支持亨利三世的第六代萨里伯爵约翰·德·瓦伦。在刘易斯城堡邻近地区，贵族党也聚集兵力。战斗开始前，为实现和平，贵族党做出一次努力。作为贵族的主要政治顾问，伍斯特主教沃尔特·德·坎蒂鲁普和伦敦主教桑威奇的亨利向亨利三世建议，如果亨利三世能继续承认《牛津法令》，那么贵族党将同意拨款五万马克补偿亨利三世在近期战斗中受到的损失。五万马克赔偿金的报价由第六代莱斯特伯爵西蒙·德·蒙福尔和第七代格洛斯特伯爵吉尔伯特·德·克莱尔签署，日期为1264年5月13日。对此，亨利三世的回答带有挑衅性，随之而来的是德意志国王康沃尔的理查德、爱德华王子和其他保王派贵族正式向贵族党宣战。一点时间都没有耽搁，就在第二天，1264年5月14日破晓，

刘易斯城堡遗址

刘易斯战役

刘易斯战役打响。亨利三世军事实力更强，但贵族党更富有军事谋略，并且满怀热忱、忠诚于自己的事业。

几个月前，第六代莱斯特伯爵西蒙·德·蒙福尔的腿摔断了。这次意外导致他无法来到亚眠拜见法兰西国王圣路易。在最近的战斗中，第六代莱斯特伯爵西蒙·德·蒙福尔不得不坐马车。当时，第六代莱斯特伯爵西蒙·德·蒙福尔故意将马车停在显眼的地方，自己躲到别处。爱德华王子认为如果能抓住第六代莱斯特伯爵西蒙·德·蒙福尔就会结束战斗。因此，他率军攻击马车所在地，击溃马车守军并乘胜追击，并且由于追得太远导致其父亨利三世暴露在第六代莱斯特伯爵西蒙·德·蒙福尔部队的攻击之下。亨利三世虽然果敢，但不是将军，从来没有作战。亨利三世坚定地展开防御战，甚至有两匹马在他身下被杀。在肉搏战中，亨利三世被对手的刀剑和狼牙棒打伤。在失去大部分近身随从后，亨利三世退回刘易斯修道院。作为保王党军队的主力指挥，康沃尔的理查德已经被迫撤退。当亨利三世还在挣扎时，康沃尔的理查德已经在一个磨坊被俘。这令贵族党欢呼雀跃。亨利三世的军队全面溃败。早在爱德华王子放弃追逐马车前，贵族党就已经取得胜利，亨利三世许多最有权势的朋友也奔逃保命。1264年5月15日，以《刘易斯协定》命名的仲裁结果出炉，亨利三世将自己和儿子爱德华王子交到第六代莱斯特伯爵西蒙·德·蒙福尔手中。1264年5月直到1265年，第六代莱斯特伯爵西蒙·德·蒙福尔都以亨利三世的名义统治着英格兰。

《刘易斯协定》包含七章，其中最重要的条款规定皇家委员会成员来自英格兰，亨利三世的行动受到委员会建议的限制。另外，《刘易斯协定》规定要采取新的仲裁方式。因此，七年内，英格兰第二次通过新宪法。1258年牛津会议制定的制度没有恢复。1264年6月22日，英格兰召开议会制订或批准一项新计划。1264年，议会由每郡四名骑士及普通议员、主教、修道院院长、伯爵和男爵组成。议会形成新的政府形式。亨利三世必须听从九名顾问的劝告。第一步将选出三名选举人或提名人。不过，我们不知道由议会全体成员还是仅由贵族选出。接着，三名选举人提名九人顾问。九人顾问中有三人要常伴亨利三世左右。实际上，这三人在行使君权。另外，以前由国王任命的重要官员和大臣改由议会任命。在所有争议通过《刘易斯协定》规定的仲裁方式解决前，三名选举人一直在实际行使君权。三名选举人是第六代莱斯特伯爵西蒙·德·蒙福尔、第七代格洛斯特伯爵吉尔伯特·德·克莱尔和奇切斯特主教斯蒂芬·伯斯特德。其中，奇切斯特主教斯蒂芬·伯斯特德首次进入权力中心。这或许因为他是贵族党神职人员的代表，虽然到目前为止，伍斯特主教沃尔特·德·坎蒂鲁普一直是贵族党神职人员的代表。

伊夫舍姆战役前，贵族党一直统治英格兰，贵族党的统治危机重重，麻烦不断。罗马教廷仍然对亨利三世很热心，并且想尽一切办法使贵族政府中的神职人员脱离贵族党。在法兰西，亨利三世的王后普罗旺斯的埃莉诺集结了一支庞大的军队，准备在她的叔叔坎特伯雷大主教萨伏伊的卜尼法斯和所有在第六代莱斯特伯爵西蒙·德·蒙福尔统治下被逐出英格兰的政治难民的帮助下入侵英格兰。罗杰·莫蒂默男爵还试图延长英格兰与威尔士边境地区的战事。1264年，上述行动没有取得任何成果。贵族政府宣称自己是临时政府无法做出决定，贵族政府与保王党的谈判重启。当时，圣路易了解到更多英格兰时局，希望能通过谈判解决所有争端。

1264年12月，新一轮议会开始召集。

这次著名的议会被称为第六代莱斯特伯爵西蒙·德·蒙福尔的议会，这是自治市镇代表第一次参加这种级别的议会。因此，在一定程度上，第六代莱斯特伯爵西蒙·德·蒙福尔的议会是英格兰历史的里程碑。这次议会没有先例。事实上，直到三十年后，即1294年，城镇代表才开始定期参加议会。不过，第六代莱斯特伯爵西蒙·德·蒙福尔的议会仍然值得注意。事实上，这次议会本身也不是一次准备充分和自由平等的议会，召集的出席者只有赞成贵族政府者。第六代莱斯特伯爵西蒙·德·蒙福尔的议会有五位伯爵、十八位男爵，以及具有压倒性多数的下层神职人员。另外，骑士和市民都是第六代莱斯特伯爵西蒙·德·蒙福尔的支持者。1265年1月20日，这次议会召开，但没有产生多大影响。

为获取自由，爱德华王子开始与第六代莱斯特伯爵西蒙·德·蒙福尔协商。第六代莱斯特伯爵西蒙·德·蒙福尔为自己和家人保留了切斯特伯爵领地，并且将其他领地让给爱德华王子[①]。释放爱德华王子的条件是爱德华王子交出自己的城堡，爱德华王子必须在英格兰待满三年，并且在这三年，保王党不能挑起战争。释放爱德华王子立即导致第六代莱斯特伯爵西蒙·德·蒙福尔的议会垮台。获释后，爱德华王子要在监视下住在赫里福德。1265年5月28日，在莫蒂默男爵罗杰·莫蒂默的妻子莫德·德·布拉泽、托蒙德勋爵托马斯·德·克莱尔的帮助下爱德华王子逃脱软禁。

纷争已经如雨后春笋般出现了。第六代莱斯特伯爵西蒙·德·蒙福尔的儿子们几乎没做什么对得起他教导的事，或许还有一些责任要由第六代莱斯特伯爵西蒙·德·蒙福尔的儿子们承担，否则他们的父亲第六代莱斯特伯爵西蒙·德·蒙福尔不可能开脱罪责。第六代莱斯特伯爵西蒙·德·蒙福尔的儿子们成功得罪了第七代格洛斯特伯爵吉尔伯特·德·克莱尔。在邓斯特布尔，第六代莱斯特伯爵西蒙·德·蒙福尔的儿子们向克莱尔家族发起挑战，要求比武。当克莱尔家族准备好了，第七代格洛斯特伯爵吉尔伯特·德·克莱尔和他的亲戚们已经很生气，准备将节日聚会变成一场战斗时，亨利三世或以亨利三世名义行事的第六代莱斯特伯爵西蒙·德·蒙福尔突然阻止了他们。第七代格洛斯特伯爵吉尔伯特·德·克莱尔和他的亲戚们认为自己受到侮辱，立即开始与莫蒂默家族谈判。就在第七代格洛斯特伯爵吉尔伯特·德·克莱尔和第六代莱斯特伯

---

① 第六代莱斯特伯爵西蒙·德·蒙福尔已经取得王室的财产，此处让出的只是王室财产，不是自己的财产。——译者注

爵西蒙·德·蒙福尔的内斗刚刚开始时，爱德华王子逃脱了在赫里福德的软禁。

此后，局势发展急转直下，越发对第六代莱斯特伯爵西蒙·德·蒙福尔不利。第六代莱斯特伯爵西蒙·德·蒙福尔带着亨利三世一起向西挺进，进军南威尔士。在彻克领主罗杰·莫蒂默陪同下，爱德华王子和第七代格洛斯特伯爵吉尔伯特·德·克莱尔在柴郡和什罗普郡召集追随者。然后，他们借道伍斯特赶到格洛斯特。1265年6月29日，格洛斯特守军向爱德华王子军队投降，切断第六代莱斯特伯爵西蒙·德·蒙福尔返回英格兰的道路。第六代莱斯特伯爵西蒙·德·蒙福尔的次子小西蒙·德·蒙福尔正在围攻佩文西城堡。得到消息前来助战的第六代莱斯特伯爵西蒙·德·蒙福尔，一路洗劫了温切斯特，并且驻扎在凯尼尔沃思。与此同时，小西蒙·德·蒙福尔回到赫里福德制订包围爱德华王子军队的计划。此时，爱德华王子已经学会了警惕和谨慎。爱德华王子主动出击，成功击

佩文西城堡遗址

溃年轻的小西蒙·德·蒙福尔的部队，几乎占领了凯尼尔沃思，一举扭转战局。第六代莱斯特伯爵西蒙·德·蒙福尔向伊夫舍姆行军，希望遇见儿子小西蒙·德·蒙福尔，结果碰上侄子爱德华王子。1265年8月4日，在伊夫舍姆，《刘易斯协定》被推翻，第六代莱斯特伯爵西蒙·德·蒙福尔倒下了。虽然第六代莱斯特伯爵西蒙·德·蒙福尔政府的大法官休·勒·德斯潘塞勇敢地战斗着，但没有多少希望获胜。最终，第六代莱斯特伯爵西蒙·德·蒙福尔也战死沙场。

自此，亨利三世统治时期在历史上不再有亮点。第六代莱斯特伯爵西蒙·德·蒙福尔是亨利三世统治后半时期的英雄，他的死亡标志着这一时期统治的结束，尽管在第六代莱斯特伯爵西蒙·德·蒙福尔死后，亨利三世继续统治了七年。事实上，保王党与贵族党的战争并没有在伊夫舍姆结束。1266年10月前，贵族党的残余势力一直坚守在凯尼尔沃思。第六代莱斯特伯爵西蒙·德·蒙福尔的最后一批支持者坚守阵地，认为亨利三世不可原谅。在凯尼尔沃思围城时，保王党与贵族党最后的停战协定《凯尼尔沃思宣言》拟定。《凯尼尔沃思宣言》试图解决保王党与贵族党的所有分歧。最终，这一目的基本完成。《凯尼尔沃思宣言》允许被剥夺财产者，即贵族党，赎买原属自己的土地。

直到1267年年底，零星战役依然在不断爆发。如同两百年前"征服者"威廉的时代一样，伊利岛成为避难所。第七代格洛斯特伯爵吉尔伯特·德·克莱尔举起了反抗的旗帜，宣称亨利三世对受害者过于严厉。伦敦市民确实不愿意失去与第六代莱斯特伯爵西蒙·德·蒙福尔结盟获得的政治权力。渐渐地，暴风雨平息了。1267年11月，在马尔伯勒的议会上，亨利三世重新修订了1259年的《威斯敏斯特条例》，最有价值的宪法改革落实成条款。1268年，教廷使者召开会议谋求维护永久和平。在会上，爱德华王子和贵族头目达成一致。1270年，爱德华王子带着大批贵族开展十字军运动，伦敦市民重新支持王室。

1271年3月，康沃尔的理查德痛失爱子康沃尔的亨利。康沃尔的亨利被蒙福尔家族在维泰博谋杀。1271年4月，康沃尔的理查德悲痛而死。1272年11月16日，亨利三世驾崩。亨利三世驾崩时，英格兰完全处在和平状态，爱德华王子虽然远离英格兰，但立即宣布自己为英格兰国王，接受贵族的宣誓效忠。从此，爱德华王子改称爱德华一世。

长期斗争还没有结束。当爱德华一世认识到臣民的基本合理要求，承认所有财产完全平等分配的行为是宪法的基础时，二十多年已经过去了。我们也许会问，第六代莱斯特伯爵西蒙·德·蒙福尔是否配得上人们给他的英雄人物封号，是否配得上称为中世纪史上的英雄人物。我们只能设法猜测他的动机。毫无疑问，第六代莱斯特伯爵西蒙·德·蒙福尔是一个伟人，一个比亨利三世更好、更聪明的人，一个比第七代格洛斯特伯爵吉尔伯特·德·克莱尔这类人更聪明、更伟大的人。

毋庸置疑，第六代莱斯特伯爵西蒙·德·蒙福尔是爱国者，而且很聪明善良。不需要考虑第六代莱斯特伯爵西蒙·德·蒙福尔取得的政治荣耀也能估计出他的个人声望。毫无疑问，贵族党追求的目标十分必要，实现这些目标有益于国家的政治发展。如果第六代莱斯特伯爵西蒙·德·蒙福尔从来没有存在过，那么贵族党的目标将永远不会实现。与此同时，很有可能，如果第六代莱斯特伯爵西蒙·德·蒙福尔没有反抗，那么贵族党的目标可能早就实现了。对此，我们无法确定，但有三点需要我们考虑。

贵族党的目标都是有益的吗？第六代莱斯特伯爵西蒙·德·蒙福尔是伟大的好人吗？贵族党的所有动机和为实现这些动机所采取的手段都正当吗？对于前两个问题，我们可以毫不犹豫地回答，是的。贵族党只想要公平，第六代莱斯特伯爵西蒙·德·蒙福尔是伟大的好人。第三个问题不那么容易回答。我们最好承认贵族党存在着复杂的动机和不正义的权宜之计。第六代莱斯特伯爵西蒙·德·蒙福尔的执政不太成功。当全国都臣服于第六代莱斯特伯爵西蒙·德·蒙福尔时，他没有能力维持和平。第六代莱斯特伯爵西蒙·德·蒙福尔治国采取权宜之计，他的政策不切实际且十分庞杂。在向上爬时，第六代莱斯特伯爵西蒙·德·蒙福尔的行为并非完全逃脱没有贪婪的嫌疑。卑鄙、不忠的亨利三世，自私、寡廉鲜耻的贵族们——与周围卑贱的人相比，第六代莱斯特伯爵西蒙·德·蒙福尔显得更出色、更伟大。他的伟大是比较出来的伟大，但他并不完美。第六代莱斯特伯爵西蒙·德·蒙福尔几乎不是爱国者——外国人不可能是爱国者。在某种程度上，第六代莱斯特伯爵西蒙·德·蒙福尔更像是位英雄，但他从未完全摆脱冒险家的角色。

第 10 章
爱德华一世

精彩看点

爱德华一世政治教育——爱德华一世参与十字军运动的动机——爱德华一世的英格兰政策——爱德华一世王权思想——爱德华王子的十字军运动——爱德华一世继位——爱德华一世不在英格兰时英格兰王国的治理——爱德华一世加冕——威尔士酋长作乱——北威尔士酋长卢埃林和他的弟弟大卫叛变——征服威尔士——《威尔士条令》——立法者爱德华一世——修订法律时的可能计划——爱德华一世立法——爱德华一世与《大宪章》——国王的封建领主权力——封建领主的力量——财政法庭，国王法庭和普通法庭——《温切斯特条令》——王室收入来源——国库——税收方式变化——亨利三世治下的财政收入——海关进出口收入——爱德华一世议会决议的收入——为征税召集代表——爱德华一世的议会——上议院——神职人员代表——爱德华一世的国家政策如果登基时，有一位国王能清晰地认识摆在他面前的工作，那么这位国王一定是爱德华一世。1257年到1272年，亨利三世最后十五年统治的经验教训给爱德华一世上了一堂生动的君主治国课。爱德华一世受过治国训练，也从亨利三世的个人错误和亨利三世的政府治理失误中吸取教训。爱德华一世还向第六代莱斯特伯爵西蒙·德·蒙福尔和贵族政府统治学习，学习如何补救国王的个人错误和政府治理不当造成的恶果。爱德华一世一定知道英格兰的需求——英格兰需要健全的法律法规、强有力的行政管理制度、有效的国防体系，以及维护国内和平的有效方法。亨利三世统治的历史必定告诉他，如果国王没有取得国家上上下下的认同与合作，那么上述目标无法实现。英格兰已经准备好迎接爱德华一世的统治。英格兰国民受过足够的教育，团结一致，能提供国王需要的援助。第六代莱斯特伯爵西蒙·德·蒙福尔和他的同伴们都离世了，但他们的伟大使命已经完成。贵族党使国王不可能再像约翰一世，或者亨利三世那样统治。尽管第六代莱斯特伯爵西蒙·德·蒙福尔及其同伴们在世时，亨利三世曾与以第六代莱斯特伯爵西蒙·德·蒙福尔为代表的贵族党斗争过，也逃避过贵族党逼他完成的义务，但在贵族党主要成员纷纷离世后，亨利三世亲自接受贵族党起草的改革法律的计划。1258年与1259年，亨利三世分别在牛津和威斯敏斯特被迫接受的大部分条款，最后都在1267年的《马尔伯勒条例》中被重新确定。亨利三世改革了开支制度。另外，他遵守宪法规定,未经全国委员会同意不征税。亨利三世有时甚至像第六代莱斯特伯爵西蒙·德·蒙福尔那样召集各镇各县的代表,尽管亨利三世还没有模仿他的对手第六代莱斯特伯爵西蒙·德·蒙福尔,吸纳地方代表进入议会。因此,即使在亨利三世治下,贵族党在第六代莱斯特伯爵西蒙·德·蒙福尔带领下与王权展开的伟大的斗争也产生了立竿见影的效果。

爱德华一世已经汲取深刻的教训,意识到要满足臣民更基本的需要。因此,或许在某种程度上,爱德华一世愿意继续参与十字军运动。爱德华一世知道在贵族战争后期,自己四处树敌,但只要自己离开英格兰几年就能使自己与贵族的裂痕得到修补。爱德华一世知道英格兰的土地已经枯竭,几年的休整将使土地恢复生机。如果自己是动乱的原因,那么自己最好离开。即使在重新成为英格兰国王前不能返回英格兰,爱德华一世的新事业也不会受到其父亨利三世政策的阻碍。

爱德华一世不仅可以使荒芜的英格兰大地重获生机,还适时开始引导英格兰民众走上一条新的前进之路。爱德华是英语名字,爱德华一世似乎怀有强烈的愿望并采取积极措施成为英格兰国王。显然,这点肯定不是从安茹祖先处继承的。爱德华一世似乎还愿意将自己置于英格兰民众领袖的地位,使英格兰成为基督教世界的强国。毫无疑问,爱德华一世的目标是为其子孙后代保住基督教世界的强国地位。不过,爱德华一世的做法不是像亨利二世那样,通过巨大的家族继承四分五裂的领地。为达到使英格兰成为基督教强国的目标,爱德华一世希望自己能成为引领统一英格兰货真价实的国王。国家统一不但意味着民众受到法律的约束,而且民众要产生强烈的民族认同感,积极参与国家事务。在统治初期,爱德华一世一定就在头脑中谋划如何恢复英格兰的法律和秩序,英格兰国王如何巩固在不列颠群岛至高无上的地位,英格兰国王如何真正成为英格兰的领导人和发言人。对自己将要走的确切道路,爱德华一世很有可能没有什么预见。爱德华一世还没预见司法改革的确切时机、征服外国的可能性、为实现自己的规划必须采取的行动等具体问题。我们相信上述问题是他统治过程中慢慢浮现出来的。爱德华一世还需要摆脱一些成见，学习一些新东西。

在精神世界方面，爱德华一世可能已经是英格兰人。但在教育和行为举止方面，他依然是法兰西人。爱德华一世的王权观念仍然来自他的祖先。不经过激烈的斗争，他的王权观念不会轻易改变。成功造就伟大，爱德华一世的伟大之处不仅在于他取得了巨大的成功。爱德华一世需要学习治国方略，并且学会管理好自己，抛弃他曾珍视的统治思想，忠实、光荣地遵循现状。爱德华一世可能不愿意接受现状，但他终于认识到，要真正成为统一的英格兰民族的国王，就得屈服于现状。

爱德华一世并非毫无瑕疵。考虑到他坚毅的性格和面临的巨大诱惑，他的瑕疵无损于他的伟大。爱德华一世具有十分清醒的法律头脑，善于利用自己的地位咬文嚼字，容易逃避法律条文无法约束的责任。上述弱点是爱德华一世所有错误的根源，也是他所有失败的原因。爱德华一世很少犯错，更少遭遇失败。我们将看到，爱德华一世并没有达成所有目标。他对国家进步的实际贡献也不完全是按照原定计划实现的。爱德华一世的人生既有光明的一面，也有阴暗的一面。他的计划有的进展得过早，有的开始得太迟，导致这些计划没能成功。在某些方面，爱德华一世只画出一个轮廓，而不是打造出持久的具体实施方案。不管怎样，爱德华一世的统治时代仍然是伟大的时代。爱德华一世是伟大的立法者、政治家，中世纪英格兰政治的伟大组织者。

亨利三世驾崩时，爱德华王子已经三十三岁，与卡斯蒂尔的埃莉诺结婚十八年。卡斯蒂尔的埃莉诺高贵忠诚，是卡斯蒂尔国王阿方索十世[①]的妹妹。爱德华王子身材高大强壮，精通所有骑士技能，敢于冒险，作战经

---

① 阿方索十世曾与康沃尔的理查德竞争德意志国王。——译者注

验丰富。在十字军运动中，爱德华王子并没有获得成功。爱德华王子出发得比别人晚。1270年秋，他才到达非洲海岸。当时，法王圣路易已经驾崩，十字军获胜的希望渺茫。1270年冬，爱德华王子在西西里岛度过。1271年5月，如同理查一世，爱德华王子前往阿科，花了一年多时间试图夺回法兰克王国的财富，但纯属徒劳。互相猜忌互不信任侵蚀了十字军士兵的内心。除了激起当地守军的仇恨，爱德华王子几次鲁莽的行军及几次肆无忌惮的入侵没有达到任何目的。爱德华王子身为骑士，既没有力量也没有机会做更多的事。1272年6月，爱德华王子在自己的帐篷内遭到拜巴尔苏丹密使的袭击。据说，拜巴尔苏丹密使的武器上抹了毒药。依据人们广泛相信的传言，当时，卡斯蒂尔的埃莉诺跟随爱德

卡斯蒂尔的埃莉诺

卡斯蒂尔的埃莉诺从爱德华王子的伤口中吸出毒液

华王子来到东方,并且从爱德华王子的伤口中吸出了毒液。这次不成功的刺杀行动告诫爱德华王子十字军运动面临的风险。刺杀行动两个月后,即1272年9月月底,爱德华王子返回欧洲。他内心彻底失望了,并且背负着因远征而产生的沉重债务。

  1273年1月,在卡普阿,爱德华王子收到父亲亨利三世驾崩的消息,随后还有六岁长子约翰去世的消息。爱德华王子立刻加快脚步。首先,他前往罗马并到奥尔维耶托拜见教皇格列高利十世。接着,爱德华王子经过塞尼斯山口来到里昂,专门前往巴黎,以法兰西的领地领主身份向法兰西国王腓力三世效忠。最后,爱德华王子前往加斯科涅。耽搁一年后,爱德华王子才来到英格兰加冕。

  英格兰仍然处于平静的状态。亨利三世的王位立刻传给了爱德华一世。然而，这次与以前的情况不同：前代国王驾崩与其继承者加冕之间没有出现明显的过渡期。英格兰议会维持了英格兰国内的平静。前往东方作战前，爱德华一世曾请求三位大臣保护自己的私人利益。此时，这三位大臣替他治理英格兰。这三位大臣分别是约克大主教沃尔特·吉法德，罗杰·莫蒂默男爵及爱德华一世的私人神父罗伯特·伯内尔。在爱德华一世统治的一半时间内，罗伯特·伯内尔都担任首席大臣。贵族和政府立刻认可罗伯特·伯内尔作为爱德华一世的代理人摄政。在英格兰国内，爱德华一世没有其他竞争者竞争王位。第七代格洛斯特伯爵吉尔伯特·德·克莱尔才华横溢但性情古怪。他曾试图在贵族战争的最后一刻充当仲裁者，最终却失去保王党和贵族党双方的信任。在亨利三世的病榻前，第七代格洛斯特伯爵吉尔伯特·德·克莱尔向临终的亨利三世宣誓将维护爱德华一世的利益。作为英格兰最重要的贵族之一，第七代格洛斯特伯爵吉尔伯特·德·克莱尔在亨利三世的葬礼上宣誓效忠新国王爱德华一世。1273年年初，由全国各地人士组成的大会在威斯敏斯特教堂召开，出席会议的不仅有贵族和教士，还有骑士代表。出席会议者都宣誓效忠爱德华一世。有几个关于当地骚乱的模糊报道更彰显出全面和平的重要性。政府在安静中工作，甚至连在筹集金钱时也没有听到多少怨言。

  1274年8月2日，爱德华一世在多佛登陆英格兰。1274年8月19日，爱德华一世加冕。爱德华一世是军人，是立法者，这既是他的天赋，也是他接受的教育和面临的机遇造就的。时势造就爱德华一世成为理财专家。很快，爱德华一世就有机会展示自己的能力了。

  长期以来，威尔士北部的酋长们一直是英格兰的眼中钉。无论是武力镇压还是建立友好联盟都不足以使威尔士人保持沉默。热爱独立，生性骄傲①，天性敏感，占据偏远山区要塞，强烈反感诺曼人和撒克逊

---

① 对威尔士人性格"热爱独立，生性骄傲"的描述可能只是虚幻。——原注

人，这一切既阻碍了威尔士的和平，又阻碍威尔士人臣服于英格兰人。所有其他民族都能在不列颠群岛互相融合，但威尔士人抗拒融合。威尔士屡屡逃避或断然拒绝英格兰国王提出的威尔士贵族效忠的要求。亨利二世和约翰一世都曾试图通过通婚与威尔士达成和平协议，但每次都以失败告终。在英格兰政治的每一次困局中，我们都能看到威尔士的酋长们竭力使英格兰国王难堪。威尔士酋长们与每位追求权力者勾结，与每位造反者结盟。亨利三世统治初期，威尔士酋长们与法尔克斯·德·布雷奥泰一起密谋对付彭布罗克的马歇尔家族。亨利三世统治末期，威尔士酋长们与蒙福尔家族结成紧密的联盟。不仅如此，由于必须保卫威尔士边境，英格兰国王建立威尔士守军制度。威尔士守军享有几乎是主权管辖的特权，不受英格兰法律与威尔士法律的管辖。彻克和威格莫尔的莫蒂默家族，在赫里福德和布雷肯的博恩家族，在彭布罗克的马歇尔家族，以及在格拉摩根的德·克莱尔家族，都是英格兰国王无法撼动的大家族。大家族之间经常开战，用对付威尔士人的武器互相攻击。在威尔士，威尔士守军有开阔的战场，使威尔士守军可以在法律无法触及的地方发动战争。只要威尔士人还在反抗，威尔士守军就必须有随时作战的权力和能力。

爱德华一世早就知道这一点，他曾做过威尔士守军。1254年，亨利三世划给爱德华一世位于迪伊和康韦之间的一片威尔士土地。爱德华一世曾试图将英格兰法律引入威尔士，但显然，这种做法没有成功。爱德华一世可能知道，当他登上王位时，他最重要的一项任务就是解决来自威尔士的麻烦。没多久，爱德华一世就得到了解决威尔士问题的机会。

通过帮助第六代莱斯特伯爵西蒙·德·蒙福尔，北威尔士酋长卢埃林征得第六代莱斯特伯爵西蒙·德·蒙福尔的同意，自己的独立地位得到承认。卢埃林酋长只需要向英格兰国王履行古代封臣的义务。所有在亨利三世执政初期英格兰取得的对威尔士的军事优势都消失了。当第六代莱斯特伯爵西蒙·德·蒙福尔倒台时,卢埃林酋长向亨利三世表示效忠。1273年,卢埃林酋长断然拒绝向爱德华一世履行正常的封臣义务。1274年和1275年,卢埃林酋长两次逃避爱德华一世的召唤。1277年,在逐出教会和爱德华一世率大军压境的共同压力下,卢埃林酋长正式归降。向爱德华一世效忠后,作为友好的保证,卢埃林酋长与埃莉诺·德·蒙福尔结婚。埃莉诺·德·蒙福尔是第六代莱斯特伯爵西蒙·德·蒙福尔与英格兰的埃莉诺的女儿,爱德华一世的表妹,几乎没有资格做和事佬。卢埃林酋长叛变的另一个谋士是他的弟弟北威尔士的大卫,北威尔士的大卫曾投奔过英格兰,并且在爱德华一世处得到特别优待,获得提拔。爱德华一世和卢埃林酋长达成和解使北威尔士的大卫取代他的哥哥卢埃林的希望破灭了。北威尔士的大卫向卢埃林酋长靠拢,以便将卢埃林酋长卷入一场北威尔士的大卫随时准备参加的叛乱中。

1277年达成的和平持续了大约四年的时间。1282年,卢埃林酋长和北威尔士的大卫起兵占领了黑瓦登、弗林特和里兹兰等边境地区的城堡,俘虏了威尔士大法官罗杰·克利福德。爱德华一世意识到时机到了。于是,爱德华一世向北威尔士进军,法院和司库随行,行政中心暂时搬到什鲁斯伯里。爱德华一世举全国之力征讨威尔士。爱德华一世从四面八方集结兵力,并且召集了全国各地的神职人员、贵族和平民,说服他们慷慨出资。在坎特伯雷大主教约翰·佩卡姆处,爱德华一世拿到驱逐威尔士酋长们出教会的教令。

威尔士人做出勇敢的抵抗。如果不是1282年12月卢埃林酋长意外被捕并被杀,英格兰军队不大可能征服威尔士。然而,1282年12月卢埃林酋长阵亡,以及1283年6月北威尔士的大卫被俘,使威尔士人失去了领袖。最终,威尔士人投降了。

爱德华一世立即着手巩固征服威尔士的成果。北威尔士的大卫背叛了封建领主,密谋背叛恩人,亵渎上帝,谋杀他人。在什鲁斯伯里,爱

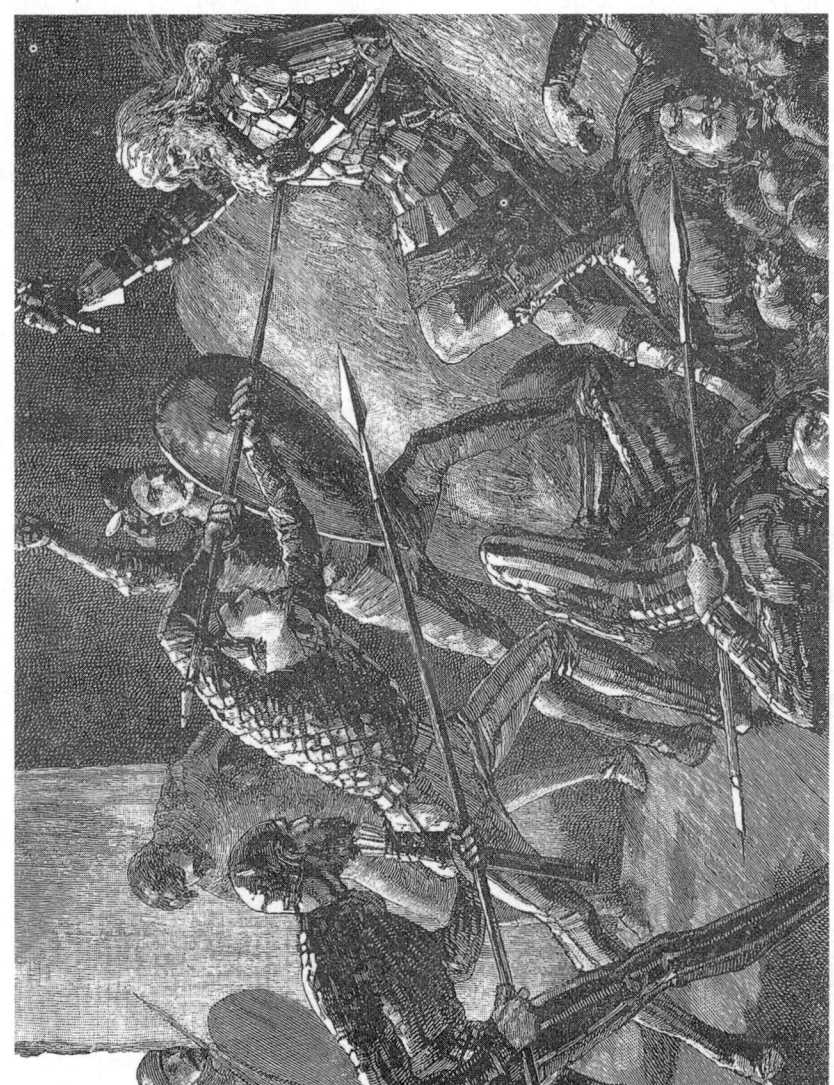

卢埃林酋长被杀

德华一世的法官判处北威尔士的大卫死刑。对北威尔士的大卫死刑的执行很可怕，各控告书里仔细描写了死刑的细节。

正义得到伸张，爱德华一世得以全身心地投入巩固征服威尔士的工作中。1284年，爱德华一世在里兹兰颁布了一项法令，叫《威尔士条令》，旨在向威尔士引入英格兰的法律和习俗，用英格兰的行政体制改革威尔士的政治体制。这是一个缓慢的过程。当时，威尔士人保留了古老的习惯法和民族精神，并且由于威尔士的行政体系薄弱，行政执行力很有限，当地的贵族及威尔士守军还继续享有很大权势。威尔士没有并入英格兰，尽管英格兰已经开始同化威尔士。直到亨利八世统治时期，威尔士还是以公国的身份出席英格兰议会。1300年起，虽然不是完全，但一般情况下，威尔士的领主权会授予英格兰国王的长子。就算从最有利的情况看，威尔士君权不过是一顶高帽子，戴在了威尔士人民头上，照顾了威尔士人民的民族情感。因此，爱德华一世还是完成了前任英格兰国王们没有完成的任务。特威德以南的全英格兰都承认爱德华一世至

北威尔士的大卫被执行残酷的死刑

高无上的权威，威尔士贵族已经被击败，威尔士再也无力阻止英格兰统一不列颠了。

1272年到1282年，爱德华一世统治前十年，威尔士战争和关于威尔士战争的谣言是令爱德华一世分心的一件主要事情，使他无法从事立法和政治组织方面几乎不那么令人愉快的工作。当时是伟大立法者辈出的时代。腓特烈二世在那不勒斯开创先例，他的大臣彼得罗·德拉维尼亚在那不勒斯编纂了西西里王国诺曼族国王的法律和宪法。法王圣路易在他的《圣路易规章》中为法兰西创建了法律体系。卡斯蒂尔国王阿方索十世通过由七章组成的《七律法》，试图为西班牙建立法律体系。法律是大学的主要学科，一个世纪以来，英格兰人，特别是神职人员，前往博洛尼亚，接受伟大教授们的指导阅读教会法和民法。在英格兰，随着亨利二世改革的推进，司法机构和司法业务慢慢扩张，形成一套后来被称为普通法的章程。关于当时英格兰不成文法的一篇重要摘要，是亨利三世统治末期，国王法庭的一位法官亨利·德·布雷克顿发表的。人类的思维受到上述因素及类似因素的影响。全国人民从政治工作中觉醒过来，开始认识到改变或修改现行法律制度的必要性。

爱德华一世的立法者职责只是国王职责中的一部分职责。爱德华一世的思想中有法治倾向。爱德华一世的首席大臣罗伯特·伯内尔是一位伟大的律师。游历意大利期间，罗伯特·伯内尔曾为著名的博洛尼亚法学家弗朗切斯科·阿尔库西工作过。为解释罗马法，弗朗切斯科·阿尔库西的父亲曾写过大量注释。很可能爱德华一世已经将编纂法典当作自己的主要工作。布里顿是爱德华一世时代另一位杰出法官，他用法语写作。布里顿的作品以爱德华一世的名义出版，涵盖了很多亨利·德·布雷克顿著作未涉及的内容。布里顿写的一些较长的议会法案包含的条款种类丰富多样，几乎构成特别法律部门的法典。但英格兰人似乎害怕过于复杂的制度。整个英格兰的法律从来没有在汇编中体现出最高权威。

爱德华一世的法律必须归入成文法。一般来说，爱德华一世时期的法律可以描述为试图发展和应用《大宪章》承认的原则，使《大宪章》适应所处时代的变化。当时，《大宪章》成为限制王权的依据，目的是反对滥用和扩张君权。在亨利一世统治时期，"忏悔者"爱德华的法律和约翰一世统治时期亨利一世的法律都曾经被当作反对滥用和扩张君权的依据。

爱德华一世本人的座右铭是"尊崇誓言"，这句话铭刻在爱德华一世的墓碑上。爱德华一世自然认为重新签署《大宪章》是诋毁自己的诚信。在统治时期前半段，爱德华一世只有一次承诺重新签署《大宪章》。1279年，坎特伯雷大主教约翰·佩卡姆颁布教令，要求在教堂门上贴上《大宪章》抄本，爱德华一世出面阻止。或许，与其说爱德华一世不愿执行《大宪章》中的法律条款，不如说他回避《大宪章》中的机构条款。这样说并不过分。显然，爱德华一世统治时期，出台部分条款的目的是限制大领主的势力，因为这些条款限制了土地分割的自由。防止教会扩张出现在其他条款，这些条款禁止神职人员再获得财产。爱德华一世这样的国王不可能错过加强控制贵族和教士的机会。当时，宪法自由的观念十分盛行。爱德华一世知道，不通过制宪会议，自己就不能再制定法律、征税，甚至不能发动战争。在这些方面，爱德华一世不能强迫议会支持自己。国王对封臣的法律权力是另一回事。

爱德华一世有两个可行性很强的目标。第一个目标是要求封臣履行其全部封臣义务，第二个目标是防止王室权力衰落。为第二个目标考虑，爱德华一世要防止土地落入教会或其他宗教团体之手。本来，无论通过继承、婚姻、监护等途径转让土地，都需要向国王支付大量金钱。如果地产属于教会或者宗教团体，那么生老病死婚丧嫁娶都与国王无关，国王一分钱也收不到。另一个可行的目标是，防止大庄园主通过所谓的分封制将地产分割成小块的土地，因为小块土地和教会土地一样，不能为英格兰国王服兵役及纳税。爱德华一世颁布的最著名的两项法令，即1279年颁布的《宗教统一法》和1290年颁布的《禁止分封法》，旨在保证实现上述两个目标。

同样地，所有解释法律、执行法律的目的是保护人们不被强大的邻居掠夺。不能忘记的是，尽管一个多世纪以前，英格兰国王就禁止英格兰的封建领主对封臣滥用审判权，封建领主不得不服从国王法官的判决，但欧洲大部分地区依然按照旧的封建制度治理，封建领主对封臣拥有司法权。我们已经看到，贵族战争期间，反对约翰一世者分为两派，一派真正希望人民自由，另一派为扩大自己的势力才限制约翰一世的权力。在一些重要的司法程序问题上，英格兰国王和英格兰人民的利益仍然一致，反对大地主的索求。因此，规范和改进地方司法法院的工作和限制地方巨头担任地方治安官的重要性不言而喻。国王的巡回法庭组织使无法在地方法庭公正解决的诉讼案件可以提交到威斯敏斯特的国王法庭审理。

三个皇家大法院的分工在爱德华一世统治早期确立。国家专门设立三部分法官，而不是由整个或部分司法机构不加区别地听取所有诉讼。财政法庭听取所有涉及金钱的官司。国王法庭负责审理与国王有关的诉讼案件，并且就这些案件提出刑事建议。这些建议以"向国王诉求"的名义保留给爱德华一世专门处理。民事诉讼法庭听取个人诉讼。与此同时，爱德华一世统治早期确立了巡回法官轮换制度，制订了其他保护生命和财产的措施。这有助于增强人民的安全感，提升人民的忠诚度并增加王室的收入。

爱德华一世小心地改革一些最古老的制度并扩大其适用范围。爱德华一世知道，古老制度曾在保卫王权和维持和平与秩序方面提供巨大的帮助。1285年颁布的《温切斯特条令》重新实施了古老的兵役制度。这项兵役制度重构了亨利二世的"巡回兵役制度"，重新组织了"地方看守制度"。特定的地区和团体被训练用来维持秩序，以及搜寻和逮捕罪犯。类似兵役制度在1294年准备与法兰西开战时也采用了，海上和陆上保卫国家的古老职责都是基于原始的巡回兵役制度。在爱德华一世的所有政策中，我们可以追踪到依据亨利二世制定的政策发展出实施现行政策的原则。这项原则试图推翻封建大领主制的影响，并且通过与广大自由臣民结盟增强政府的实力。通过向自由臣民提供武器，爱德华一世为臣民提供公正和可自由上诉的法庭，并且尽可能减少地主压迫小土地所有者，达到要求封臣履行全部义务和防止王室权力衰落的两个目的。上述两个目的渐渐影响爱德华一世制订的计划。另外，爱德华一世还在各种压力下屡次改变计划促进宪法和法律的发展。在介绍宪法和法律的发展前，我们必须先看看财政问题。与战争和立法问题一样，爱德华一世执政之初，财政问题就为他制造了不少麻烦。当时，财政问题已经与亨利二世的工作联系起来。现在，我们必须更详细地看待这个问题。

王室收入虽然来源多样但并不多。首先，王室拥有土地。这些土地被称为王室地产。王室地产是国王像其他领主一样拥有和管理的土地，国王可以自行处置，如将土地留给自己的家人和朋友。虽然全国上下总在猜忌王室地产会落到宠臣手中，但实际上，王室地产一直在减少而不是在增加。虽然有一些重要区别，但与王室地产属于同一种类型的地产是在大家族灭亡或大家族财产被没收时落入国王手中的财产。最后一位切斯特伯爵苏格兰的约翰死后，切斯特伯爵的领地落入亨利三世手中。伊夫舍姆战役后，蒙福尔家族的财产也被亨利三世没收。不过，这些财产，即被罚没的财产，很少长时间由国王控制。贵族们不愿意看到其他贵族的遗产被一个接一个地纳入王室领地中，而且被罚没的地产必须不时地充当新崛起势力和国王的小儿子们的封地。一般来说，来自王室所有年龄层的人都拥有王室地产。

中世纪时，英格兰存在一种十分复杂的金融体系。这种金融体系由英格兰不断前行的历史发展而来。盎格鲁-撒克逊国王统治时期几乎没有征税的必要。那时，盎格鲁-撒克逊的国王们从公共土地获得粮食和金钱，足以提供王室地产不能提供的一切需要。收缴公共土地上的作物是郡长的一部分职责。后来,这部分职责固化成郡长征收赋税,然后上交固定金额的税款。所有地方行政都由土地所有者负责执行。土地所有者主要有三项任务,即"三必须",包括搭建桥梁、建造堡垒,以及服兵役。因此,国王虽然没有什么收入,但实际上不需要什么开支。紧急状况出现时,如对丹麦战争的紧要关头,英格兰国王征收了两先令地税,即著名的达涅戈尔德。达涅戈尔德创立后,就成为固定征收的土地税。

三项收入,即王室地产、郡长供奉和达涅戈尔德,是"征服者"威廉占领英格兰后创立的财政收入来源。在"征服者"威廉的领导下,或者在威廉·鲁弗斯的官员们的领导下,出现了一些新型的筹款的权宜之计。由于诺曼征服后关于土地所有权的新声明,这些权宜之计变得更容易操作。诺曼裔的国王并没有用新的筹款方法代替旧的筹款方法,而是简单地在古代的国税基础上增加了封建领主的负担。亨利一世治下的国库审计国家账目,或者更确切地说,审计皇家账目。郡长们每年两次支付"弗姆"[①]、达涅戈尔德,以及地方法院的罚款。与此同时,郡长向王室缴纳其他税款,主要指救济、继承、婚姻、监护等手续产生的费用,以及国王作为封建大领主向全国封臣要求行使的领主权力。在统治初期,亨利一世曾许诺明确合理征收的赋税,并且确实做到了这一点,但英格兰的税赋依然很重。除了前面提到的税赋,没有英格兰全国委员会的同意,即使按照领主制度,国王也无权强行征税。当索求太多,并且已经无法使用一般征税手段满足时,英格兰国王会召开议会要求贵族和主教拨款,普通民众会从郡法院得到应该上交多少税的暗示。实际上,拒绝拨款几乎不可能,逃避拨款也没什么恰当的理由,但还是维持了拨款必须征得纳税人同意的形式。

---

① 弗姆,即各郡的旧税或租金。——译者注

亨利一世统治时期结束后，税收问题发生了重大变化。其中，许多变化前文已经提及。正如我们看到的，亨利二世引入兵役免除税。通过兵役免除税提供的资金，土地所有者不必亲自在军队服役。同样，亨利二世废除达涅戈尔德，改为通过巡回法官向市镇和郡征求拨款金额。到目前为止，除了在自治市镇内，所有税收都依据土地规模支付税金。自治市镇支付的税金往往是按照人头税征收的，即对每位居民征收一笔相同的税金。在统治末期，亨利二世开始对动产、家具、牲畜征税。起初，对动产、家具、牲畜征税的目的是为提高英格兰对十字军运动的贡献。当时，这种税被称为萨拉丁什一税。赎回理查一世的大部分赎金就是以萨拉丁什一税的形式征收的。在约翰一世和亨利三世统治时期，萨拉丁什一税演变成常见的征税方式。不时，英格兰国王要求按照动产七分之一、十分之一、十五分之一、三十分之一征税。更频繁的征税使纳税人更希望有权了解应付的税金，并且纳税人有更充分的理由要求得到一些回报或者补偿。约翰一世频繁征税。为获得金钱，约翰一世采取的非法手段导致了《大宪章》第十二章的著名承诺："在我国，除非根据我国的共同意见，不得征求任何税或要求资助，除非是为救赎我们自己人，或者使我们的长子成为骑士，或者送我们的长女初嫁。"《大宪章》第十四章规定需要征收任何此类税款时，都需要组建委员会："我们需要依从神圣的条款，召集大主教、主教、高级神职人员、伯爵和大贵族。通过我们的郡长和副郡长发出召唤，召集所有可代表我们的人选。"

亨利三世统治前半期，英格兰财富的增长使增加收入计划很方便并很容易实施。亨利三世统治前期，英格兰王国很少出兵远征。因此，英格兰几乎没有机会征收兵役免除税。几乎所有常规税收都来自动产，或者，按现在的说法，个人财产。在每一次要求征税时，贵族和主教们都试图以重新印发《大宪章》或修改法律获得一些补偿。在亨利三世漫长的统治期内，可以说，《大宪章》的许多确认书都是以这种方式向亨利三世取得的。

然而，亨利三世无法获得足够拨款满足内廷的奢侈贪婪。于是，亨利三世以派发礼物的名义向伦敦市民索要大笔税金，但这种行为违反了《大宪章》的文字及其精神。从犹太人处，亨利三世大肆搜刮，似乎犹太人不过是他土地上的牲口。亨利三世撒下重重法网，向每一个由于实际甚至莫须有罪名不幸落入法网的人征收罚款或索要补偿金。

亨利三世统治时期，除了向土地征税和向居民的个人财产征税，税收还有另一个来源，并且最终成为税收最重要的来源，即对进出口商品所征之税，特别是针对羊毛、羊皮及其他皮革的税。当时，这些产品就算主要不是由英格兰本土出产，但至少是最客观的、最容易征收的、最不易被察觉的税。作为间接税，进口税和出口税虽然不相同，但都由海关管理。因此，进出口税的收取必须一起考虑。进口税来自现有许可证或特定商品的引入许可等这些国王自古就有的权力。出口税是动产税中的一部分。亨利三世统治时期，进口税与出口税两个体系已经长期运作。甚至早在诺曼征服前，英格兰王国收入的一个来源就是向外国商人征税。熙笃会和大农场主的羊毛统统上交，最后变成了理查一世的赎金。约翰一世和亨利三世统治时期，外国商人和熙笃会都遭受了损失。《大宪章》第四十一条记载了一项支持自由贸易的明确规定，如果能执行这项规定就可以避免海关管理的不善。这项规定称，在支付历史悠久的、合理的关税后，必须保证所有商人可以安全地在英格兰进出国境。另外，条款并没有禁止英格兰国王和商人进行单独谈判。因此，英格兰国王和商人都从消费者处榨取钱财。爱德华一世财政政策的一部分是整顿海关，让海关永久、定期地盈利。在统治期召集的第一次议会中，爱德华一世开始整顿海关。

爱德华一世带着沉重的债务回到英格兰，继承了一笔被亨利三世的债务严重拖累的遗产。在奥尔维耶托，爱德华一世拜访了教皇格列高利十世，并且从教皇格列高利十世处获得许可，在三年内征收神职人员十分之一的收入。此外，爱德华一世还与已经在英格兰立足的意大利银行家协商，制订计划，打算从王室庄园获得长期的羊毛收入。根据计划，每出口一袋羊毛征收半马克，即六先令八便士的税。这是英格兰海关税的法律基础。1275年复活节后不久，英格兰议会正式通过这一法案。通过征收十五分之一动产税，以及对神职人员征税，爱德华一世获得了持续数年稳定的财政收入。1292年和1293年，爱德华一世卷入一系列新的战争前，已经不需要新增其他税收项目了。

迫切的对威尔士的战争、必要的司法改革，以及有序安排王室财政，不可能不在议会发展过程中留下印记。即使没有从其父亨利三世统治时期的机构改革中吸取教训，爱德华一世也完全有资格成为一名宪法改革家。因此，爱德华一世统治时期召开的议会，特别是1275年到1295年不定期召开的议会，出现了明确和明显的进步，导致英格兰王国的三个阶层，即贵族、神职人员、平民，在中央议会中形成各自阶层的完整组织。在这里，我们必须再次回顾一下形成各自阶层的完整组织。

国王、贵族、平民满足于看到由贵族和主教组成的委员会治理英格兰的日子已经一去不复返。强势国王压制住委员会，或者弱势国王被委员会牵着走的日子也一去不复返。13世纪初，英格兰各项法条更明确地承认纳税人同意缴税或拒绝缴税的权利。亨利一世和亨利二世统治时期筹集资金的方法可以为更重要的目的使用。12世纪，当需要钱并在委员会上宣布了自己的拨款愿望后，国王会派法官或财政大臣安排各城镇和县的捐款金额。当只按照土地规模征税时，所有责任问题都可以参照《末日审判书》明确。当对个人财产征税时，征税人员有必要弄清在交税前，每人拥有多少财产，但这只能通过咨询每个人的邻居确定。为弄清个人财产，英格兰王国设计了财产评估系统。这个系统使每个纳税人的财产由他的邻居组成的陪审团评估。选举个人财产评估师的方式，以及以后推行的为各县、司库及类似官员选举收税员的方式，使人们熟悉了用代表权参与财政事务。实际上，在司法事务方面，郡法院已经使用了代表制度。譬如，向国王巡回法庭提供犯罪者名单的大陪审团成员是通过郡法院选举产生的代表。在议会制度出现前，通过各阶级和各地方代表处理政府事务已经得到英格兰国王和英格兰全国民众的认可。一次，在约翰一世统治时期，每个郡都奉命派四名谨慎的骑士前往牛津与约翰一世交涉。圣奥尔本斯会议的会议代表包括来自王室地产上每座城镇的代表。在圣奥尔本斯会议上，亨利一世的宪章首次得到追溯。1254年，当亨利三世在法兰西时，摄政的王后昂古莱姆的伊莎贝拉召集骑士代表召开议会商讨拨款事宜。1259年及之后召开的议会中，作为代表的骑士列出了普通民众的种种不满。1264年，第六代莱斯特伯爵西蒙·德·蒙福尔召集各郡和各市镇代表帮助建立新型政府。不过，第六代莱斯特伯爵西蒙·德·蒙福尔组建新政府的工作没有持续多久。组建新型政府的工作留给了爱德华一世。组建新型政府的工作逐步稳健地推进，最终在爱德华一世统治时期完成。当时的政治体制不再要求普通民众按照法官的命令交钱或接受法律，虽然法官的命令普通民众本来就不能拒绝，也无法拒绝。普通民众可以派全权代表出席议会。在审议所有需要咨询和同意的事项时，普通民众的代表甚至加入贵族和法官的队伍，与国王协商。下文将简单地追溯发生的变化。

　　1275年，爱德华一世召开的第一次议会通过了一项伟大的司法改革法案，称《威斯敏斯特第一法案》，将对羊毛征收新的关税。还是在1275年，另一个委员会通过以十五分之一的税征收羊毛税。两个委员会被称为代表"共同体"，或土地共同体，虽然没有证据表明这两次会议有城镇平民参加。事实上，与以前一样，就税收问题，专门成立的特别委员会同城镇平民协商。1282年，对威尔士战争的开支越来越大。为从城镇和郡县处获得资金，爱德华一世再次尝试单独谈判。1283年年初，由于没有获得充足的资金，爱德华一世召集了两场大委员会会议。一场会议在约克，另一场会议在北安普敦。每个郡有四个骑士，每座城镇有四个平民应召出席这两场委员会的会议。约克和北安普敦的神职人员也派代表出席了会议。

不过，没有贵族出席这两次委员会，因为当时，贵族在威尔士随爱德华一世出征。普通民众同意按照动产三十分之一交税，前提是贵族也应该按照动产三十分之一交税。1283年，在什鲁斯伯里，另一次大会举行，目的是审判北威尔士的大卫。在什鲁斯伯里举行的大会没有召集主教和神职人员。二十座城镇和所有县派平民代表参加会议。1290年，爱德华一世采取了另一项措施，再次召集每个郡的骑士参加会议。在建立良好运作的议会制度前，英格兰人还有许多工作要做。立法工作需要咨询，税收需要民众征得同意。1290年5月，爱德华一世召集贵族。1290年6月和1290年7月，贵族们商议后，同意向爱德华一世的封建家臣提供援助。另外，这次会议通过了《禁止分封法》。《禁止分封法》通过后，骑士们才投票同意征税。为对城镇征税，特别委员会再次成立。我们必须梳理历史的脉络。1294年，英格兰王国与法兰西王国可能开战。这一战争警报导致爱德华一世数次违宪。1294年8月，爱德华一世召集神职人员代表。1294年10月，爱德华一世召集郡骑士代表。1295年，爱德华一世首次召集了完美的模范议会。其中，神职人员代表由主教、修道院院长、副主教选举产生，贵族由爱德华一世的特别令状亲自召集，平民由写给郡长的令状召集。写给郡长的令状要求郡长们从每个郡派出两名民选骑士，从每座城市派出两名民选公民，从每座自治市派出两名民选市民。发给主教要求出席议会的令状包含来自罗马法的名言，"涉及所有人应该被所有人批准"。这句名言可能作为爱德华一世宪政方案的座右铭。这句名言的思想虽然缓慢影响着爱德华一世，但影响是永久性、前后一致的。

  下议院并不是受益于爱德华一世组织才能的议会体系的唯一组成部分。与此同时，上议院变成比以前权责更明确的机构。爱德华一世在位前，受到国王传召的贵族人数变化很大。贵族接受特别令服兵役，郡长的普通命令召集各郡的军队。征集贵族建议的次数远比召集贵族服兵役的次数少。不过，征集建议和服兵役都是国王封建家臣的职责。两项职责密不可分。长期以来,在响应国王召集时,每位贵族地主可能听从的是议会的指令。与其说国王的召唤是特权,不如说是负担。较穷的领主和较小的地主可能会很高兴摆脱召集令,将自己的命运与由选举产生的骑士代表组成的下议院结合起来。实际上,国王们不急于接待一大群杂乱无章的顾问。亨利三世统治时期,随着代表思想的发展,召集出席议会的大贵族人数远比地主少。从爱德华一世统治时期开始,只召集一定数量的世袭贵族成为惯例,虽然这一惯例并不是依据任何法律或任何政府记录中的决议。很快,这一做法受到肯定,成为宪法的原则。英格兰国王可以通过颁发新的委任状增加上议院的人数,这种特别委任状只授予世袭贵族,即上议院的成员。上议院议员的人数有限,贵族的尊严由父亲传给儿子,不再与国王拥有的特定地产或土地数量挂钩。

爱德华一世将神职人员代表放到下议院和上议院的代表中。各教区派代表到议会上下议院协助国家工作,向教会财产征税。从1294年爱德华一世开始在上下议院派驻教区代表,这种方式一直延续下来,今天的英国上下议院中依然有教区代表。许多世纪以来,共有一百一十名教区代表由本地民众选入或派入议会。事实上,神职人员反对在世俗议会现身的命令。神职人员更倾向于在坎特伯雷和约克两个总教区就是否向教会征税,向教会征收多少税投票。神职人员清楚很难拒绝爱德华一世征收教会税的要求,不如掌握住投票权。教区同样包含神职人员的代表,他们可以通过坎特伯雷大主教和约克大主教的令状召集神职人员的代表组成委员会。神职人员的代表们可以通过主教与议会协调行动。在近代,这一问题不可避免,频繁出现。事实上,神职代表会议经常在议会开会后的几天内召开。

爱德华一世统治的后半期见证了大多数宪政制度改革的关键时刻,这些时刻验证了宪政制度改革的效率。这构成另一章的主题。在继续讲述新的内容前,我们可能会停下来,明确指出爱德华一世政策的另一个要点。亨利二世曾尽力在司法事务中摆脱封建领主权势的影响,建立一支不受土地所有制影响的民兵队伍。亨利二世派法官走遍全国,从封建领主手中夺取司法权。亨利二世以巡回武装武装了所有自由民,通过兵役免除税筹集资金招募雇佣兵。通过国内的民兵和国外的雇佣军,亨利二世加强了自己的力量,使军队不依赖以每位地主带领家臣作战为根基的封建领主制。爱德华一世更完美地贯彻了这些原则。在议会章程中,爱德华一世朝着亨利二世前进的方向走得更远。爱德华一世从郡和镇召集的代表是由郡和镇的自由民在本郡和镇古老的法庭选出的。地方代表不是王室租户代表,而是全体自由民代表。上议院议员的资格不是看贵族出身,不是因为拥有大量财产,不是凭借和国王的关系,而是通过选拔产生。实际上,选拔上议院议员与我们的猜测并不完全一致,下议院设立标志着古代封建领主思想的消亡。古代封建领主思想认为,国王的议会只不过是拥有国王土地的家臣集会。爱德华一世的整个政策目的都是削弱封建大领主。在政府、军营和议会里,爱德华一世选择用忠诚,而不是特殊的封建关系约束臣民。

第 11 章

确认宪章条款

精彩看点

爱德华一世长期不在英格兰显现恶果——驱逐犹太人——爱德华一世对苏格兰王位渴求——苏格兰王国——爱德华一世做出有利于约翰·巴利奥尔的裁决——爱德华一世与法兰西国王腓力四世的关系——与腓力四世争吵的影响——爱德华一世与神职人员关系——爱德华一世和神职人员斗争——王权扩张导致大贵族不满——索尔兹伯里贵族大会——爱德华一世和坎特伯雷大主教罗伯特·温切尔西和解——《大宪章》确立了人民决定税收的权利——爱德华一世对臣民不满——再次签署《森林宪章》——教皇卜尼法斯八世宣称对苏格兰拥有宗主权——爱德华一世与坎特伯雷大主教罗伯特·温切尔西的斗争——爱德华一世和外国商人——新关税——马多克领导威尔士起义——爱德华一世召见约翰·巴利奥尔——苏格兰王国和法兰西王国结盟——对苏格兰战争——约翰·巴利奥尔向爱德华一世投降——英格兰王国和苏格兰王国休战——约翰·巴利奥尔倒台后的苏格兰事务——爱德华一世对苏格兰的战役——抓获并处决威廉·华莱士——爱德华一世为苏格兰制定新宪法——罗伯特·布鲁斯回到苏格兰——罗伯特·布鲁斯的反噬——爱德华一世驾崩——爱德华一世的性格和人生目标

1284年年末，爱德华一世处理完威尔士的问题。1285年，爱德华一世主要处理各种法律事务。1286年夏，爱德华一世来到法兰西。爱德华一世离开英格兰整整三年。其间，康沃尔伯爵埃德蒙①担任摄政。1286年和1287年，英格兰风平浪静。1288年，爱德华一世长期不在英格兰的恶果开始显现。1289年，英格兰内外处处急需用钱。有消息称第七代格洛斯特伯爵吉尔伯特·德·克莱尔和赫里福德伯爵汉弗莱·德·博恩在威尔士的沼泽里几乎公开开战。1289年，议会拒绝征税，除非爱德华一世回国。在这些消息的刺激下，1289年8月，爱德华一世回到英格兰。

一回到英格兰，爱德华一世就发现在自己离开英格兰期间，行政事务停滞不前。爱德华一世收到潮水般的投诉，投诉指向威斯敏斯特法庭的法官，指出法官执法时受贿和暴力执法。回到英格兰后，爱德华一世立刻进行贪腐法官的调查工作。经过仔细调查，爱德华一世罢免了两位大法官和数位其他高阶官员。如果爱德华一世的第二件工作成功的话，就能加强对不安分的贵族的控制。第七代格洛斯特伯爵吉尔伯特·德·克莱尔曾协助爱德华一世在伊夫舍姆战役推翻第六代莱斯特伯爵西蒙·德·蒙福尔，并且是在爱德华一世继位典礼上第一位对爱

---

① 康沃尔伯爵埃德蒙是康沃尔的理查德的儿子。——译者注

德华一世宣誓效忠的贵族。他的整个从政经历以飘忽不定任性妄为著称。当时，第七代格洛斯特伯爵吉尔伯特·德·克莱尔年纪并不大。爱德华一世曾经花了一段时间，计划如何与第七代格洛斯特伯爵吉尔伯特·德·克莱尔联姻。最终，联姻计划确定。第七代格洛斯特伯爵吉尔伯特·德·克莱尔与爱德华一世在十字军运动期间出生在阿科城的女儿琼结婚。这场婚姻使第七代格洛斯特伯爵吉尔伯特·德·克莱尔从爱德华一世在英格兰最危险的对手，转变成爱德华一世的女婿，并且与王室关系密切。

完成这项工作后，爱德华一世四处寻找筹集资金的方法。虽然爱德华一世找到了筹集资金的方法，但他的声誉严重受损。当时，犹太人被驱逐出英格兰。为感谢爱德华一世驱逐犹太人的行动，英格兰国民答应提供资金援助。这一措施无疑得到普遍接受：它得到神职人员的支持，受到爱德华一世的母亲普罗旺斯的埃莉诺的强大影响，以及爱德华一世的强烈偏见左右。驱逐犹太人的措施虽然很严厉，但绝不只是宗教迫害行为。对英格兰和犹太人都不幸的是，基督教禁止放高利贷，但犹太人以放高利贷营生。于是，犹太人带着一副暴虐的放债人模样。事实上，犹太人生活在由英格兰国王制定的法律体系下，永远受英格兰国王的支配，犹太人积累的黄金很容易被英格兰国王掌控。每当亨利三世需要钱时，他总能从犹太人处勒索到钱财。最糟糕的是，犹太人听任富人利用自己压迫穷人。犹太人将小庄园抵押转让给邻近的大地主，并且以其他方式被保护自己的贵族利用。穷人憎恨犹太人。林肯主教罗伯特·格罗斯泰特和第六代莱斯特伯爵西蒙·德·蒙福尔等伟大人物早就希望放逐犹太人。大批犹太人被控剪钱币[①]和伪造货币。到爱德华一世统治时期，已经有二百八十名犹太人因上述罪行被处以绞刑。当英格兰民众要求驱逐犹太

---

① 将银币的边缘剪下一点，积少成多积攒贵金属。——译者注

"挪威少女"玛格丽特

人的时候,或许因为太固执,也许是太高尚,总之爱德华一世不愿让犹太人继续做有用的仆人。最终,犹太人被驱逐。英格兰付出的代价是——1290年秋,神职人员和俗人缴纳了十五分之一的税。

1290年,年轻的苏格兰王位法定继承人"挪威少女"玛格丽特去世①。"挪威少女"玛格丽特的去世使爱德华一世通过联姻兼并苏格兰的希望破灭了,爱德华一世不得不考虑别的方法。当时,爱德华一世正在考虑如何取得苏格兰的实际主权。爱德华一世计划让年轻的苏格兰候

---

① "挪威少女"玛格丽特是苏格兰国王亚历山大三世的外孙女,被认为是亚历山大三世的法定继承人。1290年9月,"挪威少女"玛格丽特前往不列颠群岛继承苏格兰王位,但在奥克尼群岛离世。——译者注

任女王"挪威少女"玛格丽特与爱德华一世尚存的长子卡那封的爱德华联姻。这场婚姻表明爱德华一世考虑让自己的下一代兼并苏格兰。苏格兰候任女王"挪威的女孩"玛格丽特去世的消息破灭了爱德华一世的计划。我们没有理由认为爱德华一世在着手解决苏格兰王位继承问题时,没有任何征服苏格兰的计划。

苏格兰的情况与威尔士大不相同。苏格兰民众正在崛起,而不是走向衰落。苏格兰王国由有着不同历史渊源的地区组成。这些地区居住着不同民族,而且这些民族不是为生存苦苦挣扎的民族。在血缘关系方面,苏格兰南部的居民与英格兰北部的居民更接近,而不是与苏格兰北部的居民更接近。苏格兰南部居民有英格兰血统,采取英格兰行政体系。与英格兰大部分地区一样,苏格兰南部由诺曼贵族实施封建统治。凯尔特族是苏格兰王族,虽然凯尔特族的国王只是苏格兰名义上的国王。苏格兰王室的力量集中在苏格兰低地。

诺曼征服以来,苏格兰和英格兰的关系一直很密切。在苏格兰王室统治的几个郡中,洛锡安是古代诺森伯里亚的一部分。根据英格兰人的说法,洛锡安由"和平者"埃德加或克努特大帝赠予苏格兰国王。苏格兰西南部,或称苏格兰坎伯兰,由埃德蒙一世①送给苏格兰国王马尔科姆一世。整个苏格兰民族都承认阿尔弗雷德之子、西撒克逊国王爱德华是苏格兰人的祖先和尊上。"征服者"威廉,威廉·鲁弗斯,以及之后的英格兰国王都曾要求苏格兰承认英格兰国王对苏格兰的领主地位。当然,这些都是模糊说法。12世纪中叶以来,苏格兰国王及其子孙确实多次获得英格兰的土地和爵位,向英格兰国王效忠。苏格兰国王大卫一世的儿子苏格兰的亨利占据诺森伯兰和亨廷登的领地并传给"狮子"威廉。苏格兰国王向英格兰国王效忠几次,但意义含糊,不知苏格兰国王

---

① 埃德蒙一世(921—946)。公元945年,埃德蒙一世将坎伯兰割给苏格兰国王马尔科姆一世,以防御丹麦人入侵北疆,赢得边境的安宁。——译者注

苏格兰国王马尔科姆一世

是以英格兰领主的身份,还是以苏格兰低地各省领主的身份,或者以整个苏格兰王国国王的身份向英格兰君权效忠。亨利二世俘虏苏格兰国王"狮子"威廉后确实迫使"狮子"威廉和苏格兰的贵族承认英格兰国王对苏格兰绝对的大领主权,理查一世已经将苏格兰从这个特殊束缚中解脱出来。英格兰国王对苏格兰绝对的大领主权时间短暂,并且在亨利二世取得对苏格兰的绝对大领主权之前和理查一世卖掉苏格兰的绝对大领主权之后,英格兰国王和苏格兰国王互相猜忌,互相妥协,使英格兰对苏格兰的主权要求一如既往的模糊。除了一段拥有绝对领主权的特殊时期,自从斯蒂芬驾崩后,英格兰和苏格兰的关系一直很友好。苏格兰国王与英格兰国王的女亲属结婚。从亨利二世时期开始,苏格兰的政治进步偶然落后英格兰一小段距离,但一直紧随英格兰发展的脚步,因为英

第11章 确认宪章条款 | 327

格兰和苏格兰偶尔开战造成苏格兰政治进步短暂放缓。苏格兰人不时发起掠夺或发动阴谋，但两国王室基本处于和平状态。爱德华一世对苏格兰联姻的设想本可以将两国的和平变成统一，但时机尚未成熟。

爱德华一世对苏格兰王位的渴求，苏格兰王国内部的民族构成和诺曼征服以来英格兰与苏格兰的关系解释了1290年爱德华一世对苏格兰王位继承问题采取的立场。爱德华一世相信，作为苏格兰大领主，他将有权从众多继承人中决定谁可以继承苏格兰王位。爱德华一世大张旗鼓地承担了这项任务。从各位竞争对手那里，爱德华一世的仲裁员资格获得承认。经过仔细审查，他做出有利于约翰·巴利奥尔领主的裁决。根据公认的法律权利，作为强大的苏格兰北方男爵，约翰·巴利奥尔领主有权继承苏格兰王位。约翰·巴利奥尔成为苏格兰国王时，爱德华一世谨慎地为自己和自己的继承人赢得整个苏格兰王国效忠。1291年和1292年被苏格兰王位之争占据了。1293年年初，苏格兰问题的隐患开始显现。因此，苏格兰问题没有得到根本解决。不列颠群岛北方不断增加的暴乱引起法兰西方面的警惕。这些不断增加的暴乱引起的危机，以及爱德华一世为解决这些麻烦采取的手段，造成1297年的宪政危机。我们必须按顺序明确以下几点。首先，我们需要明确英格兰王国与法兰西王国的关系。

在法兰西，爱德华一世仍然拥有加斯科涅和一些毗邻小地区的领主权。经历12世纪的沧桑巨变后，这些省依然能保留在亨利二世的后代手中，主要是因为法兰西国王圣路易和腓力三世的诚实和友善。1279年，爱德华一世的妻子卡斯蒂尔的埃莉诺声称自己将继承位于佛兰德斯和诺曼底之间的海边小省蓬蒂厄，她的要求得到腓力三世的承认。1285年，腓力三世驾崩。腓力三世的儿子腓力四世，通常被称为"美男子"腓力，真正继承了曾祖父腓力二世爱施诡计的本性和在政治外交上耍阴谋的才能。1286年到1289年，爱德华一世长期待在法兰西，部分原因是与腓力四世保持友谊，部分原因是确保控制住加斯科涅，改革加斯科涅的行政管理制度。不

腓力三世

腓力四世

过,爱德华一世一定已经意识到腓力四世对自己的猜忌迟早会变成彻头彻尾的敌意。直到1293年,爱德华一世和腓力四世仍然是朋友。1293年,诺曼沿海城镇的居民和英格兰水手发生了一系列小争吵,加斯科涅人和周边的邻居爆发了一场战争。这都为腓力四世提供了机会。腓力四世传唤爱德华一世,要求爱德华一世来到巴黎出席会议交代冲突爆发的事实,但爱德华一世拒不露面,导致被判没收财产。这些行动都是很巧妙地完成的。1290年,卡斯蒂尔的埃莉诺薨逝。卡斯蒂尔的埃莉诺薨逝后,爱德华一世开始商讨与腓力四世的妹妹法兰西的玛格丽特的联姻事宜。为准备这桩婚事,爱德华一世及其继承人卡那封的爱德华同意了一项新的授

法兰西的玛格丽特

予加斯科涅领地的协议。为实现授予协议，在形式上，吉耶讷地区的城堡被移交给腓力四世。腓力四世一拿到这些城堡，就宣布由于爱德华一世没有服从腓力四世要求他前往巴黎的命令，所以爱德华一世为奸诈的封臣，被判处没收财产。1294年5月，这项命令发布。

在英格兰，腓力四世的无耻行径引发公愤。一时间，英格兰上下一致决定支持爱德华一世。就连苏格兰国王约翰·巴利奥尔也表示愿意将自己在英格兰土地的全部产出用于支持爱德华一世讨要其在法兰西的领地。当时，约翰·巴利奥尔深陷封臣职责和国王职责的冲突造成的困境中。1294年6月，因为法夫地区的一位贵族麦克杜伊夫的领地被圣安德鲁斯主教威廉·威沙特强占。约翰·巴利奥尔支持圣安德鲁斯主教威廉·威沙特，麦克杜伊夫不得不向爱德华一世提起申诉，爱德华一世召约翰·巴利奥尔应答申诉。与此同时，爱德华一世开始实施一项重大的海外联盟计划。爱德华一世请求西班牙方面提供大量援助。苏格兰低地的贵族们也被要求提供援助。爱德华一世制定了一套完整的海岸防御和海军组织方案。爱德华一世的急切需求或他一贯奉行的政策使他以前所未有的方式聚集了英格兰各个阶层的力量。1294年和1295年，英格兰议会建成宪法体系。威尔士边境的冲突阻止了1294年可能实施的任何一次远征。1295年，出于对共同对手爱德华一世的恐惧，苏格兰人与法兰西人开始沟通。由于征讨法兰西的计划被拖延，加上战争资源缺乏，逼迫着爱德华一世采取了之前很少采用的筹款办法筹集资金，导致英格兰出现反对对外征战的呼声，引发英格兰国内最危险的政治力量联合起来反抗爱德华一世的权威。另外，这还影响了刚刚组建完成的新政府机制的正常运作。模范议会在1295年组建完成，1296年危机爆发，1297年再次签署《大宪章》。

强势的爱德华一世采纳坚定的政策，采用带压迫性的执行政策，肯定会引起不满。神职人员和世俗人士都有各自的不满，爱德华一世的极端政策给人们制造了发泄不满的机会。在贯穿13世纪的斗争中，神职人员和一定数量的主教都支持自由。低等级的神职人员与普通民众有许多共同之处。另外，约翰一世在被判禁绝令期间的行为打破了自诺曼征服起一直存在的高级教士与宫廷的联盟。坎特伯雷大主教斯蒂芬·兰顿树立了勇敢的榜样。由于亨利三世对外国人的热爱、对教皇的谄媚，以及肆无忌惮地搜刮民财，导致在亨利三世统治时期，英格兰教会如同在约翰一世统治时期一样，与英格兰国王关系疏远。第六代莱斯特伯爵西蒙·德·蒙福尔向英格兰国民展示了一切善良和神圣。当滥权行为随着亨利三世的驾崩结束，教会和全国民众都看到爱德华一世全心全意为民众利益奋斗时，国王与民众的关系也许会有所改变。毫无疑问，神职人员需要保持警惕，因为朝中大臣们总在寻找限制教会权势的方法，但防御性的警惕与主动出击是两码事。爱德华一世继位以来，连续三任坎特伯雷大主教都急于推动教会的独立地位，削弱英格兰国王的权力，甚至不惜将英格兰教会完全交给罗马教皇。因此，虽然爱德华一世并没有逃避执行或试图废止《大宪章》，但1279年，坎特伯雷大主教约翰·佩卡姆依然宣称自己是《大宪章》捍卫者。在雷丁会议上，坎特伯雷大主教约翰·佩卡姆通过了几项限制爱德华一世在宗教事务方面行动的教令。作为回击，爱德华一世利用这个机会压制了在他看来是教会创新的教令。爱德华一世曾出面干预，阻止发布教令，并且让坎特伯雷大主教约翰·佩卡姆道歉，撤回这些教令。然而，爱德华一世并不满足。爱德华一世趁机通过了《宗教统一法》。《宗教统一法》规定，在没有得到明确许可的情况下，英格兰国王可以阻止神职人员获得比《宗教统一法》规定的份额更多的土地。另外，针对神职人员的税也很沉重。如同教皇们愿意从教会收入中为亨利三世提供资金一样，教皇们愿意满足爱德华一世的需要。教皇们不止一次授权爱德华一世向神职人员以十字军运动的名义征收三年期的税，税额为神职人员全部收入的十分之一。然而，

教皇尼古拉四世

在这段时间,十字军运动从未进行。1288年,教皇尼古拉四世下令重新精确评估所有教会财产。评估既包括世俗财产,即土地,也包括属灵财产,即什一税和供奉。这样一份永久记录使神职人员随时都有可能被强行征税。爱德华一世并不满足于请求教皇允许自己向神职人员及世俗人士征税。为获得拨款,爱德华一世开始召集神职人员参加神职人员会议。然而,神职人员不愿意服从世俗法庭的传唤,也不愿意将钱花在世俗目的上,特别是在没有经过合理协商、神职人员缴纳的税额比世俗贵族缴纳的税额数目大得多的时候。1294年,罗伯特·温切尔西成为坎特伯雷大主教。罗伯特·温切尔西适合做强大的教会反对派领袖。坎特伯

教皇卜尼法斯八世

雷大主教罗伯特·温切尔西虔诚、博学、有远见，并且完全相信爱德华一世决心让教会服从于国家。坎特伯雷大主教罗伯特·温切尔西知道教皇卜尼法斯八世是自己的朋友和支持者，不会抛弃自己。因此，坎特伯雷大主教罗伯特·温切尔西为一场近在咫尺的斗争做准备。

　　爱德华一世认为1294年发生的事件使自己有权担任独裁者，有权利用法律筹集人力和金钱。爱德华一世虽然看到法律不允许自己使用的手段，但认为事出紧急可以采取非常手段。因此，爱德华一世不仅召集贵族、神职人员和普通民众，向他们要钱，还收缴商人的羊毛，夺取教会的财产。事实上，通过与商人们协商，爱德华一世获得商人们的同意征收羊毛关税。因此，羊毛关税大幅上升。实际上，爱德华一世并没有没收教会财产，但爱德华一世向神职人员要钱仍然具有压迫性，令人震惊。1294年秋的会议上，当爱德华一世要求教会拿出一半收入交税时，警报变成恐慌。神职人员让步了。但神职人员发现1295年又有捐税要求，令他们不堪重负。对神职人员拖延交税的事情，爱德华一世日益不满。有教皇卜尼法斯八世的支持，神职人员逐渐变得大胆。1296年2月，教皇卜尼法斯八世发布了著名的教俗赦谕。这份教俗赦谕以其开场白命名为《论平信徒》，规定禁止国王收缴教会收入，禁止神职人员上交教会收入。1297年，有了这份教皇令的撑腰，坎特伯雷大主教罗伯特·温切尔西拒绝教会上缴税金。作为回应，爱德华一世将所有不服从的神职人员排除在法律保护之外。

世俗人士的反抗精神被唤醒了。第七代格洛斯特伯爵吉尔伯特·德·克莱尔去世后，贵族党首领有两位。一位是最高军务官第五代诺福克伯爵罗杰·比戈，另一位是皇家司厩长①赫里福德伯爵汉弗莱·德·博恩。这二人的品格并不高尚，也没有强烈的爱国主义精神，但具有强大的能力和精力，渴望抓住机会维护自己拥有的地位。对贵族谋求的权势，爱德华一世执行的贵族与民众平等，赋予民众正义的措施，对贵族来说造成严重的威胁。1288年，赫里福德伯爵汉弗莱·德·博恩由于与第七代格洛斯特伯爵吉尔伯特·德·克莱尔的私人战争入狱。爱德华一世的司法改革不仅触动了其他各阶层的利益，也触动了大贵族的利益。1278年，所谓的"现状担保委员会"深入调查了贵族的头衔及司法管辖权。这令贵族们十分震惊。当时，第六代萨里伯爵约翰·德·瓦伦大胆宣称自己的授权就是曾经为自己赢得封地的利剑。第六代萨里伯爵约翰·德·瓦伦宣称现在自己准备用赢得封地的利剑捍卫自己的领地。贵族们还发现，虽然在某些方面，新的法案允许贵族更强有力地控制家臣，但爱德华一世可以通过新的法案更强有力地控制贵

---

① 司厩长，主要负责指挥军队，处理军务，实际上是英格兰军队的第一号指挥官。——译者注

族。因此，贵族们的权力没有增加多少。实际上，贵族们不希望爱德华一世太强势，也不喜欢爱德华一世自行选择大臣指挥贵族们的行动。1297年年初，爱德华一世要求整个英格兰王国的军队前往国外作战。其中，一部分军队跟随爱德华一世前往佛兰德斯支持他的盟友，另一部分军队前往加斯科涅。贵族决定挫败爱德华一世的计划。事实上，贵族阶级在多大程度上需要为英格兰国王的外交政策服务，一直是一个界限模糊的问题。爱德华一世似乎是在请求贵族帮忙，而不是要求行使自己对贵族的领主权力。爱德华一世对神职人员和商人征税，导致神职人员和商人对爱德华一世充满敌意。贵族们知道并利用了神职人员和商人的敌意。贵族们还知道自己的行动一定会给爱德华一世压力。与此同时，爱德华一世不够明智。对外征战的拖延让爱德华一世恼怒。当时，爱德华一世刚刚失去了早期最好的顾问罗伯特·伯内尔。取代罗伯特·伯内尔的是财政大臣沃尔特·兰顿。沃尔特·兰顿虽然对爱德华一世忠诚，但卑鄙无耻，不受欢迎。爱德华一世可能感到贵族们试图让自己出丑。贵族们大概真的希望看到爱德华一世出丑。爱德华一世试图为自己辩护，也必须在子孙后代面前为自己辩护。

  1297年胜负已定。1297年2月，爱德华一世召集贵族在索尔兹伯里举行会议。当会议召开时，第五代诺福克伯爵罗杰·比戈和赫里福德伯爵汉弗莱·德·博恩分别拒绝履行最高军务官和司厩长的职责。神职人员处于被放逐的状态，爱德华一世不敢召集平民代表。最终，大会不欢而散。爱德华一世再次征收羊毛税，还召集军队，执行对神职人员的判决。贵族们全副武装，主教们威胁要将爱德华一世逐出教会。尽管如此，1297年7月，爱德华一世还是在伦敦集结了整个英格兰的军事力量，试图迫使贵族让步。由于贵族们不愿让步，爱德华一世决定听从神职人员的要求，利用自己对平民的感召力获得更多的经济支持，甚至是私下支持。坎特伯雷大主教罗伯特·温切尔西看到了自己的机会。坎特伯大主教罗伯特·温切尔西声称，爱德华一世如果签署了宪章、《大宪章》和《森林宪章》，那么会尽最大努力从神职人员处筹集资金。教皇卜尼法斯八世已经宣布的禁令并不影响国防自愿拨款。

平民代表虽然没有得到正式召集，但他们全员出席会议，通过投票表决同意按照动产的五分之一征税。看到坎特伯雷大主教罗伯特·温切尔西与爱德华一世公开和解，人们感动得流下眼泪。爱德华一世将儿子卡那封的爱德华托付给坎特伯雷大主教罗伯特·温切尔西照顾，自己奔赴战场。

麻烦还没有结束。坎特伯雷大主教罗伯特·温切尔西和贵族知道，在亨利三世统治时代，宪章经常被徒劳地反复签署确认。爱德华一世在表示同意签署《大宪章》的同时，已经有权力不经议会投票强行索要钱财。这是不祥之兆。坎特伯雷大主教罗伯特·温切尔西和贵族们联合起草了一系列新条款，要求将这些条例添加到《大宪章》中。经过一系列困难后，在爱德华一世准备起航时，贵族们强迫爱德华一世将起草的新条款加入《大宪章》。爱德华一世看到自己必须让步，就将谈判工作交给儿子卡那封的爱德华和大臣们。爱德华一世一开船，贵族们就前往国库，禁止国库官员继续征收新税，敦促年轻的卡那封的爱德华召唤各郡骑士取回爱德华一世曾承诺接受的《大宪章》抄本。1297年10月10日颁布的《宪章确认法令》重新确认了《大宪章》。这次重新签署的《大宪章》新增七章内容。这七章的主要内容是爱德华一世明确未经议会同意不得征税。不过，相关条款没有写得十分精确，以预防一切可能逃避遵守《大宪章》的行为。实际上，爱德华一世和爱德华三世都曾被指责钻《大宪章》措辞模糊的空子为其行为辩护，违反了契约精神。不管以何种方式重新签署《大宪章》，都是完成前辈贵族在坎特伯雷大主教斯蒂芬·兰顿带领下，为之奋斗的事业。最后，一项原则得到确定，即所有征税方式——无论是直接方式还是间接方式，都必须征求整个英格兰的同意。无论是否有具体的法律条文规定，所有不经征求整个英格兰同意征税的行为都是违反宪法精神的行为。新增七章的主要内容是：第一章，重新确定《大宪章》；第二章，宣布所有违反《大宪章》的司法程序无效；第三章，《大宪章》副本要送往各大教堂，每年读两遍；第四章，主教有权将所有违犯《大宪章》的人逐出教会。前四章应神职人员的要求添加，否则神职人员不同意和解。第五章，爱德华一世宣布，目前，民众遭受的残酷剥削不应等同赋予爱德华一世继续剥削的权力；第六章，爱德华一世承诺他将不再接受"援助、课税和奖励，除非得到全国民众的一致同意"；第七章，爱德华一世保证，如果没有民众的共同许可和良好意愿，那么以后将不再对羊毛征收"坏关税"或重关税。如果爱德华一世确实完全放弃承诺放弃的权力并明文规定，那么《大宪章》的执行会更清楚明确。爱德华一世及其手下的官吏很快发现，虽然不再征收一直遭到抱怨的"坏关税"和重关税，但他们可以通过与商人协商，绕开议会间接融资。当然，这种做法议会决不允许，议员将竭尽所能地打压每一次间接融资。因此，在宪法内容方面，爱德华一世被迫向臣民做出最大让步，并且通过新议会的组织形式，使英格兰臣民首次拥有强迫英格兰国王履行宪法的权利。在某种程度上，《宪章确认法令》是爱德华一世与英格兰民众共同妥协的产物，爱德华一世与英格兰民众都认为自己有理由根据自己的观点阐释达成和解的条件。不过，《大宪章》的再次签署依然是英格兰历史上仅次于颁布《大宪章》的里程碑式事件。《宪章确认法令》是对全体团结起来的民众所做承诺的实现。

现在，我们简要总结一下宪法危机导致的后果。然后，我们转向爱德华一世统治时期的军事活动。爱德华一世统治时期的一个主要困难是与苏格兰的战争。这场战争为爱德华一世余生带来重重困难。导致爱德华一世愤怒，激起他采取不理智的暴力行为的原因中有很重要的一个原因是爱德华一世感觉自己不被整个英格兰信任。登基后，爱德华一世就不知疲倦地为英格兰的利益工作。爱德华一世修改了法律，为英格兰制定了一部全新的自由的宪法。因此，爱德华一世觉得自己有权获得国民的信任，有权指挥自己创建的政府。1297年，离伊夫舍姆战役结束才过去三十年，还记得亨利三世无数次反复无常行为的人还在人世。被亨利三世无数次反复无常警告的人们不禁怀疑爱德华一世会像其父亨利三世那样，在危急时刻拒绝履行国王的义务。1297年10月10日，爱德华一世在根特签署了《宪章确认法令》，但这并不令人满意。

1298年，爱德华一世一从佛兰德斯回来，贵族就坚持要求重新签署《森林宪章》。爱德华一世不得不答应批准更新《森林宪章》，否则贵族们可能不会同意参加对苏格兰的战争。1299年3月，爱德华一世履行了更新《森林宪章》的承诺。爱德华一世更新了《森林宪章》，但贵族们仍然认为爱德华一世对各项法案的更新有所保留。《森林宪章》的执行涉及对森林边界及森林状况的调查。爱德华一世虽然答应重新调查森林，但明确保留国王作为封建大领主对贵族作为家臣的权力。对刚提交罗马教廷的一些问题，爱德华一世也明确持保留态度。这种保留态度显然是不真诚的表现。为平息事态，1299年5月，爱德华一世再次无条件地签署《森林宪章》，但仍然有人认为爱德华一世故意拖延开放王室森林的狩猎、捕鱼、放牧等权力。1300年3月，在伦敦召开的议会上，爱德华一世再次签署《森林宪章》，提出一项名为《关于宪章的条款》的重要法案。随后，爱德华一世重新调查森林。1301年1月，相关报告被递交至在林肯举行的议会上。在林肯议会上，新仇旧怨一并迸发。有平民撑腰的贵族们以坎特伯雷大主教罗伯特·温切尔西为首，向爱德华一世施加了前所未有的压力。对此，爱德华一世痛彻心扉，永不原谅贵族的施压行为。

爱德华一世再次陷入对金钱的极度渴求中。当时，教皇卜尼法斯八世声称对苏格兰拥有宗主权。英格兰的当务之急是必须团结一致、毫不犹豫地回绝教皇卜尼法斯八世对苏格兰的宗主权。爱德华一世提出新的条款。作为条件，爱德华一世需要向教皇卜尼法斯八世上交供奉。提出新的条款时，爱德华一世做出种种让步。实际上，爱德华一世很不情愿做出各种让步。实际上，即使爱德华一世批准新条款，坎特伯雷大主教罗伯特·温切尔西代表神职人员，也不会同意教皇卜尼法斯八世没有授权的任何条款。爱德华一世再次让步，尽管他拒绝顺从教皇卜尼法斯八世的意愿，将苏格兰变成罗马教廷的附庸。或许正是爱德华一世的让步，才使全体贵族达成一致意见，明确拒绝教皇卜尼法斯八世对苏格兰的宗主权。

坎特伯雷大主教罗伯特·温切尔西和神职人员并没有参与致信教皇卜尼法斯八世，拒绝承认教皇卜尼法斯八世宣称的苏格兰宗主权的活动中。爱德华一世将这两件事联系在一起，认为即使没有诉诸行动，坎特伯雷大主教罗伯特·温切尔西依然试图反叛。爱德华一世下令临时关押在林肯议会上向自己呈递条款的骑士。这或许是对沃尔特·兰顿的让步，因为应坎特伯雷大主教罗伯特·温切尔西的要求，沃尔特·兰顿遭到停职。当然，只要教皇卜尼法斯八世在世，对坎特伯雷大主教罗伯特·温切尔西的惩罚就会推迟。1305年，当教皇克莱门特五世继位时，坎特伯雷大主教罗伯特·温切尔西遭到正式指控，被传唤到罗马，并且被停职。在爱德华一世统治时期，坎特伯雷大主教罗伯特·温切尔西没有被允许返回英格兰。爱德华一世和坎特伯雷大主教罗伯特·温切尔西的斗争令人悲哀。实际上，他们都将英格兰的幸福放在心上。如果必须在他们之间做出抉择，那么历史的天平还是会倾向爱德华一世。爱德华一世或许有报复心，但坎特伯雷大主教罗伯特·温切尔西残酷地利用了爱德华一世的迫切需要，给爱德华一世扣上卑鄙无耻的帽子，将明知与爱德华一世无关的阴谋都算到爱德华一世头上。为羞辱爱德华一世，坎特伯雷大主教罗伯特·温切尔西让爱德华一世接受教皇卜尼法斯八世将苏格兰变成教皇教区这种最傲慢的设想。坎特伯雷大主教罗伯特·温切

教皇克莱门特五世

尔西希望成为第二个斯蒂芬·兰顿,但爱德华一世不是,也不可能是第二个约翰一世。

　　林肯议会结束了爱德华一世统治时期爱德华一世围绕各项法条与贵族展开的斗争。有两三个小问题与爱德华一世和贵族展开的制宪斗争有关,我们需要在这里提一下。1303年和1304年,爱德华一世再次陷入财政问题。爱德华一世不希望再次遭受在林肯的待遇。为增加收入,爱德华一世希望获得商人的帮助以解决财政问题。1303年,爱德华一世召集外国商人,同意给予外国商人一定的贸易特权,但条件是外国商人必须同意支付进口税。外国商人同意了。虽然来自商业城镇的代表拒绝同意外国商人享有贸易特权,但进口税正常收取。

"新关税"，即进口税的起源，未经议会同意直接得到确认。新关税并不直接违反1297年的《宪章确认法令》，因为这是一项特别协定，是在征得征税者同意并考虑获得豁免的情况下订立的。1304年，爱德华一世采取更危险的方式临时征税。这种方法是从王室私有财产中收取佃户税。即使是临时征税，爱德华一世也避免违背诺言。1297年的《宪章确认法令》并没有明确宣布放弃征收佃户税，并且当时，征收佃户税已经征得贵族的同意。实际上，贵族们也用同样方法从家臣处筹钱。1305年，爱德华一世做了一件更轻率和危险的事。他从教皇克莱门特五世处获得正式废除1297年《宪章确认法令》的命令。除了对《森林宪章》稍做改动，爱德华一世没有利用这次废除《宪章确认法令》的机会，或许废除《宪章确认法令》不是为重新调整法律，而是为显示自己的权力。实际上，作为爱德华一世统治的主要缺点，征收新关税、佃户税和废黜已经颁布的法案仍然被记录下来。伟大的爱德华一世的一项明显缺点是在法律方面强词夺理。对这一明显缺点，当时的道德很难容忍。法律上的强词夺理证明至少在某一方面，爱德华一世并没有领先于其他同时代的人。

现在，我们追溯几个对爱德华一世的行为产生巨大影响的关键时期。我们看到1294年，爱德华一世准备远征法兰西，由于威尔士和苏格兰的动乱，以及我们花去大量篇幅描述的政治危机，远征被推迟到1297年。由于北威尔士酋长卢埃林的亲戚马多克领导的威尔士起义，1294年冬，爱德华一世亲自率兵远征威尔士。冬季，远征威尔士很不合时宜。实际上，这场远征也没有取得大规模的胜利。1295年，马多克被俘，威尔士起义结束。苏格兰制造的麻烦更普遍，持续的时间也更长。

执政初期，苏格兰国王约翰·巴利奥尔就觉得自己处在错误的位置。爱德华一世是约翰·巴利奥尔的大领主和庇护者。约翰·巴利奥尔对爱德华一世负有责任，对自己的臣民也负有责任。在这两种责任之间，约翰·巴利奥尔左右两难。奇怪的巧合是，1293年，即爱德华一世被传唤到巴黎回答腓力四世控诉的那一年，约翰·巴利奥尔作为家臣出现在爱德华一世的法庭上，回答了法夫伯爵麦克达夫的控诉。约翰·巴利奥尔受到的忽视和蔑视可能使他十分痛恨爱德华一世。然而，1294年，约翰·巴利奥尔是帮助爱德华一世对抗法兰西王国的最重要的一位贵族。显然，约翰·巴利奥尔的意志并不坚强，他也不敢坚持自己的观点。他不可能轻易与爱德华一世决裂，转而投靠苏格兰贵族。爱德华一世也不足以令约翰·巴利奥尔坚强起来反抗苏格兰的贵族。在两种势力之间，约翰·巴利奥尔摇摆不定。最终，约翰·巴利奥尔失去苏格兰贵族和爱德华一世双方的信任。1295年，苏格兰贵族效仿法兰西朝廷，决定成立由十二名贵族组成的机构，实际控制约翰·巴利奥尔的行动，开始与法兰西王国商谈结盟事宜。

当时，国与国结盟是新的政治运作方式，并且对中世纪历史有重大影响。苏格兰王国和法兰西王国结盟不仅将苏格兰文明和政治纳入法兰西王国的轨道，还引领苏格兰人模仿法兰西的机构设置。如同亨利二世统治时期到爱德华一世统治时期，苏格兰人模仿英格兰。直到17世纪，在每一次法兰西王国与英格兰王国的战争中，苏格兰王国都给法兰西王国提供了有力的帮助。得知苏格兰王国和法兰西王国正在商谈结盟，爱德华一世就要求苏格兰王国在自己与腓力四世达成和平协议前，将其边境的城堡交到自己手中。

爱德华一世的要求立即遭到苏格兰方面的拒绝，战争爆发了。1296年3月，爱德华一世夺取并洗劫了伯威克，苏格兰人兵临卡莱尔城下。最终，不幸的约翰·巴利奥尔看到自己不得不做出选择，便放弃对爱德华一世的忠诚。他几乎立刻为自己的鲁莽付出代价。

1296年4月，英格兰的第六代萨里伯爵约翰·德·瓦伦率军分别在邓巴和爱丁堡大败苏格兰军队。1296年7月，约翰·巴利奥尔投降，被迫将王位交给英格兰的征服者。苏格兰的徽章被带到英格兰。被认为是族长雅各①在伯特利梦见天堂阶梯时所枕石头,也就是苏格兰历代国王加冕时用的砂岩,即斯昆石,从斯昆移到威斯敏斯特教堂。苏格兰的主要贵族被扣押为人质。当时,就算没有被英格兰完全征服,苏格兰也被吓得哑口无言。因此,整个1297年,爱德华一世认为将苏格兰交给第六代萨里伯爵约翰·德·瓦伦是安全的。然而,苏格兰解放运动的神秘英雄威廉·华莱士仍然持械抵抗。1297年9月,威廉·华莱士在坎布斯肯尼斯击败了第六代萨里伯爵约翰·德·瓦伦,将英格兰军队赶出苏格兰。

威廉·华莱士

---

① 根据《圣经》记载,雅各是希伯来人的祖先。——译者注

爱德华一世的法兰西之行耽搁了许久。最终，1298年3月，爱德华一世前往法兰西。这次，英格兰王国与法兰西王国达成为期两年的和平协议。1299年，这份和平协议延长，一直维持到1303年。作为对这份和平协议的保证，1299年，爱德华一世迎娶了腓力四世的妹妹法兰西的玛格丽特。此时，苏格兰人失去新盟友法兰西王国的积极帮助。返回英格兰后，爱德华一世立即下令攻击苏格兰。1298年7月，英格兰军队在福尔柯克战役中获胜。这证明英格兰对苏格兰一直保有军事优势。失败激起苏格兰人的爱国热情，更重要的是教会苏格兰人如果还想获得自由，那么必须首先学会团结。

福尔柯克战役

威廉·华莱士在坎布斯肯尼斯的胜利导致他被苏格兰贵族嫉妒，而不是获得信任。苏格兰贵族以福尔柯克战役的失败为借口，拒绝威廉·华莱士的领导，紧紧依附在被囚禁的约翰·巴利奥尔的微弱王室尊严上。苏格兰贵族选择组建摄政委员会，摄政委员会以约翰·巴利奥尔的名义管理苏格兰。摄政委员会选出三名摄政，其中一名是圣安德鲁斯主教威廉·弗雷泽，另外两位是巴德诺赫领主约翰·科明三世和卡里克伯爵罗伯特·布鲁斯。后两位都是曾与约翰·巴利奥尔竞争王位的贵族的儿子。威廉·华莱士甚至没有被提名为摄政。苏格兰人取得一系列小规模胜利：1299年，苏格兰军队迫使驻扎在斯特林城堡的英格兰守军投降；1300年，苏格兰军队避免了一场激战，挫败了入侵的英格兰军队，并且在战斗结束时，通过法兰西王国的调停，与英格兰王国达成一项持续到1301年夏的休战协议。那时，教皇卜尼法斯八世宣称拥有对苏格兰的宗主权。因此，在休战期，爱德华一世将时间花在从贵族处得到一份一致反对这一主张的声明上。在林肯议会上，各位贵族与爱德华一世达成一致并发表了致教皇卜尼法斯八世的信。虽然对教皇卜尼法斯八世的提议，爱德华一世无法拒绝，但教皇卜尼法斯八世对坎特伯雷大主教罗伯特·温切尔西的影响给爱德华一世带来的麻烦比这一虚幻的主权声明还要大。

1301年的苏格兰战役是1300年战斗的重复。1301年年末到1302年年早春，爱德华一世一直待在苏格兰。爱德华一世在林里斯戈建造了一座城堡。英格兰王国和苏格兰王国再次休战。休战一直维持到1302年冬。

1303年，与法兰西的和平协议到期后，爱德华一世可以自由指挥他麾下所有军事力量对抗苏格兰。在约翰·科明三世的摄政下，苏格兰军队有了更好的抵抗条件。1303年2月，苏格兰军队击败约翰·西格雷夫男爵率领的英格兰军队，苏格兰军队正准备获取对英格兰军队更大的成功。这时传来消息，不仅教皇卜尼法斯八世抛弃了苏格兰王国，而且法兰西王国

斯特林城堡

也抛弃了苏格兰王国。由于英格兰王国与法兰西王国签署的和平条约中没有对苏格兰有利的条款,所以爱德华一世已经将全部兵力放在苏格兰战场。对苏格兰来说,1303年似乎是绝望的一年。爱德华一世挥师北上,最远到达马里湾,并且能看到凯斯内斯城。在苏格兰土地上的所有城堡中,只有斯特林城堡还处在苏格兰人的控制下。在斯特林城堡徒劳地尝试拦截英格兰军队后,苏格兰军队似乎已经有放弃抵抗的想法。在保证自身生命、自由和财产安全的条件下,苏格兰的总督们投降了。有几位苏格兰爱国者被排除在保障条款之外,其中包括威廉·华莱士。作为苏格兰自由精神的领袖,威廉·华莱士引起爱德华一世的强烈愤怒。自私和相互猜忌的苏格兰贵族对威廉·华莱士毫不关心。经过英勇的抵抗,1303年7月,斯特林城堡的苏格兰守军宣布投降。最终,苏格兰似乎被征服了。

斯特林城堡拒绝向爱德华一世投降

1305年，苏格兰的英雄威廉·华莱士被叛徒出卖。威廉·华莱士被押送到伦敦接受审判并作为叛徒被处死。对威廉·华莱士执行死刑是作为品格高尚的国王爱德华一世的一大道德污点。我们只有理解爱德华一世拥有坚定的信念，坚信自己在对苏格兰的行为中具有无可争辩的合法性，坚信再次战争造成的所有痛苦和流血事件必须公正地由威廉·华莱士负责——这种信念与爱德华一世的伟大事业中犯的其他错误属于同类错误，才能理解爱德华一世也需要克服对英勇的威廉·华莱士的崇敬和同情。

　　1305年，威廉·华莱士被执行死刑。同年，爱德华一世为苏格兰起草了新宪法，将苏格兰按照英格兰的行政区划方式划分为郡，为苏格兰人建立代表机制，让苏格兰代表参与英格兰议会。这一政治制度的实施时间十分短暂。不到四个月，苏格兰历史上新的、更成功的英雄罗伯特·布鲁斯就登上了历史舞台。罗伯特·布鲁斯是摄政卡里克伯爵罗伯特·布鲁斯的儿子，一直对英格兰人很感兴趣，曾希望爱德华一世能让自己取代约翰·巴利奥尔。当爱德华一世为苏格兰政府制定新的措施时，罗伯特·布鲁斯深感失望，或许还夹杂着由于威廉·华莱士被处死引起的耻辱感。这些情感使罗伯特·布鲁斯离开英格兰的宫廷并回到苏格兰。

　　1306年年初，在邓弗里斯，罗伯特·布鲁斯杀死共同摄政约翰·科明三世，因为罗伯特·布鲁斯没能说服约翰·科明三世加入自己的队伍。然后，罗伯特·布鲁斯将所有能信任的人都聚集在自己周围。罗伯特·布鲁斯的军事组织能力和其他军事方面的才干使所有与他对抗的人措手不及。1306年3月，罗伯特·布鲁斯在斯昆加冕为苏格兰国王。

　　罗伯特·布鲁斯的成功太伟大了，导致他的成功无法持久。1306年夏快结束时，彭布罗克伯爵艾梅·德·瓦朗斯将罗伯特·布鲁斯逐出不列颠群岛。不久，爱德华一世率军开赴苏格兰战场，终结了苏格兰所有反抗势力的反抗。尽管如此，罗伯特·布鲁斯还很活跃，并且挑衅一切想要粉碎他的企图。1306年冬和1307年春，罗伯特·布鲁斯不断逃跑，

威廉·华莱士被押送到伦敦

威廉·华莱士被押赴刑场

又不断出现，使英格兰军队处于戒备状态。1307年7月，在从卡莱尔出发与罗伯特·布鲁斯作战的途中，爱德华一世驾崩。

　　驾崩时，爱德华一世刚过六十九岁。爱德华一世比之前统治英格兰的任何一位国王活得都长。在伊丽莎白一世活到六十九岁前，爱德华一世之后的历代英格兰君主都没有爱德华一世活得时间长。在人生的早期和晚期，爱德华一世在身体和精神上都经历了很大的折磨。晚年，爱德华一世经历不断的辛劳和烦恼，使他变得有些苛刻和严厉。爱德华一世看不到王位继承人卡那封的爱德华身上有任何成为治理有方、民众满意的君主的可能性。卡那封的爱德华已经不顾父亲爱德华一世的意愿择友，并且由于对大臣们言行不当受到爱德华一世的斥责。在执政早期，爱德华一世面对的所有强劲对手没有比爱德华一世活得长。爱德华一世看到年轻一代正在成长，但年轻一代没有受过爱德华一世及其强劲对手的经历。事实上，年轻一代人变得更奢靡，不那么风雅了。

　　作为虔诚的教徒，爱德华一世无法与充斥在坎特伯雷总教区内的伟大学者和神学家保持良好的关系，甚至连教皇卜尼法斯八世也无法与爱德华一世保持良好的关系。至今，爱德华一世关心和为之操劳的英格兰民众还不清楚自己从爱德华一世的操劳中得到多少好处。爱德华一世的外交活动也主要为英格兰谋利益，为英格兰及其子孙后代在欧洲赢得一席之地。虽然爱德华一世的身体渐渐羸弱，但他的精力没有减退，他对正义事业的信念也没有减弱。

　　1306年，当爱德华一世在卡那封的爱德华的册封骑士礼上庄严发誓，要为约翰·科明三世被杀复仇，要让苏格兰人因为违背誓言受到惩罚时，爱德华一世不是将苏格兰人视作为自由而战的高尚民族，而是将其视作一帮做伪证和造反的不法之徒。作为国王和骑士，爱德华一世如果不惩处苏格兰人，那么会十分羞愧。根据自己早期的经历，爱德华一世认为违背誓言是国王能犯下的最大错误。爱德华一世相信自己已经克

约翰·科明三世被杀

服这种错误。他甚至在自己的墓碑上刻上"尊崇誓言",以此教育后世子孙要遵守誓言。在爱德华一世看来,自己对苏格兰人的所有残暴行动都是惩罚苏格兰人的背信弃义,都是正义的行为。无论我们如何容忍当时作家的夸张笔法,或者当时战争的野蛮,爱德华一世对苏格兰的战争都以残酷著称。这种残酷不是暴君残酷无情地对付自由的国家。

　　1307年7月7日,爱德华一世在坎伯兰的沙上堡驾崩。在追溯他的行为时,我们试图描述他的性格。爱德华一世的工作留在了爱德华一世热爱的英格兰及其民众的历史中。①

---

① 从此,卡那封的爱德华改称为爱德华二世。——译者注

第 12 章

爱德华二世

精彩看点

爱德华二世的反噬前代政策——爱德华二世个人的品位和最爱参与的活动——康沃尔伯爵皮尔斯·加韦斯顿——与苏格兰王国达成和平协议——爱德华二世和法兰西的伊莎贝拉结婚——爱德华二世加冕礼——爱德华二世加冕誓言——兰开斯特伯爵托马斯——康沃尔伯爵皮尔斯·加韦斯顿和贵族们——流放康沃尔伯爵皮尔斯·加韦斯顿——召回康沃尔伯爵皮尔斯·加韦斯顿——1310年议会——《1311年法令》——贵族对爱德华二世控制——爱德华二世保护康沃尔伯爵皮尔斯·加韦斯顿的斗争——康沃尔伯爵皮尔斯·加韦斯顿之死——治理权变更——罗伯特·布鲁斯在苏格兰大获成功——班诺克本战役——兰开斯特伯爵托马斯专制——伯爵们互相开战——各派势力的争斗——失去伯威克造成的影响——爱德华二世的新宠——休·德斯潘塞父子——审判休·德斯潘塞父子——贵族和爱德华二世展开战争——巴勒布里奇战役——兰开斯特伯爵托马斯被处死——废除《1311年法令》——爱德华二世的北方战争——英格兰王国与苏格兰王国休战——法兰西的伊莎贝拉的地位和方针——休·德斯潘塞父子的贪婪和傲慢——召唤爱德华二世向法兰西国王查理四世效忠——法兰西的伊莎贝拉与温莎的爱德华先后前往法兰西——法兰西的伊莎贝拉在法兰西的阴谋——无助的爱德华二世——法兰西的伊莎贝拉在萨福克海岸登陆——法兰西的伊莎贝拉胜利地向英格兰西部进军——布里斯托尔陷落——爱德华二世退位——谋杀爱德华二世——爱德华二世统治的重要性及其意义

强势父亲的儿子通常并不强势。强势父子的统治通常造成无益后果。如果爱德华二世如同爱德华一世一样强势，那么在爱德华一世统治时期强政府的基础上，爱德华二世可能建立专制制度。有时，弱势儿子继承强势父亲统治的效果很好：强政府后的弱政府可以使国家更坚定和有力地推进强政府统治时推行的政策。弱势统治后的强势统治会教会国家如何巩固改革成果，这些改革成果是全国民众与软弱的前朝统治斗争赢得的。更常见的结果是简单的反噬效应。弱势的儿子不得不承担强势父亲行使权力的后果，强势儿子不得不弥补弱势父亲统治造成的伤害。然而，这两种说法都不能完全适用在爱德华二世身上。爱德华二世的统治与爱德华一世的统治形成巨大反差，这不只是反噬效应。爱德华二世没有按照爱德华一世的计划治国，而是彻底改变了爱德华一世的治国方针。爱德华二世的命运是由他引发的仇恨造成的惩罚，而不是延续爱德华一世的政策造成的结果。在爱德华二世统治初期，他抛弃了父亲爱德华一世的所有朋友。在本应该结交朋友的地方，在家中，在最亲密的朋友、家人里，爱德华二世到处树立对手。

爱德华二世是爱德华一世和卡斯蒂尔的埃莉诺的第四个儿子。1271年，爱德华一世和卡斯蒂尔的埃莉诺的长子约翰去世。1274年，次子亨利去世。1284年，十二岁的第三子阿方索去世。1284年，爱德华二世出生在卡那封。因此，他被称为"卡那封的爱德华"。在哥哥阿方索去世后，爱德华二世成为英格兰王位继承人，并且在1301年被封为切斯特伯爵和威尔士亲王。1290年，爱德华二世失去母亲卡斯蒂尔的埃莉诺。早期教育的缺失可能会改变卡那封的爱德华的一生。虽然特别留意为卡那封的爱德华操办家事、选择朋友和批评卡那封的爱德华的缺点，但爱德华一世太忙了，没能充分监督爱德华二世，也没有训练爱德华二世的执政能力，更没有引导爱德华二世在感情生活上走上正轨。爱德华二世长大后与其说是爱，不如说是惧怕自己的父亲爱德华一世。爱德华二世憎恨父亲爱德华一世的大臣们，视这些大臣们为间谍，整天监督和监视自己享乐。爱德华二世将时间花在与王子和骑士身份不符的娱乐上。

爱德华二世最亲密的朋友是康沃尔伯爵皮尔斯·加韦斯顿。康沃尔伯爵皮尔斯·加韦斯顿是爱德华一世的原加斯科涅官员阿诺·德·加韦斯顿的儿子。爱德华一世指派康沃尔伯爵皮尔斯·加韦斯顿为年轻的爱德华二世的同伴。随后，康沃尔伯爵皮尔斯·加韦斯顿完完全全控制了爱德华二世。康沃尔伯爵皮尔斯·加韦斯顿是一位多才多艺的骑士。如同亨利三世统治时期的外国宠臣，康沃尔伯爵皮尔斯·加韦斯顿勇敢、野心勃勃、傲慢、贪婪。爱德华二世虽然是个英俊强壮的小伙子，但不喜欢练武，也不喜欢战争。相反，爱德华二世喜欢打猎和乡村生活，不喜欢出席公共场合的活动，并且在宴会和比武活动中挥霍无度。爱德华二世懒惰，既不注意结交新朋友，也懒得树立新对手。爱德华二世唯一突出的品行是坚决支持依附于他的人。爱德华二世虽然品行不邪恶，但十分愚蠢、懒惰、固执，并且没有任何优秀的品质抵消上述缺点，也没有任何优秀品质可以引起人们对他不幸遭遇的同情。在驾崩前几个月，爱德华一世才意识到爱德华二世的毛病。作为父亲，爱德华一世很难过。从康沃尔伯爵皮尔斯·加韦斯顿对爱德华二世的巨大影响中，爱德华一世看出危险，并且清楚意识到这一幕标志着自己年轻时经历的暴风骤雨①将会重演。爱德华一世将康沃尔伯爵皮尔斯·加韦斯顿赶出宫廷，并且让康沃尔伯爵皮尔斯·加韦斯顿发誓不经爱德华一世批准决不准回到宫廷。爱德华一世刚刚驾崩，爱德华二世就召回自己的宠臣康沃尔伯爵皮尔斯·加韦斯顿。康沃尔伯爵皮尔斯·加韦斯顿回到爱德华二世身边后，一连串苦难开始了。这些苦难首先吞没了康沃尔伯爵皮尔斯·加韦斯顿，接着又压倒了康沃尔伯爵皮尔斯·加韦斯顿的主人爱德华二世。这些苦难产生的后果接连不断，一直延续到金雀花王朝结束。

爱德华一世驾崩时，爱德华二世并不在父亲爱德华一世身边。爱德华一世驾崩后没几天，爱德华二世重新参军。没有经过加冕礼，爱德华二世就得到英格兰和苏格兰的贵族接纳成为英格兰国王，并且正式声明继位。爱德华一世最后的指令是爱德华二世应该迅速坚决地继续对苏格兰的战争。但爱德华二世继位后，这项命令就被放在一边。彭布罗克伯爵艾梅·德·瓦朗斯成为驻苏格兰军队总司令，兼任苏格兰总督，爱德华二世本人向南行军。此后，爱德华一世的另一项命令也被废除。爱德华二世召回皮尔斯·加韦斯顿，封他为康沃尔伯爵。已故国王爱德华一世的司库兼首席大臣沃尔特·兰顿被撤职并被判入狱。当时，爱德华一世还没有下葬。1307年10月，爱德华二世在北安普敦召开第一次议会，要求议会为爱德华一世的葬礼和自己的加冕礼提供资金。据说，康沃尔伯爵皮尔斯·加韦斯顿已经得到财宝，正将财宝送给自己的外国亲戚。不过，当时，充满戒备的贵族还不着急行动。议会批准了拨款。爱德华一世被庄严下葬，1308年2月的加冕礼也开始准备。

年轻的爱德华二世已经与法兰西国王腓力四世的女儿法兰西的伊莎贝拉订婚。爱德华二世希望年轻的新娘法兰西的伊莎贝拉能一同加冕。

---

① 指亨利三世统治时期滥用外国人造成的恶果。——译者注

法兰西的伊莎贝拉与爱德华二世的婚礼

于是,爱德华二世横穿大陆前往布洛涅迎娶法兰西的伊莎贝拉。贵族和全国民众本来对召回和提拔康沃尔伯爵皮尔斯·加韦斯顿很愤慨。愤怒的火焰更是熊熊燃烧,因为爱德华二世短期离开英格兰意味着他必须任命摄政人员。康沃尔伯爵皮尔斯·加韦斯顿成为临时摄政,独享大权。显然,加冕典礼几乎不能不引起一阵骚动。

爱德华二世的加冕礼也面临重重困难。坎特伯雷大主教罗伯特·温切尔西虽然受到新国王爱德华二世的邀请，但还没有解除放逐令。实际上，其他任何一位主教代替坎特伯雷大主教罗伯特·温切尔西主持加冕礼都不合适。经过一段时间的耽搁，坎特伯雷大主教罗伯特·温切尔西同意授权其他主教代替自己主持加冕礼。1308年2月25日，爱德华二世和法兰西的伊莎贝拉由温切斯特主教亨利·伍德洛克加冕。爱德华二世加冕誓言的形式，或许是首次以这种形式出现的加冕誓词，值得我们仔细斟酌。

爱德华二世与法兰西的伊莎贝拉加冕礼

在加冕誓言中，爱德华二世承诺遵守古老的法律，维护上帝及民众的和平，将做出正确的判断及正义行为。以前的加冕誓言也有这部分内容。新加入加冕誓言的是："你同意坚持并维护王国的民众选择的法律和公义，你会竭尽所能以上帝的荣耀保护和执行法律和公义吗？"如果这些话是新加入加冕誓言的，那么这些话似乎肯定了民众的权利，说明对立法行动和国王的政策，民众已经有权发表看法并提供忠告。因此，这些话构成对爱德华一世统治很有价值的评论，因为它们见证了在完美议会制度下，民众被组织起来并承认他们承担部分政府责任的权利。贵族饶有兴趣地倾听这些誓言。即使这些誓言曾在爱德华一世的加冕典礼上使用过，也很少有人年龄足够大并记得清。在这些誓言中，贵族看出对良好统治的真诚期待，也看出可以对付不良统治的武器。于是，贵族首次尝试对当时既恨又怕的宠臣康沃尔伯爵皮尔斯·加韦斯顿使用民众权利这一武器。

起初，康沃尔伯爵皮尔斯·加韦斯顿试图安抚更有权势的宫廷贵族，特别是兰开斯特伯爵托马斯和林肯伯爵亨利·德·莱西。林肯伯爵亨利·德·莱西是爱德华一世统治时期备受信赖的老臣。兰开斯特伯爵托马斯的父亲是亨利三世的小儿子，西西里名义上的国王埃德蒙·克劳奇贝克，母亲是纳瓦拉国王亨利一世的遗孀阿图瓦的布兰奇。阿图瓦的布兰奇与第一任丈夫纳瓦拉国王亨利一世生的女儿纳瓦拉的霍安一世嫁给了法兰西国王腓力四世。因此，兰开斯特伯爵托马斯是英格兰国王爱德华二世的堂兄，英格兰王后法兰西的伊莎贝拉的舅舅。兰开斯特伯爵托马斯拥有祖父亨利三世分封给父亲埃德蒙·克劳奇贝克的大片地产。兰开斯特伯爵托马斯还是莱斯特伯爵和德比伯爵，并且获得原来拥有莱斯特伯爵领地的蒙福尔家族和原拥有德比伯爵领地的费勒斯家族的支持反抗王权。兰开斯特伯爵托马斯还是林肯伯爵亨利·德·莱西的女婿和继承人。兰开斯特伯爵托马斯长期奉行第六代莱斯特伯爵西蒙·德·蒙

阿图瓦的布兰奇

纳瓦拉的霍安一世

福尔的政策,将自己树立为神职人员和自由民众的朋友。就个人品质而言,兰开斯特伯爵托马斯傲慢、恶毒、自私。兰开斯特伯爵托马斯使爱德华二世的错误和愚蠢声名远播。兰开斯特伯爵托马斯遭受的痛苦及惨死使他成为殉道者和圣人。兰开斯特伯爵托马斯没有高尚的信念,也没有超群的能力。时间会证明这两点。

康沃尔伯爵皮尔斯·加韦斯顿刚刚回到高位就肆无忌惮粗野无礼地冒犯了兰开斯特伯爵托马斯,激起兰开斯特伯爵托马斯心中的仇恨。通过同样愚蠢的行为,康沃尔伯爵皮尔斯·加韦斯顿还惹怒了爱德华二世的侄子彭布罗克伯爵艾梅·德·瓦朗斯、爱德华二世的姐夫赫里福德伯爵汉弗莱·德·博恩,以及强大且无畏的沃里克伯爵居伊·德·比彻姆。康沃尔伯爵皮尔斯·加韦斯顿给每个贵族起绰号,并且在比武中击败一些贵族。为保护好朋友康沃尔伯爵皮尔斯·加韦斯顿,爱德华二世

沃里克伯爵居伊·德·比彻姆

曾试图让他娶第八代格洛斯特伯爵吉尔伯特·德·克莱尔的妹妹为妻。实际上，第八代格洛斯特伯爵吉尔伯特·德·克莱尔是爱德华二世的外甥[①]，也是爱德华二世和康沃尔伯爵皮尔斯·加韦斯顿年轻时共同的玩伴。然而，第八代格洛斯特伯爵吉尔伯特·德·克莱尔只关心自己，他调解康沃尔伯爵皮尔斯·加韦斯顿与其他贵族的矛盾只是试图为自己牟利。因此，第八代格洛斯特伯爵吉尔伯特·德·克莱尔不愿公开支持哪一方。风暴渐渐猛烈。加冕礼后不久，大议会召开，康沃尔伯爵皮尔斯·加韦斯顿的晋升成为辩论的主要话题。1308年5月18日，康沃尔伯爵皮尔斯·加韦斯顿被驱逐出境。

为减轻流放对康沃尔伯爵皮尔斯·加韦斯顿的打击，爱德华二世任命康沃尔伯爵皮尔斯·加韦斯顿为爱尔兰总督，请求法兰西国王腓力四世和教皇克莱门特五世干涉，以试图撤销对康沃尔伯爵皮尔斯·加韦斯顿的流放令。由于爱德华二世和贵族的敌对状态，英格兰王国的所有行政事务都被搁置。爱德华二世用钱只能向意大利银行家借，但英格兰民众视意大利银行家为敲诈勒索者。内部分裂的苏格兰人正在打内战，但在英格兰，无人关注苏格兰的状况。这种情况不会持续太久。1309年4月，爱德华二世不得不召开议会。爱德华二世希望得到议会拨款，英格兰上上下下都希望改革，但比起得到议会拨款，爱德华二世更希望康沃尔伯爵皮尔斯·加韦斯顿回到自己身边。当时，英格兰上下对康沃尔伯爵皮尔斯·加韦斯顿的恐惧超过对改革的期望。一起商量后，贵族们向爱德华二世提交了一份列有十一项条款的法案。如果这些条款被批准，那么贵族们会同意为爱德华二世拨款。这些条款涉及若干重要事项，包括王室官吏强行收购谷物及其他物资供给王室军队的问题、司法不公和滥用司法权等问题。其中，最重要的一条涉及爱德华一世的进口税。

---

① 他是第七代格洛斯特伯爵吉尔伯特·德·克莱尔与爱德华二世的姐姐阿科的琼的儿子。——译者注

1303年，与商人们协商后，爱德华一世对葡萄酒、羊毛和其他商品加征关税。爱德华二世几乎没有考虑这些条款的后果。爱德华二世提出如果康沃尔伯爵皮尔斯·加韦斯顿能回到自己身边，那么会同意所有条款。议会拒绝听取爱德华二世的意见，爱德华二世就将讨论推迟到1309年7月进行。后来，在斯坦福德的贵族会议上，爱德华二世接受了贵族们递交的条款并得到召回康沃尔伯爵皮尔斯·加韦斯顿的承诺。

事实上，爱德华二世已经召回康沃尔伯爵皮尔斯·加韦斯顿，并且以某种方式获得除沃里克伯爵居伊·德·比彻姆之外所有贵族的默许。不到两个月，风暴再次来临。1309年，爱德华二世召集贵族开会。兰开斯特伯爵托马斯拒绝与康沃尔伯爵皮尔斯·加韦斯顿见面。渐渐地，贵族分成以前的保王党和贵族党，两派争吵的规模更大。康沃尔伯爵皮尔斯·加韦斯顿仍然是争吵的主要话题。当时，由贵族提出的改革计划已经扩展到整个英格兰国王的行政工作。

1310年3月的议会颁布了一项以1258年贵族政府时期的议会和《牛津法令》为框架的新的改革方案。1310年3月的议会决定选出二十一名成员或"任命者"组成的委员会承担管理国家事务及爱德华二世家庭事务的重任。这个委员会的首脑是坎特伯雷大主教罗伯特·温切尔西。在这个委员会中，保王党和贵族党都有代表参加，保王党的代表有第八代格洛斯特伯爵吉尔伯特·德·克莱尔、彭布罗克伯爵艾梅·德·瓦朗斯和里士满伯爵布列塔尼的约翰，贵族党的代表有林肯伯爵亨利·德·莱西、兰开斯特伯爵托马斯、赫里福德伯爵汉弗莱·德·博恩、沃里克伯爵居伊·德·比彻姆和阿伦德尔伯爵埃德蒙·菲茨艾伦。无论在人数还是在影响力方面，康沃尔伯爵皮尔斯·加韦斯顿都处在劣势。二十一人委员会获得授权继续执政到1311年的圣米迦勒节，并且制定法令。这项法令需要符合爱德华二世的加冕誓言，宗旨是为英格兰的利益。于是，英格兰就被交到了"任命者"手中。爱德华二世看到自己被委员会取代，立即加入当时正与苏格兰军队交战的英格兰军队，与康沃尔伯爵皮尔斯·加韦斯顿一起继续在英格兰和苏格兰边境地区作战，直到"任命者"准备好报告。在准备报告的时间里，林肯伯爵亨利·德·莱西摄政。林肯伯爵亨利·德·莱西去世后，第八代格洛斯特伯爵吉尔伯特·德·克莱尔摄政。上台后，"任命者"立即颁布六项条款，条款的内容与指导如何遵守宪章、如何征收关税及逮捕外国商人有关。"任命者"发布条款的大部分内容都在1311年8月召开的议会上得到确认并形成条例。

这一著名的文件或法令，即《1311年法令》，包含四十一项条款，全部针对当时存在的滥用权力行为。其中，一些滥用权力行为是长期存在的旧习，如错误的判决和拖延司法的行为、官员的不端行为、王室财产的不善管理和王室滥用权力等。还有一些条款针对爱德华一世统治时期被大臣扭曲和滥用的政策。"任命者"毫不犹豫地宣布爱德华一世设立的关税非法，并且违宪。有两类法规更具特殊意义。实际上，整整四项条款专门针对宠臣康沃尔伯爵皮尔斯·加韦斯顿及支持他的弄臣。康沃尔伯爵皮尔斯·加韦斯顿偷走了爱德华二世的心，导致爱德华二世不关心人民，走上各种欺骗和暴政的道路。康沃尔伯爵皮尔斯·加韦斯顿应该遭受惩罚。亨利·德·博蒙特得到爱德华二世赐予的马恩岛。他与妹妹伊莎贝拉·德·博蒙特一样应该受到惩罚。处理爱德华二世关税的意大利银行家弗雷斯科巴尔迪家族的成员是爱德华二世压迫统治的工具，也是英格兰民众共同的对手。康沃尔伯爵皮尔斯·加韦斯顿被判终身流放，亨利·德·博蒙特被逐出委员会，弗雷斯科巴尔迪家族的成员将被遣送回意大利。此外，对爱德华二世的权力，"任命者"进一步施加更重要的限制。重要官员必须经贵族提议并得到贵族同意后才能任命，并且要在议会上宣誓。未经议员同意，爱德华二世不得出兵或离开英格兰本土。每年都要召开议会，爱德华二世任命的官吏也要受法律的约束。因此，《1311年法令》似乎不但总结了过去和当时的不公行为，而且还总结了"任命者"对政府的看法，即宠臣需要受罚，《大宪章》失误的地方需要纠正，爱德华二世的权力需要受到限制。

实际上，权力只是从爱德华二世移交给贵族。没有任何条款与爱德华一世制定的要使全国民众共同承担国家行动的责任之一原则相似。规劝、约束、强迫爱德华二世的是贵族，而不是议会中的三个阶层。

经过全力挽救康沃尔伯爵皮尔斯·加韦斯顿的斗争[①]后，爱德华二世同意《1311年法令》可以成为法律。爱德华二世的意图是未来可能会废除这一法令，或者可以声称自己被迫同意这一法令。爱德华二世回到英格兰北方，召来康沃尔伯爵皮尔斯·加韦斯顿。经过短暂考虑，爱德华二世废除了与自己对抗的"任命者"。一听到"任命者"委员会被废除，改革派贵族立即准备武装起来，迫使爱德华二世改变决定。坎特伯雷大主教罗伯特·温切尔西将宠臣康沃尔伯爵皮尔斯·加韦斯顿逐出教会，但爱德华二世想尽一切办法保护康沃尔伯爵皮尔斯·加韦斯顿。康沃尔伯爵皮尔斯·加韦斯顿在纽卡斯尔侥幸脱险，但他丢了行李，丢失了大量珠宝，其中许多是王室的世袭收藏。后来，康沃尔伯爵皮尔斯·加韦斯顿被围困在斯卡伯勒城堡。1312年5月，康沃尔伯爵皮尔斯·加韦斯顿投降了。彭布罗克伯爵艾梅·德·瓦朗斯押送康沃尔伯爵皮尔斯·加韦斯顿来到英格兰南部，等待议会对康沃尔伯爵皮尔斯·加韦斯顿的判决。康沃尔伯爵皮尔斯·加韦斯顿的重要对手们迫不及待地想伸张正义。趁彭布罗克伯爵艾梅·德·瓦朗斯疏忽时，沃里克伯爵居伊·德·比彻姆将康沃尔伯爵皮尔斯·加韦斯顿带走。当着兰开斯特伯爵托马斯的面，康沃尔伯爵皮尔斯·加韦斯顿于1312年6月被斩首。

贵族对康沃尔伯爵皮尔斯·加韦斯顿的恨与其说情有可原，不如说很容易解释。康沃尔伯爵皮尔斯·加韦斯顿的行为令人不快，造成的影响无

---

① 对爱德华二世来说，保护康沃尔伯爵皮尔斯·加韦斯顿比任何"任命者"提出的法律问题都更重要。——原注

疑十分危险。但实际上，康沃尔伯爵皮尔斯·加韦斯顿造成的危害很小。到目前为止，康沃尔伯爵皮尔斯·加韦斯顿和爱德华二世都没有足够的自由为所欲为。因此，康沃尔伯爵皮尔斯·加韦斯顿不应该受到极端的惩罚。事实上，只是出于谨慎或担忧无法解释康沃尔伯爵皮尔斯·加韦斯顿遭到斩首的残忍性。实际上，康沃尔伯爵皮尔斯·加韦斯顿遭到斩首是卑鄙的个人报复，任何真正伟大的人都不屑于报复自己遭受的个人侮辱。

康沃尔伯爵皮尔斯·加韦斯顿死后几年里，不快乐的爱德华二世一直是各派斗争的猎物或工具。爱德华二世确实没有能力单独执政，也没有能力选择能以他的名义治理国家的大臣。彭布罗克伯爵艾梅·德·瓦朗斯曾试图掌权。彭布罗克伯爵艾梅·德·瓦朗斯是亨利三世同母异父的弟弟，是1258年被流放的威廉·德·瓦朗斯的儿子。

沃尔特·兰顿又当上司库。1313年，坎特伯雷大主教罗伯特·温切尔西去世后，爱德华二世的导师兼现任首席大臣沃尔特·雷诺兹成为坎特伯雷大主教。然而，沃尔特·兰顿与坎特伯雷大主教沃尔特·雷诺兹承受不住反对派的巨大压力。由于林肯伯爵亨利·德·莱西去世，已经拥有三个伯爵领地的兰开斯特伯爵托马斯获得索尔兹伯里和林肯两个领地。当时，兰开斯特伯爵托马斯开始与爱德华二世平起平坐，甚至有时对待爱德华二世如同对待敌对国家的国王一样。1312年年末，神职人员调解了兰开斯特伯爵托马斯和爱德华二世的矛盾。1313年秋，兰开斯特伯爵托马斯和爱德华二世达成全面和解。随后，议会宣布大赦天下，并且向爱德华二世提供大量资金。《1311年法令》已经成为与土地有关的法律，王位继承人温莎的爱德华的出生[①]无疑是个好兆头，展望未来应该满怀希望。这时也是重启与苏格兰的战争的好时机，因为重启与苏格兰的战争必须维持政府的良好运作。

---

① 1312年11月13日，法兰西的伊莎贝拉生下爱德华王子，即后来的爱德华三世。由于生于温莎，爱德华王子又被称作"温莎的爱德华"。——译者注

被处决前的康沃尔伯爵皮尔斯·加韦斯顿(前)

康沃尔伯爵皮尔斯·加韦斯顿被处决

很长一段时间，英格兰没有再关注苏格兰事务了。短暂的休战、断断续续的战争，以及苏格兰王国逃避战争的坚定策略，挫败了英格兰人任何断断续续的努力。这样，罗伯特·布鲁斯实力大增。利用英格兰内部出现的麻烦，罗伯特·布鲁斯一个接一个地夺回苏格兰的要塞。据说，罗伯特·布鲁斯和康沃尔伯爵皮尔斯·加韦斯顿密谋过，也曾和兰开斯特伯爵托马斯密谋过。1311年，林里斯戈城堡落入罗伯特·布鲁斯手中。1312年，罗伯特·布鲁斯夺取珀斯。1313年，他又夺取了罗克斯堡和爱丁堡。此时，斯特林城堡几乎是英格兰军队唯一控制的城堡，但斯特林城堡被苏格兰军队包围了。斯特林城堡内的英格兰守军宣称1314年仲夏前，他们如果不能得到解救，就向苏格兰军队投降。爱德华二世准备率军出征苏格兰，解救斯特林。支持爱德华二世并不是兰开斯特伯爵托马斯的策略。利

罗克斯堡遗址

用《1311年法令》中禁止国王未经贵族同意参战的条款，兰开斯特伯爵托马斯在议会宣战前拒绝参战。爱德华二世反驳兰开斯特伯爵托马斯称没有时间召开议会以通过对苏格兰宣战，必须立刻出兵解救斯特林城堡内的守军。对此，兰开斯特伯爵托马斯及其支持者冷眼旁观。

1314年6月24日，爱德华二世和彭布罗克伯爵艾梅·德·瓦朗斯联合所有能联合到的贵族，以及一大批对指挥官没有信心的士兵，在班诺克本与苏格兰军队交战。但英格兰军队惨败。爱德华二世失去对英格兰的行政控制，成为被架空的君主。在班诺克本战役中，年轻的第八代格洛斯特伯爵吉尔伯特·德·克莱尔阵亡。第八代格洛斯特伯爵吉尔伯特·德·克莱尔曾是爱德华二世的坚强后盾。与爱德华二世一起逃走的彭布罗克伯爵艾梅·德·瓦朗斯同样被人小视。实际上，兰开斯特伯爵托马斯拥有至高无上的地位。兰开斯特伯爵托马斯及其支持者，即"任命者"的幸存者，能任命和罢免大臣，让爱德华二世靠津贴生活，并且可以随意撤换爱德华二世的私人朋友和随从。1316年，兰开斯特伯爵托马斯当选为皇家议会的正式主席。此前，兰开斯特伯爵托马斯已经是军队首领了。

当时，兰开斯特伯爵托马斯寻求神职人员的支持，强迫爱德华二世下令执行《1311年法令》，表现得如同一位不负责任的统治者。不过，兰开斯特伯爵托马斯的能力还配不上他的野心。事实上，对权力的贪婪暴露了兰开斯特伯爵托马斯真正的弱点。兰开斯特伯爵托马斯阻碍了国家的所有行动。他不愿与爱德华二世共事，因为他痛恨爱德华二世。但兰开斯特伯爵托马斯不敢在没有爱德华二世的场合行动，因为他害怕自己的失败会为对手提供推翻自己的机会。尽管兰开斯特伯爵托马斯个人很受欢迎，但在他的统治下，英格兰处境悲惨。苏格兰军队肆意掠夺和践踏英格兰。兰开斯特伯爵托马斯不会参与战争，也不会出席议会或理事会。与此同时，宫廷内充满阴谋诡计，贵族分成几派。由于兰开斯特伯爵托马斯无法控制自己，爱德华二世十分高兴。爱德华二世开始大肆

班诺克本战役中的罗伯特·布鲁斯(左)

班诺克本战役

挥霍，并且开始聚集、组织自己的支持者。当时，英格兰到处陷入无政府状态，四处爆发私人战争，甚至某些私人战争达到公共战争的规模。

兰开斯特伯爵夫人艾丽斯·德·莱西私奔了。有指控说第七代萨里伯爵约翰·德·瓦伦拐跑了兰开斯特伯爵夫人艾丽斯·德·莱西，甚至有人怀疑爱德华二世默许兰开斯特伯爵夫人艾丽斯·德·莱西私奔。伯爵们开战了。爱德华二世不许兰开斯特伯爵托马斯参战，但兰开斯特伯爵托马斯没有服从爱德华二世的命令。在这一片混乱中，1318年4月，罗伯特·布鲁斯夺取伯威克。

此时，英格兰有三个政治派别。兰开斯特伯爵托马斯失败了，但爱德华二世没有取得胜利。彭布罗克伯爵艾梅·德·瓦朗斯逐渐被爱德华二世疏远。彭布罗克伯爵艾梅·德·瓦朗斯的目标是为自己夺取权力。第八代格洛斯特伯爵吉尔伯特·德·克莱尔去世后，格洛斯特伯爵领地被他的三位妹夫，即小休·德斯潘塞、罗杰·达默里和格洛斯特伯爵休·德·奥德利瓜分。分割大领地能产生新的政治派别。罗杰·达默里、彭布罗克伯爵艾梅·德·瓦朗斯与兰开斯特伯爵托马斯的死敌巴塞洛缪·巴德勒斯米尔男爵联盟，以影响爱德华二世。刚才提到的小休·德斯潘塞的父亲老休·德斯潘塞，亲自改革保王党，并且得到爱德华二世提拔的少数几位贵族和主教的帮助。

丧失伯威克有正面影响。丧失伯威克后，贵族们停止了私人战争，三大政治派别蒙羞并达成妥协。不过，互相妥协证明各个政治派别有共同的弱点。1318年8月，兰开斯特伯爵托马斯单独与作为爱德华二世担保人的十位主教和十四位世俗贵族达成协议，结束内战。一个新的委员会产生了。这一委员会包括八位主教、四位伯爵和四位男爵。另一名成员由兰开斯特伯爵托马斯提名，但他没有屈尊接受议席。然而，这一组织持续的时间并不比前一组织长。由于多数派由彭布罗克伯爵艾梅·德·瓦朗斯和巴塞洛缪·巴德勒斯米尔男爵把持，如果兰开斯特伯爵托马斯继续置身事外，那么委员会在行政事务上就无能为力。1319年，爱德华二世试图收复伯威克，但只是徒劳，从而为苏格兰军队逃离约克提供了机会。英格兰的政局越来越糟。人们不禁看到，即使爱德华一世亲自执政也不可能比当时的政局更糟。不管爱德华二世是否无能，反正他从来没有机会显示自己的才能。

康沃尔伯爵皮尔斯·加韦斯顿的命运可能已经警告了任何希望从爱德华二世的恩惠中获得权力的人。事实上，一段时间内，爱德华二世一直没有重获宠臣，也没有得到忠心耿耿的仆人的安慰。兰开斯特伯爵托马斯日渐衰落的声望似乎使爱德华二世宠臣的地位不那么危险了。小休·德斯潘塞成为爱德华二世的好友。小休·德斯潘塞是贵族政府时期大法官休·勒·德斯潘塞的孙子。大法官休·勒·德斯潘塞与第六代莱斯特伯爵西蒙·德·蒙福尔在伊夫舍姆一同战死。小休·德斯潘塞的父亲，即老休·德斯潘塞，曾经是爱德华一世统治时期的宠臣。在爱德华二世统治初期面临重重困难时，老休·德斯潘塞一直对爱德华二世忠心耿耿。老休·德斯潘塞被贵族视为逃兵。老休·德斯潘塞与兰开斯特伯爵托马斯有很深的私仇。

休·德斯潘塞父子一样野心勃勃、贪婪。对爱德华二世及其名誉，休·德斯潘塞父子不怎么关心。每当与爱德华二世的利益冲突时，休·德斯潘塞父子就会牺牲爱德华二世的利益。和康沃尔伯爵皮尔斯·加韦斯顿一样，小休·德斯潘塞娶了第七代格洛斯特伯爵吉尔伯特·德·克莱尔与阿科的琼的女儿埃莉诺·德·克莱尔，并且在1318年被任命为宫务大臣。爱德华二世性格软弱，被众人孤立，只能执着地依附宠臣。休·德斯潘塞父子继承了1258年贵族政府的一些政治思想，也许还有些模糊概念，即通过与平民结盟推翻兰开斯特伯爵托马斯的权势。无论如何，小休·德斯潘塞时常就爱德华二世的地位发表满怀感伤，并且与绝对王权理论不一致的观点。小休·德斯潘塞曾经说过，向国王宣誓效忠是对王权而不是对君主个人效忠，如果国王有可能犯错，那么臣子有义务迫使国王做正确的事。老休·德斯潘塞的方案涉及对议会权力更明确的承认，但这部分内容兰开斯特伯爵托马斯从没有提出。休·德斯潘塞父子似乎很可能希望维持爱德华一世的国家行动理论，以加强爱德华二世的地位，从而通过增强爱德华二世的地位巩固自己的地位。当时的政治道德标准低下，其他贵族不会像小休·德斯潘塞那样到处明目张胆地宣扬自己的主张，而是会用迥然不同的说法掩盖自私的目的。可悲的是，休·德斯潘塞父子错误地估计了传统偏见对宫廷宠臣的影响，没有看到他们每走一步都是在树立新的对手。从休·德斯潘塞父子的不受欢迎中，兰开斯特伯爵托马斯看到恢复自己国家保卫者地位的机会。格洛斯特共同继承人之间的一场争吵为兰开斯特伯爵托马斯提供了大声疾呼的机会。格洛斯特伯爵休·德·奥德利迎娶康沃尔伯爵皮尔斯·加韦斯顿的遗孀玛格丽特·德·克莱尔。因此，格洛斯特伯爵休·德·奥德利是小休·德斯潘塞的竞争对手和连襟。在边境领地问题方面，格洛斯特伯爵休·德·奥德利显然没有听从爱德华二世的号令，并且与小休·德斯潘塞水火不容。赫里福德伯爵汉弗莱·德·博恩和第一代马奇伯爵罗杰·莫蒂默拒绝加入规劝格洛斯特伯爵休·德·奥德利的行列，也拒绝在会议上会见休·德斯潘塞父子。1321年7月15日，在爱德华二世召集的议会上，整个贵族阶层都反对宠臣。贵族阶层要求处罚休·德斯潘塞父子，因为休·德斯潘塞父子试图影响爱德华二世，并且以爱德华二世的名义贪婪地搜刮钱财。另外，小休·德斯潘塞言辞鲁莽，老休·德斯潘塞大量占据钱财，未经授权干涉政府的管理，干预司法。

在贵族、教士、平民面前，爱德华二世的姐夫赫里福德伯爵汉弗莱·德·博恩指控休·德斯潘塞父子。贵族，或许首次自称为"这片土地上的贵族"，对休·德斯潘塞父子判处没收财产和流放。除非得到议会同意，否则休·德斯潘塞父子不得被召回。一项单独法案通过，确保起诉休·德斯潘塞父子的人享有司法豁免权，并且赦免拿起武器反对休·德斯

利兹城堡

潘塞父子的人。这是兰开斯特伯爵托马斯最后的胜利,但胜利持续的时间十分短暂。1321年10月,巴德勒斯米尔男爵夫人玛格丽特·德·克莱尔不让法兰西的伊莎贝拉进入利兹城堡。爱德华二世奋起反抗,要为妻子法兰西的伊莎贝拉遭受的侮辱报仇雪恨。保王党内的所有伯爵都支持爱德华二世。出于对巴塞洛缪·巴德勒斯米尔男爵的恨,兰开斯特伯爵托马斯没有干涉。爱德华二世发现自己首次率领了一支实力强大的军队,决定为朋友休·德斯潘塞父子报仇。爱德华二世向赫里福德伯爵汉弗莱·德·博恩、格洛斯特伯爵休·德·奥德利和罗杰·达默里的威尔士边境城堡进军。一听到这一消息,兰开斯特伯爵托马斯立即发现了自己的错误。于是,他召集自己的支持者,即所谓的"好老爷",出兵唐卡斯特。爱德华二世与兰开斯特伯爵托马斯的军队都表现出很高的战斗力,但爱德华二世已经抢占先机。

在爱德华二世的旧导师,时任坎特伯雷大主教沃尔特·雷诺兹的影响下,坎特伯雷的神职人员会议向爱德华二世发布教令,宣称对休·德斯潘塞父子的审判违法。得到这一教令，爱德华二世立即向赫里福德进军，因为赫里福德伯爵汉弗莱·德·博恩独占了休·德斯潘塞父子的财产。在行军路上，爱德华二世打败了两位莫蒂默①。最终，爱德华二世率军攻占了赫里福德。1322年2月11日，爱德华二世胜利到达格洛斯特，开始召集追随者。兰开斯特伯爵托马斯及其支持者并非没有行动，但他们低估了危机的重要性，分裂了自己的势力。兰开斯特伯爵托马斯军队的一部分前去保卫皇家城堡蒂克希尔，另一部分在兰开斯特伯爵托马斯的指挥下，慢慢地向南行进。为拦住兰开斯特伯爵托马斯的军队，爱德华二世从塞伦塞斯特向北行军。率军到达特伦特昂伯顿后，兰开斯特伯爵托马斯不敢下令继续前走。兰开斯特伯爵托马斯逃跑的消息一传出，凯尼尔沃思城堡和塔特伯里城堡内的守军就宣布投降。与此同时，爱德华二

凯尼尔沃思城堡

---

① 罗杰·莫蒂默男爵和第一代马奇伯爵罗杰·莫蒂默。

世率军追击兰开斯特伯爵托马斯。爱德华二世的军队紧追不幸的兰开斯特伯爵托马斯，兰开斯特伯爵托马斯希望借道巴勒布里奇抵达邓斯坦伯勒。这时，兰开斯特伯爵托马斯得知他的道路被前来截击的卡莱尔伯爵安德鲁·哈克雷挡住了。

巴勒布里奇战役打响，赫里福德伯爵汉弗莱·德·博恩血溅沙场。兰开斯特伯爵托马斯的军队被击败，兰开斯特伯爵托马斯被迫投降。1322年3月17日，兰开斯特伯爵托马斯被捕。1322年3月22日，在兰开斯特领地的庞弗里特城堡，当着保王党贵族的面，爱德华二世的法官审判兰开斯特伯爵托马斯。兰开斯特伯爵托马斯与苏格兰人密谋的证据当场被拿出，为审判增加了可信度。兰开斯特伯爵托马斯被定为叛徒，在庞弗里特被斩首。

于是，康沃尔伯爵皮尔斯·加韦斯顿血债得偿，野蛮残忍的报复浪潮开始在更广阔的河川中涌动。《圣经》说："杀拉麦，必遭报七十七倍。"贵族及英格兰普通民众立刻开始憎恨休·德斯潘塞父子并怀疑爱德华二世。另外，他们宣布庞弗里特的殉道者兰开斯特伯爵托马斯应该被封圣。在兰开斯特伯爵托马斯的墓前出现了神迹，为他的死报仇是一项值得英雄和爱国者完成的任务。为兰开斯特伯爵托马斯报仇演变成自由口号，他辛辛苦苦建立起来的势力与爱德华二世的势力形成对立的利益关系。首先，爱德华二世和休·德斯潘塞父子被兰开斯特伯爵势力颠覆。然后，作为兰开斯特家族的继承人，亨利四世将爱德华二世不幸的继承人理查二世赶下了王位。接下来一个世纪见证了约克家族与兰开斯特家族的自相残杀，两败俱伤。一直到金雀花王朝最后一位男性继承人沃里克伯爵爱德华·金雀花死去很久，金雀花家族仍然有足够的力量不时地动摇都铎王朝的统治根基。

在第一波胜利的浪潮中，其他一些与爱德华二世作对的贵族灭亡了，特别是巴塞洛缪·巴德勒斯米尔男爵被送上绞刑台。罗杰·达默里死了。

兰开斯特伯爵托马斯被押赴刑场

兰开斯特伯爵托马斯被处决

奥德利家族幸免于难。大约有三十人被处死。许多人被监禁,更多的人被处以罚金或没收财产,这使休·德斯潘塞父子更富有。此时,爱德华二世拥有至高无上的地位。正如人们预料的那样,爱德华二世抓住机会摧毁反对自己的所有行动。巴勒布里奇战役结束六星期后,爱德华二世在约克举行第一次议会。爱德华二世撤销了《1311年法令》,做出重要宣言,即《约克条例》,声称"从今以后应该在议会上讨论、协调、确定英格兰国王及其继承人和英格兰及其民众的问题;行政事务要取得主教、伯爵、贵族、平民的同意,从今以后,按照这种方法商讨"。再没有法令像《1311年法令》那样限制君权。《约克条例》阐明了宪政理论,旨在确保爱德华二世不受贵族的控制。休·德斯潘塞父子试图扭转局势对付对手。休·德斯潘塞父子虽然决心废除《1311年法令》,但不敢放弃《1311年法令》保障的物质利益。爱德华二世撤销《1311年法令》后,立即以法令形式重新颁布了对自己最有益的规定。作为回应,议会撤销了反对宠臣的法案,拨款抵御苏格兰人。

此时,爱德华二世应该展开北方战争了。由于最近事态的发展使英格兰和苏格兰两国的情形发生了逆转,英格兰王国似乎更有可能成为苏格兰王国的附属国,而不是在苏格兰王国行使主权。与以往一样,爱德华二世的战役失败了。在约克的群山中,爱德华二世侥幸逃脱了苏格兰军队的追捕。当时,整个约克陷入一片恐慌,导致爱德华二世发现自己几乎不可能在约克举行议会。爱德华二世的麻烦不止于此。1323年早些时候,爱德华二世发现刚刚晋升的卡莱尔伯爵安德鲁·哈克雷正与罗伯特·布鲁斯谈判。卡莱尔伯爵安德鲁·哈克雷被逮捕、定罪,遭到处决。不幸的爱德华二世比以往任何时候都更绝望地依靠休·德斯潘塞父子,因为爱德华二世不认识其他人,不知道谁对自己帮助最大,或者哪些人因为得到自己丰厚的回报,还不准备背叛自己。与休·德斯潘塞父子在一起时,爱德华二世很安全,因为他确信休·德斯潘塞父子只能支持自己。当爱德华二世倒下时,休·德斯潘塞父子也必须倒下。爱德华二世做了一件明智和公正的事,即与苏格兰王国休战十三年。

1323年5月,英格兰王国与苏格兰王国达成休战协议。爱德华二世很谨慎,疏远了如同亨利·德·博蒙特这样一心要在征服苏格兰后为自己开辟疆土的冒险家。每个人都用最恶意的想法揣度爱德华二世与苏格兰王国休战的动机:拒绝跟随爱德华二世作战的人大声疾呼反对和平,跟随爱德华二世出征的人都离弃了他。当时,爱德华二世在英格兰没有对手。于是,他没有意识到巨大的屈辱就在前方等着他。新的灾难,不管是谁造成的,似乎都归咎于爱德华二世的无能。事实上,新的灾难发生的部分原因是爱德华二世忽视国王职责,部分原因是兰开斯特伯爵托马斯死后根深蒂固的偏见。当时,公众和个人的仇恨浪潮高涨到无法抵挡。对爱德华二世最后的打击来自本来最不可能出现,也最不应该出现的地方。

爱德华二世虽然有种种缺点,但始终是位善良的丈夫和父亲。不过,法兰西的伊莎贝拉并不值得爱德华二世信任。法兰西的伊莎贝拉和兰开斯特伯爵托马斯关系密切,对爱德华二世的亲信大臣心怀嫉妒。休·德斯潘塞父子,埃克塞特主教、司库沃尔特·德·斯特普尔顿,首席大臣罗伯特·鲍多克都是法兰西的伊莎贝拉深深厌恶的对象。只要有人认为这些人伤害了他们,或者妨碍了他们上升的道路,法兰西的伊莎贝拉都愿意倾听。朝廷里充满雄心勃勃想成为大臣或主教,随时准备支持任何一方谋取利益的人。这些人痛恨休·德斯潘塞父子,惋惜自己的上升之路被兰开斯特伯爵托马斯的陨落毁灭。随着形势的变化,爱德华二世或"任命者"的得势和失势,重要职位经常易手。在后世看来,所有怨恨及个人恩怨,似乎都与派系斗争密不可分。

与苏格兰王国达成和平协议后发生的事使怨恨带来的影响更强烈地发挥作用。几乎从与苏格兰王国达成和平协议的那一刻起,贵族争权夺利的阴影就迅速地聚集在可怜的爱德华二世周围。围绕宪法的斗争已经停止。兰开斯特伯爵托马斯的死使休·德斯潘塞父子摆脱了最危险的对手，废除《1311年法令》使政府落入休·德斯潘塞父子手中。1324年，彭布罗克伯爵艾梅·德·瓦朗斯的去世使休·德斯潘塞父子失去了竞争对手。老休·德斯潘塞得到温切斯特伯爵领地，越来越贪得无厌且没有节制。老休·德斯潘塞已经上了年纪，本应该意识到多结交朋友比增加财富更有利于儿子小休·德斯潘塞的幸福前程。小休·德斯潘塞已经进入盛年，他的暴力倾向和骄傲使他比父亲老休·德斯潘塞更遭人痛恨。当时，由于哥哥兰开斯特伯爵托马斯的财产被扣押在爱德华二世手中，兰开斯特伯爵托马斯的弟弟和继承人兰开斯特伯爵亨利变得无足轻重。虽然休·德斯潘塞父子

兰开斯特伯爵亨利的纹章

想收买兰开斯特伯爵亨利，兰开斯特伯爵亨利并不讨厌爱德华二世，但兰开斯特伯爵亨利并不能成为正在衰落的英格兰的可靠支柱。首席大臣罗伯特·鲍多克和司库沃尔特·德·斯特普尔顿虽然对爱德华二世忠心耿耿，但他们既没有足够的智慧反对休·德斯潘塞父子的政策，又没有足够的力量指导休·德斯潘塞父子。

1322年1月，法兰西国王腓力五世驾崩。腓力五世的继任者查理四世要求蓬蒂厄和加斯科涅的领主爱德华二世立即向自己效忠。经过一系列谈判，1324年年初，查理四世专横地召唤爱德华二世，威胁罚没爱德华二世在法兰西的领地。这清晰地表明法兰西王国与英格兰王国的战争即

查理四世

将打响。爱德华二世本可以像以前那样,很容易地前往内兄查理四世①的宫廷申诉,但休·德斯潘塞父子不允许爱德华二世前往。休·德斯潘塞父子不敢让爱德华二世逃脱自己的直接控制,也不敢陪爱德华二世离开英格兰。如果爱德华二世将休·德斯潘塞父子留在英格兰,那么休·德斯潘塞父子知道自己的下场会是什么。与此同时,法兰西宫廷挤满了休·德斯潘塞父子的对手。譬如,1322年,第一代马奇伯爵罗杰·莫蒂默被爱德华二世俘虏。然后,第一代马奇伯爵罗杰·莫蒂默从伦敦塔逃到法兰西。与此同时,兰开斯特伯爵亨利正在英格兰等待时机取代休·德斯潘塞父子的地位。看来,战争是唯一的选择。爱德华二世与查理四世仍然在谈判,爱德华二世首先派出彭布罗克伯爵艾梅·德·瓦朗斯,但彭布罗克伯爵艾梅·德·瓦朗斯在谈判期间病逝。然后,爱德华二世派出同父异母的弟弟肯特伯爵伍德斯托克的埃德蒙,但后者未能达成条约。最后,爱德华二世派出最受自己信任的神父去见教皇约翰二十二世,但神父辛苦花钱只为确保自己晋升的道路。

1325年,法兰西的伊莎贝拉前往法兰西。显然,法兰西的伊莎贝拉与爱德华二世和休·德斯潘塞父子分别时关系很好。直到说服爱德华二世将长子温莎的爱德华送往法兰西,法兰西的伊莎贝拉都能与爱德华二世友好地通信。按照安排,爱德华二世在法兰西的各个领地都要移交给温莎的爱德华,由温莎的爱德华向法兰西国王查理四世效忠。1325年9月后,法兰西的伊莎贝拉立即摘下面具。我们不知道她已经戴了多长时间的面具。或许法兰西的伊莎贝拉离开爱德华二世时还是真心诚意的,但一到法兰西,她就落在了憎恨爱德华二世的人的手里。或许很久以前,法兰西的伊莎贝拉就是位阴谋家。不管怎样,法兰西的伊莎贝拉与爱德华二世、温莎的爱德华与爱德华二世的纽带都可以轻易解开。无论对母亲法兰西

---

① 腓力四世有三个儿子,分别为路易十世、腓力五世和查理四世。——译者注

教皇约翰二十二世

的伊莎贝拉还是儿子温莎的爱德华来说,他们与爱德华二世的关系都不牢固。早在1325年12月,爱德华二世就得到警告,说法兰西的伊莎贝拉和温莎的爱德华不会回到他的身边。

法兰西的伊莎贝拉很快就将爱德华二世惧怕的人聚集在自己周围。无论是出于爱情还是策略,第一代马奇伯爵罗杰·莫蒂默都完全臣服于法兰西的伊莎贝拉。年轻的温莎的爱德华接到命令,即他有责任将父亲爱德华二世从休·德斯潘塞父子手中解救出来,或者将英格兰从爱德华二世手中解救出来。爱德华二世同父异母的弟弟肯特伯爵伍德斯托克的埃德蒙也被说服支持法兰西的伊莎贝拉。阴谋家们就算没有得到来自英格兰承诺的支持,也十分愿意相信他们只需各展所长,就能取得胜利。由于

埃诺伯爵威廉一世

法兰西国王查理四世迟迟不肯表态,法兰西的伊莎贝拉与埃诺伯爵威廉一世结盟,并且从意大利的银行家处得到资助。法兰西的伊莎贝拉为队伍提供给养,埃诺伯爵威廉一世提供人员和战船。

爱德华二世虽然知道这一切,但不知道如何应对。他徒劳地召集议会。然而,开会时,议会不能做出任何决定。爱德华二世还下令集合军队,但这一目标根本无法实现。爱德华二世发现,除了休·德斯潘塞父子和两位惹人讨厌的大臣罗伯特·鲍多克和沃尔特·德·斯特普尔顿,所有值得信任的人都欺骗了自己。没有一个人支持爱德华二世，甚至连假装支持的人都没有。因此，爱德华二世不得不依靠实际上最需要提防的人。

1325年9月24日，法兰西的伊莎贝拉在萨福克海岸登陆英格兰，宣布自己要为兰开斯特伯爵托马斯复仇，置宠臣休·德斯潘塞父子于死地。当时，爱德华二世在伦敦。他试图从伦敦市民处得到帮助，努力说服主教将入侵者逐出教会。1325年10月月初，爱德华二世逃到英格兰西部，因为他认为休·德斯潘塞父子在英格兰西部的势力很强大。1325年10月15日，伦

法兰西的伊莎贝拉登陆英格兰

沃尔特·德·斯特普尔顿

敦市民起义并杀死司库沃尔特·德·斯特普尔顿。坎特伯雷大主教沃尔特·雷诺兹退隐到肯特，与法兰西的伊莎贝拉讲和。

与此同时，法兰西的伊莎贝拉继续向英格兰西部挺进。兰开斯特伯爵亨利，爱德华二世的兄弟们，除阿伦德尔伯爵埃德蒙·菲茨艾伦和第七代萨里伯爵约翰·德·瓦伦之外的全部伯爵，几乎全部的主教，要么亲自加入法兰西的伊莎贝拉的队伍，要么向她提供有效的帮助。赫里福德主教亚当·奥莱顿和林肯主教亨利·伯格什亲自主持反对爱德华二世大军的会议。赫里福德主教亚当·奥莱顿是在巴勒布里奇战役身首异处的赫里福德伯爵汉弗莱·德·博恩的密友，林肯主教亨利·伯格什是被送上绞刑架的巴塞洛缪·巴德勒斯米尔男爵的侄子。①法兰西的伊莎贝拉的军队从牛津出发进攻

---

① 都是旧日恩怨。——译者注

布里斯托尔,希望能在那里找到爱德华二世和老休·德斯潘塞。1326年10月26日,法兰西的伊莎贝拉抵达布里斯托尔。此时,她的丈夫爱德华二世已经进入威尔士,正试图逃往爱尔兰。

布里斯托尔陷落标志着爱德华二世统治时期的落幕。老休·德斯潘塞当即被绞死。上议院当场宣布温莎的爱德华为英格兰王国的守护者。1326年11月16日,爱德华二世和小休·德斯潘塞、罗伯特·鲍多克被捕。1326年11月17日,阿伦德尔伯爵埃德蒙·菲茨艾伦在赫里福德被斩首。1326年11月24日,小休·德斯潘塞被送上断头台,被开膛、分尸。英格兰议会将决定爱德华二世的命运。1327年1月7日,英格兰议会在威斯敏斯特召开。

小休·德斯潘塞被处决

是否要废除爱德华二世改立新王一事经过议会正式讨论，正如所有人知道的那样，最终结果已经注定。即使有人曾经想过，既然英格兰已经摆脱了休·德斯潘塞父子，爱德华二世就可以继续统治英格兰，但由于惧怕伦敦市民和第一代马奇伯爵罗杰·莫蒂默培养出来的武装力量，爱德华二世的支持者都保持沉默。吓坏了的坎特伯雷大主教沃尔特·雷诺兹宣称民众的声音就是上帝的声音。赫里福德主教亚当·奥莱顿声称，如果爱德华二世获释，那么法兰西的伊莎贝拉的生命将得不到保障。另外，赫里福德主教亚当·奥莱顿坚持要求议会在父亲爱德华二世和儿子温莎的爱德华之间做出选择。温切斯特主教约翰·德·斯特拉特福德是兰开斯特家族的首领，并且对第一代马奇伯爵罗杰·莫蒂默毫无好感。他写的文章是宣布废除爱德华二世作为英格兰国王的依据。温切斯特主教约翰·德·斯特拉特福德说，爱德华二世太无能或太懒惰，不能明辨是非，固执地拒绝听从智者的建议，听信邪恶的建议。爱德华二世失去了爱尔兰、苏格兰和加斯科涅，破坏了教会，压迫了贵族，违背了加冕誓言，正在毁灭英格兰。经过一番辩论，温切斯特主教约翰·德·斯特拉特福德的文章被呈给不幸的爱德华二世。爱德华二世承认这些文章是真实的，自己不配当国王。1327年1月20日，爱德华二世退位，议会宣布不再效忠爱德华二世，拥立温莎的爱德华继承王位。登基后，温莎的爱德华称爱德华三世。爱德华二世又悲惨地活了八个月。没有多少史料记载爱德华二世最后八个月的生命如何度过。爱德华二世被谋杀后，人们讲述了许多爱德华二世悲惨的遭遇和受到的侮辱，激起爱德华二世的亲属为爱德华二世报仇。但当时，没人来救爱德华二世。

第一代马奇伯爵罗杰·莫蒂默和法兰西的伊莎贝拉实行的统治是恐怖统治。在恐怖统治减弱前，爱德华二世已经遭到谋杀。爱德华二世的死亡地点是伯克利城堡，日期是在1327年9月21日。这些信息都是已知的。最初，受命看管爱德华二世的是兰开斯特伯爵亨利，有人认为兰开斯特伯爵

爱德华二世被害

亨利对爱德华二世太仁慈了。或者受到法兰西的伊莎贝拉和第一代马奇伯爵罗杰·莫蒂默的怂恿，或者急于得到奖赏，爱德华二世的新看守人以某种秘密方式杀死了爱德华二世。就这样，爱德华二世结束了充满悲剧的一生。爱德华二世的一生也许值得同情，却没有理由让人同情。爱德华二世的统治时代见证了奇怪的迷恋，肆无忌惮的报复，难以置信的鲁莽，对一切自然感情、爱情、荣誉和忠诚的破坏。然而，这段时间没有一个人是英雄。相反，处处都是巨大的罪恶、深挖的陷阱、可怕的报复，没有什么值得钦佩，也没有什么值得赞扬。

于是，伟大的爱德华一世国王的儿子爱德华二世被杀害了。早有不祥的预言说第一颗戴着王冠的头会当着受到伤害的国家掉落。不忠的妻子、不孝顺的儿子、报复心强的教士、怯懦的神职人员，不配成为施行国家正义的工具。

爱德华二世统治时期主要是一段过渡时期。在爱德华二世统治时期，爱德华一世留下的许多未做之事都完成了。爱德华二世统治时期为在爱德华三世统治时期成熟的治国方略播下种子。1309年、1310年和1331年的法令是对1297年《宪章确认法令》的补充。康沃尔伯爵皮尔斯·加韦斯顿和兰开斯特伯爵托马斯的悲剧造就下一个时代的大部分个人悲剧。爱德华二世统治时期结束了与苏格兰王国长期的战争，维持了十三年的和平。爱德华二世统治时期孕育出英格兰王国和法兰西王国百年战争的萌芽。爱德华二世统治时期最引人注目的特征是悲剧性，并且带来丰富的道义启示和实践教训。爱德华二世的悲剧告诉我们，执政者最大的罪恶可能不是个人品行或任意施暴，而是玩忽职守。爱德华二世最大的罪是其自私的政策。爱德华二世将国家当作自己的财产，而不是为国家工作。这是最大的罪，也是最愚蠢的行为，因为爱德华二世自私的政策使罪人无法得到应有的惩罚。爱德华二世自私的政策让英格兰受到无数暴君的压迫，比暴君统治还要糟糕，因为它导致正义的源头腐化。

因此，我们结束了一个漫长而多样的时代。金雀花王朝前期的影响及产生的结果必须置于接下来时代的背景下阅读。在许多重要时间节点上，理查二世重复了爱德华二世的悲剧。随着爱德华二世统治时期的结束，金雀花王朝前期的制宪工作结束。约克家族和兰开斯特家族的斗争构成从沃里克伯爵居伊·德·比彻姆杀害康沃尔伯爵皮尔斯·加韦斯顿，以及在庞弗里特城堡，兰开斯特伯爵托马斯被送上断头台开启的一系列事件。我们看到，在亨利二世和爱德华一世统治下建立并巩固的宪法经受了最大的考验。宪法被扭曲、被捶打、被数次废除，但仍然存活下来，纠正了都铎王朝的暴政，推翻了斯图尔特王朝虚假的绝对君权论。

译名对照表

Acre	阿科
Adam Orleton	亚当·奥莱顿
Adela of Champagne	香槟的阿德拉
Adela of Normandy	诺曼底的阿德拉
Adeliza of Louvain	鲁汶的阿德莉莎
Ademar V	阿德马尔五世
Albert of Louvain	鲁汶的阿尔贝
Albigenisian	阿尔比教派
Alençon	阿朗松
Alexander of Lincoln	林肯主教亚历山大
Alfonso I	阿方索一世
Alfonso VI	阿方索六世
Alfonso VIII	阿方索八世
Alice de Lacy	艾丽斯·德·莱西
Alicia	艾丽西亚
All Saint's Day	诸圣节
Alnwick	阿尼克
Alys of France	法兰西的艾丽斯
Amalric I	阿马尔里克一世
Amiens	亚眠
Andrew Harclay	安德鲁·哈克雷
Angers	昂热
Anselm	安瑟尔姆

Antioch	安条克
Apulia	普利亚
Aquileia	阿奎利亚
Aquitaine	阿基坦
Aragon	阿拉贡
Archbishop of York	约克大主教
Arles	阿尔勒
Arnaud de Gaveston	阿诺·德·加韦斯顿
Arthur I	阿瑟一世
Ascalon	阿什凯隆
Ascension Day	耶稣升天日
Asia Minor	小亚细亚
Assize of Arms	巡回兵役制度
Assize of Clarendon	《克拉伦登巡回法典》
Augustine of Canterbury	坎特伯雷大主教奥古斯丁
Auvergne	奥弗涅
Avranches	阿夫朗什
Aymer de Valence	艾梅·德·瓦朗斯
Azai	阿扎伊
Baldwin de Redvers	鲍德温·德·雷德弗斯
Baldwin IV	鲍德温四世
Baldwin of Forde	福德的鲍德温
Baldwin the Leper	"麻风病人"鲍德温
Baldwin V	鲍德温五世
Barfleur	巴夫勒尔
Baroness Badlesmere	巴德勒斯米尔男爵夫人
Bartholomew Badlesmere	巴塞洛缪·巴德勒斯米尔
Battle of Bannockburn	班诺克本战役
Battle of Bouvines	布汶战役
Battle of Evesham	伊夫舍姆战役
Battle of Lewes	刘易斯战役
Battle of Standard	斯坦福德战役

Bavaria	巴伐利亚
Bay of Biscay	比斯开湾
Bayeux	巴约
Beaumont	博蒙特
Bedford	贝德福德
Beit-Nuba	贝努巴
Berkhampstead	伯克姆斯特德
Berkshire	伯克郡
Bermondsey	柏蒙西宫
Berry	贝里
Berwick	伯威克
Bethel	伯特利
Biham	比厄姆
Bishop Nicolas of Tusculum	图斯卡卢姆主教尼古拉
Bishop of Chicester	奇切斯特主教
Bishop of Coventry	考文垂主教
Bishop of Exeter	埃克塞特主教
Bishop of Liege	列日主教
Bishop of Norwich	诺里奇主教
Bishop of St Andrews	圣安德鲁斯主教
Blanche of Artois	阿图瓦的布兰奇
Blanche of Castile	卡斯蒂尔的布朗歇
Bohun Family	博恩家族
Bologna	博洛尼亚
Boniface of Savoy	萨伏伊的卜尼法斯
Boroughbridge	巴勒布里奇
Bouchard de Puiset	布沙尔·德·皮塞
Bourdeaux	波尔多
Bourges	布尔日
Brabangon	布拉班贡
Brackly	布拉克利
Brecon	布雷肯

Breton	布雷顿
Bridgenorth	布里奇诺斯
Bristol	布里斯托尔
Brittany	布列塔尼
Britton	布里顿
Bull Landabiliter	《褒扬教令》
Bur	布尔
Burgundian Carthusian	勃艮第的加多森会修士
Burton on-Trent	特伦特昂伯顿
Byzantine	拜占庭帝国
Cadwalder	卡德瓦拉德
Caithness	凯斯内斯城
Calvary	加尔瓦略山
Cambuskenneth	坎布斯肯尼斯
Capua	卡普阿
Cardinal Otho	枢机主教奥索
Carlisle	卡莱尔
Carucage	犁头税
Castile	卡斯蒂尔
Chalus-Chabrol	沙吕-沙布罗尔
Chamberlain	宫务大臣
Chancery	大法官法庭
Chaplain	专属神父
Charles IV	查理四世
Cheshire	柴郡
Chichester	奇切斯特
Chinon	希农
Chirk	彻克
Cilicia	奇里乞亚山
Cirencester	塞伦塞斯特
Cistercian	熙笃会
Cistercian abbot of Fountains	熙笃会芳汀修道院院长

Clarendon	克拉伦登
Clericis Laicos	《论平信徒》
Clerkenwell	克莱肯维尔
Cnut the Great	克努特大帝
Colchester	科尔切斯特
Colombières	科洛米耶平原
Common Pleas	民事诉讼法庭
Communaulte	共同体
Conan IV	科南四世
Confirmation Concartarum	《宪章确认法令》
Conrad	康拉德
Conrad of Montferrat	蒙费拉的康拉德
Conradin	康拉丁
Consilt	康索尔特
Constable of England	皇家司厩长
Constance	康斯坦丝
Duchess of Brittany	布列塔尼女公爵
Constance of France	法兰西的康斯坦丝
Conway	康韦
Cornwall	康沃尔
Coronation Charter	《加冕宪章》
Count of Anjou	安茹伯爵
Count of Barcelona	巴塞罗那伯爵
Count of Boulogne	布洛涅伯爵
Count of Champagne	香槟伯爵
Count of Évreux	埃夫勒伯爵
Count of Hainault	埃诺伯爵
Count of Mortain	莫尔坦伯爵
Count of Poitiers	普瓦捷伯爵
Count of Savoy	萨伏伊伯爵
Count of Toulouse	图卢兹伯爵
Countess of Boulogne	布洛涅伯爵夫人

Countess of Gloucester	格洛斯特伯爵夫人
Count of Richmond	里士满伯爵
Court of Exchequer	财政法庭
Cowton Moor	考顿荒原
Crusade	十字军
Cumberland	坎伯兰
Cyprus	塞浦路斯
Danegeld	达涅戈尔德
Danube	多瑙河
De Religious	《宗教统一法》
Decretum	《教令集》
Devizes	迪韦齐斯
Diarmaid MacMurrough	迪尔梅德·麦克莫罗
Domesday Book	《末日审判书》
Doncaster	唐卡斯特
Dorset	多塞特
Duke of Burgundy	勃艮第公爵
Duke of Austria	奥地利公爵
Duke of Brittany	布列塔尼公爵
Duke of Saxony and Bavaria	萨克森公爵兼巴伐利亚公爵
Duke of Swabia	士瓦本公爵
Duke of the Franks	法兰克公爵
Duke Richard the Fearless	"无畏的"理查公爵
Dumfries	邓弗里斯
Dunbar	邓巴
Dunstable	邓斯特布尔
Dunstan	邓斯坦
Dunstanburgh	邓斯坦伯勒
Durham	达勒姆
Earl of Winchester	温切斯特伯爵
Earl of Albermale	阿尔伯马尔伯爵
Earl of Arundel	阿伦德尔伯爵

Earl of Carlisle	卡莱尔伯爵
Earl of Carrick	卡里克伯爵
Earl of Chester	切斯特伯爵
Earl of Cornwell	康沃尔伯爵
Earl of Derby	德比伯爵
Earl of Devon	德文伯爵
Earl of Essex	埃塞克斯伯爵
Earl of Gloucester	格洛斯特伯爵
Earl of Hereford	赫里福德伯爵
Earl of Kent	肯特伯爵
Earl of Leicester	莱斯特伯爵
Earl of Lincoln	林肯伯爵
Earl of March	马奇伯爵
Earl of Norfolk	诺福克伯爵
Earl of Pembroke	彭布罗克伯爵
Earl of Salisbury	索尔兹伯里伯爵
Earl of Surrey	萨里伯爵
Earl of Warwick	沃里克伯爵
Earl of Worcester	伍斯特伯爵
Ecclesiastical School	教会政治家派
Edgar	埃德加
Edgar the Peaceable	"和平者"埃德加
Edmond Crouchback	埃德蒙·克劳奇贝克
Edmund Earl of Cornwall	康沃尔伯爵埃德蒙
Edmund FitzAlan	埃德蒙·菲茨艾伦
Edmund I	埃德蒙一世
Edmund of Abingdon	阿宾登的埃德蒙
Edmund of Woodstock	伍德斯托克的埃德蒙
Edward I	爱德华一世
Edward II	爱德华二世
Edward III	爱德华三世
Edward of Carnarvon	卡那封的爱德华

Edward the Confessor	"忏悔者"爱德华
Egbert of Wessex	韦塞克斯的埃格伯特
Eleanor	埃莉诺
Eleanor de Montfort	埃莉诺·德·蒙福尔
Eleanor of Aquitaine	阿基坦的埃莉诺
Eleanor of Castile	卡斯蒂尔的埃莉诺
Eleanor of England	英格兰的埃莉诺
Eleanor of Provence	普罗旺斯的埃莉诺
Empress of the Romans	神圣罗马帝国皇后
Enlightened Monarchs	开明君主专制
Etablissements	《圣路易规章》
Ethelred the Unready	"决策无方者"埃塞雷德
Eustace de Vesey	尤斯塔斯·德·维西
Eustace II	尤斯塔斯二世
Eustace IV	尤斯塔斯四世
Evreux	埃夫勒城
Ewell	尤厄尔
Exeter	埃克塞特
Eye	艾伊
Falkes de Breauté	法尔克斯·德·布雷奥泰
Falkirk	福尔柯克
Fife	法夫
Flanders	佛兰德斯
Flint	弗林特
Font Evraud	丰泰夫罗
Fornham St Genevieve	弗纳姆圣热纳维夫
Fotheringay	福瑟林厄姆
Francesco Accursi	弗朗切斯科·阿尔库西
Franconia	法兰克尼亚
Fredrick VI	腓特烈六世
Fredrick II	腓特烈二世
Fréteval	弗雷特瓦勒

Friscobaldi	弗雷斯科巴尔迪
Friuli	弗留利
Fulk King of Jerusalem	耶路撒冷国王富尔克
Galloway	加洛韦
Gascony	加斯科涅
Geddington	盖丁顿
Genoa	热那亚
Geoffrey Count of Nantes	南特伯爵杰弗里
Geoffrey de Mandeville	杰弗里·德·曼德维尔
Geoffrey Fitz Peter	杰弗里·菲茨·彼得
Geoffrey IV	杰弗里四世
Gerald of Wales	威尔士的杰拉尔德
Gerard de Camville	杰勒德·德·坎维尔
Ghent	根特
Gilbert Becket	吉尔伯特·贝克特
Gilbert de Clare	吉尔伯特·德·克莱尔
Gilbert Foliot	吉尔伯特·福利奥特
Gilbert of Vacceuil	维谢尔的吉尔伯特
Gisors	日索尔
Glamorgan	格拉摩根
Godfrey de Lucy	戈弗雷·德·卢奇
Gothic	哥特
Grantmesnil	格朗梅尼
Gratian	格拉蒂安
Guala Bicchieri	瓜拉·比基耶里
Guienne	吉耶讷
Guy de Beauchamp	居伊·德·比彻姆
Guy of Lusignan	吕西尼昂的居伊
Guy of Thouars	图阿尔的居伊
Hampshire	汉普郡
Harlotta	哈洛塔
Hawarden	黑瓦登

Hawisia	哈维西娅
Henry Bishop of Winchester	温切斯特主教亨利
Henry Burghersh	亨利·伯格什
Henry de Beaumont	亨利·德·博蒙特
Henry de Bracton	亨利·德·布雷克顿
Henry de Lacy	亨利·德·莱西
Henry Earl of Lancaster	兰开斯特伯爵亨利
Henry I	亨利一世
Henry I of Navarre	纳瓦拉国王亨利一世
Henry III	亨利三世
Henry IV	亨利四世
Henry of Anjou	安茹的亨利
Henry of Essex	埃塞克斯的亨利
Henry of Huntingdon	亨廷登的亨利
Henry of Sandwich	桑威奇的亨利
Henry the Lion	"雄狮"亨利
Henry the Younger King	小亨利王
Henry VI	亨利六世
Henry VII	亨利七世
Henry Woodlock	亨利·伍德洛克
Heptarchy	七王国
Herbert Poore	赫伯特·普尔
Hildebrandine	希尔德布兰德主义
Hohenstaufen	霍亨施陶芬
Holy Roman Emperor	神圣罗马帝国皇帝
House of Champagne	香槟家族
House of Commons	下议院
House of Lords	上议院
Hubert de Bergh	休伯特·德·伯格
Hubert Walter	休伯特·沃尔特
Hugh Bigod	休·比戈
Hugh de Audley	休·德·奥德利

Hugh de Gounay	休·德·古尔奈
Hugh de Mortimer	休·德·莫蒂默
Hugh de Morville	休·德·莫维尔
Hugh de Puiset	休·德·皮塞
Hugh Despense the Elder	老休·德斯潘塞
Hugh Despense the Younger	小休·德斯潘塞
Hugh Despensers	休·德斯潘塞
Hugh III	休三世
Hugh IX of Lusignan	吕西尼昂的休九世
Hugh le Despenscr	休·勒·德斯潘塞
Hugh Nonant	休·诺南
Hugh of Beauchamp	比彻姆的休
Humbert III	安贝尔三世
Humphrey de Bohun	汉弗莱·德·博恩
Humphrey IV of Toron	托伦的汉弗莱四世
Ingeborg of Denmark	丹麦公主英厄堡
Isaac Comnenus	艾萨克·科姆内努斯
Isabella de Beaumont	伊莎贝拉·德·博蒙特
Isabella I	伊莎贝拉一世
Isabella of Angoulême	昂古莱姆的伊莎贝拉
Isabella of England	英格兰的伊莎贝拉
Isabella of France	法兰西的伊莎贝拉
Isle of Man	马恩岛
Joan	琼
Joan Countess of Flanders	佛兰德斯女伯爵琼
Joan I of Navarre	纳瓦拉的霍安一世
Jocelin de Bailleul	若瑟兰·德·巴约尔
John Balliol	约翰·巴利奥尔
John Comyn III	约翰·科明三世
John de Gray	约翰·德·格雷
John de Stratford	约翰·德·斯特拉特福德
John de Warenne	约翰·德·瓦伦

John I	约翰一世
John of Brienne	布列讷的约翰
John of Salisbury	索尔兹伯里的约翰
John of Scotland	苏格兰的约翰
John Peckham	约翰·佩卡姆
John Segrave	约翰·西格雷夫
Joppa	雅法
Kenilworth	凯尼尔沃思
keys of the Holy Sepulchre	圣墓的钥匙
King David of Scotland	苏格兰国王大卫一世
King of Leinster	伦斯特国王
King Roger II of Sicily	西西里国王罗杰二世
King's Bench	国王法庭
Kingdom of Provence	普罗旺斯王国
La Ferté Bernard	贝尔纳城堡
La Grenaye	拉弗雷纳耶
Lady Berengaria of Navarre	纳瓦拉的贝伦加丽娅夫人
Lady of England	英格兰夫人
Lambeth	兰贝斯
Lamech	拉麦
Lancaster	兰开斯特
Lanfranc	兰弗朗克
Le Mans	勒芒
Leeds Castle	利兹城堡
León and Castile	莱昂和卡斯蒂尔
Leopold V	利奥波德五世
Lieutenant of Ireland	爱尔兰总督
Limoges	利摩日
Linlithgow	林里斯戈
Lisbon	里斯本
Llewelyn	卢埃林
Loddon	洛登桥

Lord of Westmorland	威斯特摩兰勋爵
Lorraine	下洛林
Lothair II	洛塔尔二世
Lotharingian	洛塔林
Lothian	洛锡安
Louis Dauphine of France	法兰西王太子路易
Louis IV	路易四世
Louis VI	路易六世
Louis VII	路易七世
Lyons	里昂
Mabel FitzRobert	梅布尔·菲茨罗伯特
MacDuibh	麦克杜伊夫
Madoc	马多克
Magna Charta	《大宪章》
Maine	曼恩
Malborough	马尔伯勒
Malcolm I	马尔科姆一世
Malcolm IV	马尔科姆四世
Malmesbury	马姆斯伯里
Margaret	玛格丽特
Margaret de Clare	玛格丽特·德·克莱尔
Margaret Maid of Norway	"挪威少女"玛格丽特
Margaret of France	法兰西的玛格丽特
Marie of Boulougne	布洛涅的玛丽
Marmoutier	马尔穆捷
Marseilles	马赛
Marshal of England	最高军务官
Martel	马尔泰勒
Mary of Scotland	苏格兰的玛丽
Master Martin	马丁大人
Mathieu Count of Boulogne	布洛涅伯爵马蒂厄
Matilda	玛蒂尔达

Matilda of Boulogne	布洛涅的玛蒂尔达
Matilda of Scotland	苏格兰的玛蒂尔达
Matthew Paris	马修·帕里斯
Maud Countess of Hungtingdon	亨廷登女伯爵莫德
Mentz	明茨
Messina	墨西拿
Meuse	默兹河
Michaelmas	圣米迦勒节
Miles of Gloucester	格洛斯特的迈尔斯
Mirabel	米拉贝勒
Mombrey	莫布雷
Montmartre	蒙马特尔
Montmirail	蒙米拉伊
Moor	摩尔人
Neafle	尼夫勒
New Custom	新关税
Newark	纽瓦克
Newcastle	纽卡斯尔
Nicola de la Haye	尼古拉·德拉·哈耶
Nicolas of St. Alban's	圣奥尔班的尼古拉
Nigel Bishop of Ely	伊利主教奈杰尔
Norfolk	诺福克
Northampton	北安普敦
Northumberland	诺森伯兰
Northumbria	诺森伯里亚
Ochsenfurth	奥克森富特
Octonummi	奥克纳米
Orvieto	奥尔维耶托
Otto IV	奥托四世
Otto of Saxony	萨克森的奥托
Owen Gwynneth	格温内思的欧文
Pactum serva	尊崇誓言

Palm Sunday	棕枝全日
Pandulf	潘道夫
Patriarch Jacob	族长雅各
Pavia	帕维亚
Perambulation	《森林宪章》
Perth	珀斯
Peter des Rochos	彼得·德·罗什
Peter of Wakefield	韦克菲尔德的彼得
Petronilla de Grantmesnil	佩特罗尼拉·德·格朗梅尼
Petronilla of Aragon	阿拉贡的佩特罗尼拉
Pevensey	佩文西
Pharisees	法利赛人
Philip III	腓力三世
Philip IV	腓力四世
Philip the Fair	"美男子"腓力
Philips II	腓力二世
Phillip V	腓力五世
Piers Gaveston	皮尔斯·加韦斯顿
Pietro della Vigna	彼得罗·德拉维尼亚
Pipewell	皮普维尔
Poitou	普瓦图
Pomfret	庞弗里特
Ponthieu	蓬蒂厄
Pontigny	蓬蒂尼
Pope Adrian IV	教皇阿德里安四世
Pope Alexander II	教皇亚历山大二世
Pope Alexander III	教皇亚历山大三世
Pope Alexander IV	教皇亚历山大四世
Pope Boniface VIII	教皇卜尼法斯八世
Pope Celestine III	教皇西莱斯廷三世
Pope Clement III	教皇克莱门特三世
Pope Clement V	教皇克莱门特五世

Pope Eugene III	教皇尤金三世
Pope Gregory IX	教皇格列高利九世
Pope Gregory VII	教皇格列高利七世
Pope Gregory X	教皇格列高利十世
Pope Honorious III	教皇洪诺留三世
Pope Innocent III	教皇英诺森三世
Pope Innocent IV	教皇英诺森四世
Pope John XXII	教皇约翰二十二世
Pope Nicolas IV	教皇尼古拉四世
Prince Edward	爱德华王子
Prince of Wales	威尔士亲王
Princess of Aragon	阿拉贡公主
Protomartyr	原殉者
Provisions of Oxford	《牛津法令》
Provisions of Westminister	《威斯敏斯特条款》
Pyrenees	比利牛斯山脉
Quia Emptores	《禁止分封法》
Ralph Neville	拉尔夫·内维尔
Ramleh	拉姆拉
Ramon Berenguer IV	拉蒙·贝伦格尔四世
Ramon V	拉蒙五世
Ranulf de Gernon	雷纳夫·德·热农
Ranulf de Glanvill	雷纳夫·德·格兰维尔
Ratisbon	拉底斯邦
Raymond VI	雷蒙六世
Reading	雷丁
Recognition of the Customs	《传统认可书》
Reformation	宗教改革
Reginald	雷金纳德
Reginald de Dunstanville	雷金纳德·德·邓斯坦维尔
Rheims	兰斯
Rhône	罗讷河

Rhuddlan	里兹兰
Richard de Clare	理查德·德·克莱尔
Richard de Luci	理查德·德·卢奇
Richard FitzNeal	理查德·菲茨尼尔
Richard I	理查一世
Richard II	理查二世
Richard le Brito	理查德·勒·布里托
Richard le Grant	理查德·勒·格兰德
Richard Marshall	理查德·马歇尔
Richard of Cornwall	康沃尔的理查德
Richard of Ilchester	伊尔切斯特的理查德
Richer de L'Aigle	里歇尔·德·莱格勒
Ripon	里彭
Robert Baldock	罗伯特·鲍多克
Robert Bruce	罗伯特·布鲁斯
Robert Burnell	罗伯特·伯内尔
Robert de Beaumont	罗伯特·德·博蒙特
Robert de Montfort	罗伯特·德·蒙福尔
Robert Earl of Gloucester	格洛斯特伯爵罗伯特
Robert Fitswalter	罗伯特·菲茨沃尔特
Robert Grosseteste	罗伯特·格罗斯泰特
Robert II	罗贝尔二世
Robert III of Artois	阿图瓦的罗伯特三世
Robert of Belesme	贝莱姆的罗伯特
Robert Winchelsey	罗伯特·温切尔西
Rochester	罗切斯特
Rockingham	罗金厄姆
Roger Bigot	罗杰·比戈
Roger Clifford	罗杰·克利福德
Roger d'Amory	罗杰·达默里
Roger de Mombray	罗杰·德·莫布雷
Roger de Pont L'Évêque	罗歇·德·蓬·莱维克

Roger Mortimer	罗杰·莫蒂默
Roger of Howden	豪登的罗杰
Roger of Salisbury	索尔兹伯里主教罗杰
Rollo	罗洛
Rouen	鲁昂
Roxburgh	罗克斯堡
Rudolf I	鲁道夫一世
Runnymede	兰尼米德
Sancho VI	桑乔六世
Sadducees	撒都该人
Saer de Quincy	萨尔·德·昆西
Saint Hugh	圣休
Saintonge	圣东日
Saleno	萨莱诺
Salzburg	萨尔斯堡
Sanchia of Provence	普罗旺斯的桑奇娅
Saragossa	萨拉戈萨
Saul	扫罗
Saumur	索米尔
Savigny	萨维尼
Savoy	萨伏伊
Saxon	萨克森人
Saxony	萨克森
Scarborough	斯卡伯勒
Scone	斯昆石
Secular School	世俗派
Seljuk Empire	塞尔柱帝国
Sens	桑斯
Shrewsbury	什鲁斯伯里
Shropshire	什罗普郡
Sibylla Queen of Jerusalem	耶路撒冷女王西比拉
Sicily	西西里

Siete Pallidas	《七律法》
Simon de Montfort	西蒙·德·蒙福尔
Simon de Montfort the Younger	小西蒙·德·蒙福尔
Solomon's Maxim	所罗门的箴言
Somerset	萨默塞特
Spiritual School	圣洁型
St. Bernard of Clairvaux	克莱尔沃的圣伯纳德
St. Colombe	圣科伦坡修道院
St. Edmund's	圣埃德蒙
St. George's Day	圣乔治节
St. John	圣约翰
St. Louis	圣路易
St. Wilfrid	圣威尔弗里德
St.Albans	圣奥尔本斯
St.Bartholomew's Day	圣巴塞洛缪节
Stamford	斯坦福德
Statue of Winchester	《温切斯特条令》
Statues of Wales	《威尔士条令》
Statute of Westinister the First	《威斯敏斯特第一法案》
Stephen	斯蒂芬
Stephen Bersted	斯蒂芬·伯斯特德
Stephen Langton	斯蒂芬·兰顿
Stephen of Blois	布卢瓦的斯蒂芬
Stephen Segrave	斯蒂芬·西格雷夫
Stigand	斯蒂甘德
Stirling	斯特林
Straits of Gibraltar	直布罗陀海峡
Strongbow	强弓
Sultan Bibars	拜巴尔苏丹
Swabian	士瓦本
Tagus	塔古斯
Tancred	坦克雷德

Tees	蒂斯
Teutonic	条顿
Thanet	萨尼特岛
The Articles upon the charters	《关于宪章的条款》
The Mise of Lewes	《刘易斯协定》
The Mont Cenis	塞尼斯山口
The Ordinances of 1311	《1311年法令》
The Red King	赤王之乱
Theobald II	西奥博尔德二世
Theobald of Bec	贝克的西奥博尔德
Theodore of Tarsus	塔尔苏斯的西奥多
Thomas Beckett	托马斯·贝克特
Thomas Count of Perche	佩尔什伯爵托马斯
Thomas Earl of Lancaster	兰开斯特伯爵托马斯
Thuringian	图林根
Thurstan	瑟斯坦
Tickhill	蒂克希尔
Toulouse	图卢兹
Touraine	图赖讷
Tours	图尔
Tower of David	大卫塔
Treaty of Falaise	《法莱斯条约》
Tripoli	的黎波里
Tunbridge	通布里奇
Tutbury	塔特伯里
Tweed	特威德
Vezelay	韦兹莱
Vice-Chancellor	副首席大臣
Viscount of Limoges	利摩日子爵
Viterbo	维泰博
Waleran de Beaumount	沃尔伦·德·博蒙特
Wallingford	沃灵福德

Walter de Cantilupe	沃尔特·德·坎蒂鲁普
Walter de Coutances	沃尔特·德·库坦塞斯
Walter de Stapledon	沃尔特·德·斯特普尔顿
Walter Giffard	沃尔特·吉法德
Walter Langton	沃尔特·兰顿
Walter Reynolds	沃尔特·雷诺兹
Waltheof Earl of Northumbria	诺森伯利亚伯爵瓦尔塞奥夫
Ware	韦尔
Wareham	韦勒姆
Watch and ward	地方看守制度
Westmoreland	威斯特摩兰
Whitsuntide	圣灵降临节
William Clito	威廉·克利托
William Conqueror	"征服者"威廉
William d'Aubigny	威廉·多比尼
William de Corbeil	科尔贝伊的威廉
William de Ferrers	威廉·德·费勒斯
William de Forz	威廉·德·福兹
William de Longchamp	威廉·德·朗香
William de Longespée	威廉·朗格斯佩
William de Mandeville	威廉·德·曼德维尔
William de Robert	威廉·德·罗伯特
William de Tracy	威廉·德·特雷西
William de Valence	威廉·德·瓦朗斯
William Fitz Osbert	威廉·菲茨·奥斯伯特
William Fitz Robert	威廉·菲茨罗伯特
William II	威廉二世
William IV	威廉四世
William Marshall	威廉·马歇尔
William Martel	威廉·马特尔
William of Eynesford	艾尼斯福特的威廉
William of Newburgh	纽堡的威廉

William of Ypres	伊普尔的威廉
William Peverell	威廉·佩弗利尔
William Rufus	威廉·鲁弗斯
William the Good	"好心的"威廉
William the Lion	"狮子"威廉
William Wallace	威廉·华莱士
William Wishart	威廉·威沙特
Wiltshire	威尔特郡
Windsor Castle	温莎城堡
Witenagemot	贤人会议
Woodstock	伍德斯托克
Worcester	伍斯特
Worms	沃尔姆斯